小微企业融投资研究

显中经济学的应用分析

袁永科 著

东北财经大学出版社
Dongbei University of Finance & Economics Press
大 连

图书在版编目（CIP）数据

小微企业融投资研究：显中经济学的应用分析 / 袁永科著. —大连：东北财经大学出版社，2023.12

ISBN 978-7-5654-5021-1

Ⅰ.小… Ⅱ.袁… Ⅲ.中小企业-企业融资-研究-中国 Ⅳ.F279.243

中国国家版本馆CIP数据核字（2023）第197190号

东北财经大学出版社出版发行

大连市黑石礁尖山街217号 邮政编码 116025

网 址：http：//www.dufep.cn

读者信箱：dufep @ dufe.edu.cn

大连图腾彩色印刷有限公司印刷

幅面尺寸：170mm×240mm 字数：278千字 印张：21.5

2023年12月第1版 2023年12月第1次印刷

责任编辑：李 季 徐 群 责任校对：刘 佳

封面设计：张智波 版式设计：原 皓

定价：79.00元

教学支持 售后服务 联系电话：（0411）84710309

前言

小微企业非常重要。小微企业不仅对国内生产总值（GDP）的增长产生积极影响，而且通过创造就业机会，还能增强社会影响，提高教育水平，提高人力资本的质量（Czarniewski，2016）。

但是，金融机构对小微企业的贷款支持力度与小微企业的经济贡献有较大差距。2017年，中国小微企业最终产品和服务价值占国内生产总值的比例约为60%，小微企业的纳税额占国家税收总额的比例约为50%，而金融机构小微企业贷款余额占企业贷款余额的比例约为37.8%。

面对这一问题，党中央、国务院多次召开会议制定政策全力支持小微企业的发展。习近平总书记在2018年11月的讲话中强调要优先解决民营企业，特别是中小企业融资难的问题。小微企业是巨大的就业容纳器，事关中国经济的活力与繁荣。从长远来看，通过支持小微企业发展，鼓励大众创业、万众创新，对推动中国经济转型升级具有重要意义。

从2018年1月至12月，中国政府网站、中国人民银行网站、财政部网站及其他相关政府网站每个月都会刊登有关小微企业融资的政策及重大举措。由此看来，小微企业的融投资研究具有非常迫切的现实意义。

在从事小微企业融资业务所需要的获客、风控、运营等能力要求中，风控是目前制约业务发展的主要难点。风控这一难点包括风控效果和风控成本方面。提高风控效果难，是指小微企业因管理不完善、报表不规范，其信用水平难以依靠小微企业提供的信息进行评估（信息非对称）。要很好地评估小微企业的信用水平，需要融资提供方在获取信息的广度、丰富度、授信算法等方面有所提升，而这使得风控的成本上升，因此风控效果与风控成本是“跷跷板”的关系，二者难以兼顾（纯人工的信用评估模式没有规模效应）。要想解决风控成本与风控效果难以兼顾的问题，需要从理论上进一步研究信息非对称下的信号传递、信号甄别和机制设计等问题，因而小微企业的融投资研究具有一定的理论意义。

党的十八大报告提出将教育放在改善民生和加强社会建设之首，充分体现了党中央对教育事业的高度重视和优先发展教育的坚定决心。党的十八大报告还对教育提出了一系列新要求、新论断，其中“把立德树人作为教育的根本任务”，这是我党的重大政治宣示。由此可见，立德树人成为新时代教育的使命和根本任务。在进行课程思政项目研究时，作者发现必须运用马克思主义理论指导我们的研究，必须结合中国的特色，因此采用了新的经济理论，即显中经济学作为理论工具，对小微企业的融投资进行研究。

小微企业的融投资研究包括小微企业的融资研究和投资研究。小微企业获得资金支持后，主要有三种出路，其中用于本企业的发展不在投资之中，其余两种分别是小微企业规避风险和小微企业再投资。本书主要由五个部分组成：第一部分为第1~4章，是对小微企业的基础性认识，包括小微企业的界定、相关理论与模型等；第二部分为第5~7章，是对小微企业自身进行研究分析，包括小微企业的股权结构、团队结构和产品选择等；第三部分为第8~11章，是小微企业融投资涉及的渠道和区域、货币政策等；第四部分为第12~14章，是小微企业融资的指标体系，是本书的重点部分；第五部分为15~17章，是小微企业的投资部分，包括进行风险规避的期货投资和股票市场的系统性风险分析。

本书内容主要针对小微企业及其对小微企业进行投资的融资方，希望本书的理论和实践对它们有所帮助。同时，本书为公司金融的研究者提供了一些借鉴，也为相关专业的本科生和硕士生提供了教学参考。

本书在引用相关文献时尽可能进行标注，但可能会有文献未能列入参考文献中，敬请指正，在此表示感谢。

最后，感谢北京工业大学提供课程思政的机会和资金让作者重新审视小微企业的融投资，并集结成书出版；感谢东北财经大学出版社；感谢在撰写过程中给予支持的我的硕士生王奕兴，本科生刘煜、洪钰昕、杨潞佳等。

作　者

2023年10月

目录

第1章

小微企业概况

我国小微企业发展迅速，总量规模大。小微企业占据了中小企业群体中的大多数，占我国企业总数的99%以上。据相关机构统计，2015年新登记的企业数量创历年新高，日均新登记企业达1.2万户，其中96%的新登记企业属于小微企业。

那么国内外对小微企业怎么界定的？小微企业具有哪些特点？本章将概述小微企业。

1.1 小微企业的界定

国内外对小微企业的界定大致是相似的，但具体情况又是不同的。

1.1.1 我国对小微企业的界定

我国对小微企业的具体界定有两个文件可以参考。其中，主要的界定文件是2011年工业和信息化部、国家统计局、国家发改委、财政部印发的《中小企业划型标准规定》（以下简称《规定》）。在《规定》中，中小企业被划分为中型、小型、微型三种类型，具体标准根据企业从业人员、营业收入、资产总额等指标，结合行业特点制定。在《规定》中，划型标准适用的行业包括：农、林、牧、渔业，工业（包括采矿业，制造业，电力、热力、燃气及水生产和供应业），建筑业，批发业，零售业，交通运输业（不含铁路运输业），仓储业，邮政业，住宿业，餐饮业，信息传输业（包括电信、互联网和相关服务），软件和信息技术服务业，房地产开发经营，物业管理，租赁和商务服务业，其他未列明行业（包括科学研究和技术服务业，水利、环境和公共设施管理业，居民服务、修理和其他服务业，社会工作，文化、体育和娱乐业等）。各行业划型标准略有差异，具体可以参考《规定》。

2017年12月，工业和信息化部等四部委联合发布的《统计上大中小微型企业划分办法（2017）》对我国各行业中大、中、小、微型企业的划分标准进行了修订，按照修订后的标准，以零售业为例，微型企业是指从业人数10人以下且营业收入100万元以下的企业，小型企业是指从业人数10~50人且营业收入在100万元~500万元的企业，以此类推。

另外，《中华人民共和国企业所得税法实施条例》（中华人民共和国国务院令第512号）第九十二条规定："企业所得税法第二十八条第一款所称符合条件的小型微利企业，是指从事国家非限制和禁止行业，并符合下列条件的企业：（1）工业企业，年度应纳税所得额不超过30万元，从业人数不超过100人，资产总额不超过3 000万元；（2）其他企业，年度应纳税所得额不超过30万元，从业人数不超过80人，资产总额不超过1 000万元。"根据2019年1月17日财政部和国家税务总局出台的《关于实施小微企业普惠性税收减免政策的通知》（财税〔2019〕13号），所谓小型微利企业，是指从事国家非限制和禁止行业，且同时符合年度应纳税所得额不超过300万元、从业人数不超过300人、资产总额不超过5 000万元条件的企业。

1.1.2 小微企业的国际界定

国外关于微型企业的内涵界定并不统一。典型的界定主要有：

（1）美国国际开发署的"微型企业"定义。微型企业是由当地人拥有的、雇员（包括不领薪水的家庭成员）不超过10人的、业主和经营者为贫困人口的小企业。

（2）亚洲开发银行（ADB）的"微型企业"定义。微型企业是指雇员（包括雇主及家庭成员在内，其中员工不包括专业人员及专业服务提供者）不超过10人的企业。微型企业不包括高科技企业。据此，微型企业的定义暗含着对收入和资产的限制，通常被认为是穷人的企业。

（3）多数国家与组织对微型企业界定的标准有两个指标，即资产总额和雇员人数。比如，萨尔瓦多从1996年开始将劳动者不超过10人、年销售额不超过60万科朗的生产单位定义为微型企业。在法国，凡雇员在9人以下的企业被称为特小企业；在西班牙，则称其为微型企业。欧盟委员会把雇员人数为1～9人的企业称为非常小企业。

（4）日本的“微型企业”定义。日本把制造业中20人以下、商业服务业中5人以下的企业定义为微型企业，又称零细企业。显然，日本的界定考虑到了微型企业的产业特征。

表1-1是世界银行、欧盟对小微企业的界定。

表1-1　　世界银行、欧盟对小微企业的界定[①]

类型	小型企业	微型企业
世界银行	雇员人数为11～59人，总资产为100万美元～300万美元	雇员人数为1～10人，总资产在100万美元以下
欧盟	雇员人数为10～49人，总资产为200万欧元～1 000万欧元	雇员人数为1～9人，总资产在200万欧元以下

从表1-1中可以看出，这两个组织对小微企业的界定是类似的，但细节上是有差异的。

1.2　小微企业的特点

小微企业不同于一般的具有一定规模的成熟企业。它具有以下特点：

（1）小微企业一般成立时间比较短。

（2）小微企业参与竞争的市场存在较大的变数，并非一成不变。

① 崔静静. 小微企业融资行为研究[D]. 兰州：兰州大学，2011.

（3）大多数小微企业在前期发展阶段不可能真正实现盈利。

（4）虽然小微企业的资金与规模都比较小，但是善于快速迭代研发新产品、新技术。

综上所述，小微企业在销售规模、产品研发与创新等方面有着自己独特的优势，上升潜力非常大。因此，小微企业要想持续、快速、健康发展，必须投入足够的人力、物力、财力，进行新产品的开发与技术创新，不断给企业注入发展动力，进而为企业腾飞打下坚实的基础。新产品可以在走向市场后获得高额的利润以弥补小微企业之前研发的成本；新技术可以在成熟后推向市场，为企业赚得可观的投资回报，并为下个新项目和市场提供牢固的基础。

1.2.1 微型企业的特点

与中小企业相比，微型企业具有许多不同的特点：

（1）在组织管理方面，微型企业没有正式的组织方式，缺乏管理工作内容；中小企业有明确的组织结构，有正式的管理工作内容。

（2）在金融支持方面，微型企业融资渠道主要是亲戚朋友和熟人，很少有正式的融资渠道；中小企业由合作伙伴共同出资，与正式的融资渠道有融资联系。

（3）在固定资本方面，微型企业固定资本少，经营所需的工具和设备粗糙而简单，且大多是家庭生活用品；中小企业拥有机器、设备和专门的场地。

（4）在销售模式方面，微型企业采用直销方式，且以服务本地市场为主；中小企业与产品相关的产业链、供应链有联系。

（5）在薪酬制度方面，微型企业没有正式的薪酬制度；中小企业有正式的薪酬制度，实行岗位工资制。

（6）在生产运作方面，微型企业有十分相似的经营模式，大部分是以“前村后店”的模式组织生产运作，缺乏质量管理，采用劳动密集型的技术和手工艺，运作方式灵活而富有流动性；中小企业有一定的采购、生产、存货和质量管理制度，有一定的竞争战略选择。

（7）在人力资源方面，微型企业的员工以家庭成员为主，且大多是通过正式的就业渠道不能就业的人；中小企业有一定的招聘制度，进入企业的员工大多接受过专业训练。

（8）在财务会计方面，微型企业没有也不需要建立正式的会计科目，少量而不规范的会计活动只是为了上缴税费；中小企业存在面向中小企业的会计制度。

1.2.2 我国小微企业的特点

小微企业是我国经济运行的重要参与者，对经济社会的发展有着巨大的贡献。小微企业在数量上的绝对优势决定了其在稳定和扩大社会就业方面发挥着重要的作用。我国小微企业具有以下特点：

（1）我国大多数小微企业为私营企业。

（2）小微企业的空间分布主要集中在经济活跃的中东部地区，同我国区域经济发展趋势相一致。

（3）在产业分布上，小微企业集中于第三产业，其快速发展推动了我国产业结构的优化升级，活跃了商品交易市场，丰富了人民群众的生活，促进了经济的快速增长。

（4）数量多、发展快。党的十八大以来，我国促进中小微企业发展的政策体系、服务体系不断完善，发展环境不断优化，中小微企业呈现又快又好的发展态势，对经济社会发展全局作出重要贡献。截至2021年年末，我国中小微企业数量达4 800万户，比2012年年末增长了2.7倍，日均新增企业2.48万户，是2012年的3.6倍。2021年，我国规模以上工业的中小微企业平均营业收入利润率为6.2%，比2012年提高了0.9个百分点。第四次全国经济普查的数据显示，我国中小微企业吸纳就业占全部企业就业人数的79.4%。

（5）寿命短、更新快。随着国家鼓励自主创业，公司注册的门槛不断降低，绝大部分小微企业规模较小，这使得相当部分的小微企业没有雄厚的经济基础支撑企业经营、参与市场竞争、抵御市场风险。此外，大部分小微企业的经营者的教育水平不高，特别是个体工商户对产品经营理念定位不清、市场调研分析不透彻、管理企业的经验方法较少，导致企业适应市场的能力较弱，企业生命周期较短，因此每年都有大量的小微企业停业。但是，由于小微企业的组织结构简单、决策和管理机制比较单一，对市场变化反应灵敏，可迅速捕捉消费者的需求变化，因此决策层能够在短时间内作出决策部署，调整企业的生产战略，使得部分停业或寻找到商机的小微企业纷纷转型升级，投入新的行业，创办新的企业。

（6）财务制度不规范、抵押担保资产较少。在实践中，部分小微企业没有聘请专职的财务人员，更谈不上正规的财务报表，企业资金的来龙去脉不明晰，收支两条线不清楚，财务状况不透明。纵然部分小微企业有专职的财务人员，但这些人员往往素质不高，或业务不精、财务管理意识不强，导致执行的财务制度不规范。另外，大多数小微企业规模较小、资产较少，特别是可供抵押的资产（如机器设备、厂房、存货等）较少。在实践中，小微企业纵然存在部分可抵押的资产，但是抵押的折扣率特别高，远远低于抵押物的购买原值。

（7）家族色彩较浓、个人权重较大。许多小微企业的创业者（成员）都是夫妻、父子，或是有血缘关系的兄弟、姐妹，各成员之间的关系都是沾亲带故的，具有比较浓厚的家族企业色彩。这样的小微企业在面对重大事项决策时，往往是“一言堂”，企业的运营受个人情感因素影响较大。换言之，个人兴趣、偏好、性格、知识储备等因素直接决定了小微企业的发展状况。

1.3 小微企业的作用

1.3.1 微型企业的作用

微型企业在经济和社会发展中的作用很大，具体如下：

（1）减少贫困的有效途径。尽管微型企业规模很小，没有正式的组织方式，拥有者和经营者大多为“生活在社会边缘的穷人”，往往得不到政府的帮助，也不受政府的重视，但是大量存在的微型企业在国内生产总值中占有很大的比例，它们往往为处境最艰难的家庭提供主要经济保障。因此，作为世界各国数亿人口收入的主要来源，微型企业对个人、家庭和国家经济的深远影响是显而易见的，为减贫作出了显著贡献。

（2）扩大就业的主要渠道。微型企业之所以成为扩大就业的主要渠道，是因为微型企业单位投资的劳动力（就业容量）和单位产值使用劳动力（就业弹性）都明显高于大中型企业，而且创办微型企业所使用的资源较少，对环境的适应性更强，创办速度更快，从而使得数目众多的微型企业在总量上提供的就业机会更多。因此，鼓励创办微型企业不仅是世界各国发展经济的重要手段，也是解决就业问题的根本之策，它对国家社会发展起着举足轻重的作用。有关的统计资料表明：在拉丁美洲，5人以下的微型企业的雇工占非农业劳动力的一半，在非洲这一比例则占2/3。在欧洲经济区（EEA）和瑞士，中小企业提供了1.22亿个就业岗位，在2 050万家中小企业中，93%是微型企业，雇员为1～9人；6%是小企业，雇员为10～49人；雇员超过50人的大中型企业只占到1%。

（3）培育大批的企业家，提高民族素质。微型企业除了能吸收大量的劳动者就业、稳定社会外，还可以培育大批的企业家，从而提高整个民族的创造欲、革新意识、冒险精神、开拓精神。企业家是在企业优胜劣汰中寻找自己的生存空间，胜利和失败是企业家必须面对的两道门槛，在失败中总结经验、在胜利面前保持清醒是衡量成功企业家的标尺。据统计，1997年硅谷有2 000家企业破产，也有3 500家企业诞生。这些企业大多数是微型企业，70%的企业员工数量少于10人。有关资料显示，我国企业家在创业前是个体户的比例约为36.9%，若考虑农民企业家中有相当一部分就是个体户，则二者加起来超过了50%。早期作坊式家庭工业是农民成为企业家或经营者的主要孵化器。

（4）培育社会经济发展新动力。虽然微型企业规模小，但是数量庞大，依靠团队力量会产生所谓的“蝴蝶效应”，即一个小小的扰动可以通过系统的加乘作用放大。世界上许多著名的大企业就是由微型企业发展而来的。美国的微软和惠普就是成功的典范。根据《美国新闻与世界报道》的统计，自20世纪90年代以来，美国每年新成立的企业有300多万家，90%以上为小微企业。在信息经济下，规模超大型化的企业和蓬勃兴起的微型企业构成了现代企业规模的两极。一方面，企业间的横向扩张盛行，企业的规模不断扩大，超大规模的企业不断涌现，在新经济时代形成了以制造业为核心能力的企业大型化、巨型化发展格局；另一方面，企业的微型化趋势也非常明显，微型企业的数量猛增，尤其是以研发为核心的创新型微型企业的涌现，为经济发展提供了巨大的活力。

（5）社会和谐发展的重要稳定器。社会发展的历史进程表明，没有社会稳定就没有经济发展，社会稳定与经济发展是紧密联系和互相依托的，社会稳定推进经济发展，经济发展又使社会得以稳定。大企业与小企业（含微型企业）是一种特定的结构功能关系，现代经济是一种系统经济或生态经济，没有小企业是很难想象的。我们需要阳光普照，需要明月当空，更需要繁星满天。数目众多的微型企业对缩小我国地区经济差距、突破“二元”社会经济结构以及促进社会政治稳定和谐具有极其重要的战略意义。

1.3.2 我国小微企业的作用

小微企业是经济增长的坚实基础。小微企业在增加居民收入、改善民生、维护社会稳定、增加国家税收、解决社会就业、调节市场结构等方面都起着重要的作用，是创业富民的重要渠道，是国民经济和社会发展的重要基石。改革开放以来，特别是党的十八大之后，国家注重小微企业的发展，促进小微企业快速崛起，使其数量剧增、分布广泛，涉及经济领域的各行各业，遍布经济建设的各个角落，使得国民经济稳中推进，而且在调结构、促改革、惠民生等方面起着举足轻重的作用。所以，小微企业虽小而微，但作用不小不微，在增强经济发展内生动力的作用方面不“小”，在经济社会发展中的地位也不“微”，占全国经济总量的60%左右，占国家上缴税费总额的50%左右。

小微企业是解决社会就业的主要渠道。小微企业不仅安置了大批高校毕业生等新增社会劳动力，还吸纳了下岗职工等大量转移就业人员。小微企业既是创业的“解化器”，又是解决就业的“容纳器”。小微企业开启了更加广阔的就业门路，80%的就业群体在小微企业找到了岗位。

小微企业是科技创新的重要力量。小微企业特别是科技型小微企业的悄然兴起和蓬勃发展，使我国科技迸发新的活力，成为技术创新最活跃的主体之一，推动了科技创新，实现了科技成果的转化，开创了科技创新的新局面。在市场竞争中，小微企业为了适应市场需要，抢占市场份额，迫使企业不断创新，将自身灵活的特性发挥得淋漓尽致，大胆尝试和采用新的技术，使产品和服务不断更新，实现了产品和服务的升级。目前，在我国，70%以上的国家级高新园区和高新技术企业都是中小微企业。此外，这些中小微企业实现了全国80%以上的产品创新、75%以上的技术创新、65%以上的发明创造。

1.4 发达国家促进小微企业发展的措施

我国发展小微企业可以适当借鉴国外的经验。国外小微企业的发展也经历了曲折的历程。

发达国家对小微企业的发展分别采取了不同的措施，这些措施促进了小微企业的发展。我们分别选取了日本（亚洲国家）、美国（美洲国家）和意大利（欧洲国家）三个国家作为代表，分析这些发达国家是怎样为小微企业的发展提供帮助的。

1.4.1 日本促进微型企业发展的措施

日本在促进微型企业发展方面，主要采取了以下措施：

（1）制定与完善相关法律、法规。第二次世界大战后，日本先后制定了《中小企业厅设置法》《中小企业基本法》《新中小企业基本法》等法律、法规。这些法律、法规的制定与实施涵盖了微型企业，从而有力推动了微型企业的发展。

（2）建立健全相关金融体系。日本先后建立了国民生活金融公库、中小企业金融公库和商工组合中央金库，形成了对微型企业的金融支持体系。同时，日本专门建立了微型企业经营改善资金融资制度，对融资能力较弱的微型企业提供低利息、无担保、无保证的融资服务。

（3）形成面向微型企业的中介服务网络。日本形成了由政府机构、金融机构、行业组织、基金组织和其他社会中介机构分工合作、相互协调、分布广泛的企业服务网络。微型企业可从中获得相关的经营诊断、技术指导、人才培育和信息咨询等服务。

（4）建立公共服务机构。公共服务机构在日本不仅发挥着政府与企业的功能，还是政策的主要实施机构。政府通过商工会和商工会议所等机构，落实有关支持微型企业的政策。政府也不断改善商工会和商工会议所的公共服务设施，提供基本经费和所需的专项补助金，提高公共服务机构的服务水平，从而达到促进微型企业发展的目的。

1.4.2 美国促进微型企业发展的措施

美国在促进微型企业发展方面，主要采取了以下措施：

（1）建立健全相关法律体系。美国于1953年出台了《小企业法》，奠定了扶持微型企业的政策基础。1964年，美国通过了《机会均等法》，进一步完善向微型企业提供资金援助的机制。1980年，美国通过了《小企业经济政策法》，规定美国总统每年要向国会递交有关微型企业的竞争情况报告。之后，美国又陆续通过了多种扶持微型企业的法律、法规，从而为微型企业的发展奠定了坚实的制度基础和法律保障。

（2）成立专门的管理机构。《小企业法》实施后，美国小企业管理局正式成立。美国小企业管理局的主要职能有：制定发展微型企业的基本方针政策；监督微型企业政策落实情况；反映微型企业的需求，维护微型企业的利益；向微型企业发放直接贷款、担保贷款或特别贷款；为微型企业提供各种业务培训、信息咨询、管理和技术指导等服务，从而有效促进了微型企业的发展。

（3）建立贷款及信用担保体系。1953年，美国实施了《小企业融资法》，从而奠定了微型企业融资制度的基础。截至2000年，政府累计向微型企业提供贷款达1 617亿美元。

（4）税收优惠。美国为扶持微型企业发展，在不同时期对不同类型的微型企业采取不同的税收减免政策。税收优惠政策主要有：减少企业新投资税收；降低企业所得税税率；实行特别科技税收优惠；企业科研经费增长额税收抵免；个人所得税下调25%；资本收益税调整为20%等。美国除采取一般的税收优惠政策扶持微型企业外，还利用政府订货政策在财政上给予微型企业支持。

1.4.3 意大利促进微型企业发展的措施

在对微型企业实施扶持的过程中，意大利始终坚持对落后地区实行特别照顾的原则，实行资金补助和减免租税的政策。此外，意大利在能源、交通运输、基础设施等方面对微型企业提供多种优惠政策。2006年，意大利提出振兴“意大利制造”的商品出口计划，该计划的主要目标是为提高意大利微型企业的国际竞争力而加大财政投资、免除企业缴纳工商业大区税（IRAP）等。在金融服务方面，意大利专门开设SPI企业孵化器中心，以支持处于初期阶段的微型企业，还提供设施齐全的办公场所、市场开发与金融服务（如风险投资资金），为微型企业提供融资便利。

1.5　发展中国家促进微型企业发展的措施

在发展中国家，本书选取了马来西亚和巴西两个国家。下面分别分析这两个国家在促进微型企业发展方面采取的措施。

（1）微型企业在马来西亚经济中占有重要地位。为此，马来西亚确立以“微型融资”作为扶助微型企业的主要手段，构建一个全面的微型融资框架。根据这一框架，马来西亚指定一些银行以相对优惠的条件，专门向微型企业提供“微型资金”支持。同时，鼓励这些银行为微型企业服务，使各类微型企业能持续获得充足的资金扶持。马来西亚中央银行也致力于发展面向微型企业的“升级计划”，为微型企业提供与其成长相适应的资金援助等。

（2）2021年6月，巴西时任总统博索纳罗通过社交网络宣布签署实施常态化扶持微型企业计划的相关法案。巴西政府推出该措施的主要目的是支持微型企业应对新型冠状病毒感染所带来的经济危机。

根据该措施的相关规定，2020年在370亿雷亚尔的基础上，政府向借贷担保基金再注资50亿雷亚尔，有关企业贷款比例最高为营业收入的30%，利率为基准利率的6%。在巴西，微型企业的贷款平均年利率为35%。

第2章

小微企业融投资理论基础

2.1 小微企业的性质

2.1.1 新古典主义经济学的厂商理论

以马歇尔为代表的新古典主义经济学家认为厂商是一个具有原子式的“经济人”组织，这些厂商的所有权和经营权处于一种合一状态，厂商的业主也是厂商的所有者和经营者，这些业主们对整个厂商拥有绝对的经营决策权和经营管理权。

因此，对厂商的假定（所有关于厂商生产或经营管理的问题）可以通过购买生产要素的价格和支付的相关报酬（包括工资、利息、地租等）来决定，业主作为直接经营管理这些厂商的企业家，能够充分地掌握信息，既可以充分地了解厂商的状况，又可以准确地了解产品的需求曲线和成本曲线，并且在处理生产和经营管理问题上具有充分的时间，业主有能力在各种可供选择的行为中作出最优决策，以保障实现厂商资源的最优配置，从而能够实现利润最大化。

在这种理论指导下，现实经济世界中的厂商以业主制厂商为主，厂商的行为动机是追求利润最大化，因而定价原则是绝对遵循铁定的边际原理：边际收益等于边际成本（MR=MC）。其含义是，如果厂商多生产一个单位的商品所获得的收益大于生产该单位商品的成本，那么该厂商就继续生产，直到多生产一个单位的商品所获得的收益等于生产该单位商品的成本为止。这里面其实隐含着边际收益递减或者边际成本递增的前提。

2.1.2 经理中心论的厂商理论

1939年，英国经济学家赫尔通过对英国38家厂商的实际调查发表了《价格理论与价格行为》一文，他们的研究结论对新古典主义经济学的厂商理论提出了以下质疑：

第一，现实经济世界中的厂商并不是以所谓的业主制厂商为主，实际上寡头或寡头垄断才是最主要的厂商。这一结论突破了传统厂商理论关于市场结构的框架。

第二，现实经济世界中的厂商并不都是完全追求所谓的厂商利润最大化的，实际上仍存在相当多的厂商试图离开利润最大化目标的轨道而转移到其他目标上。这一结论对传统厂商理论关于厂商行为动机的解释提出了不同的界定。

第三，厂商的定价原则也并不都是绝对遵循铁定的边际原理。现实经济世界中许多厂商的定价原则遵循的是平均成本原理，即 $MR=AVC+AFC+R$。

上述理论研究推动了厂商理论的发展。当市场结构以大型寡头或寡头垄断厂商为主时，厂商就成为一个复杂的组织结构，此时厂商的特点出现了许多新的变化。

所有权和经营权出现了日益显著的分离趋势，从而导致厂商的组织结构、产权结构、管理结构等发生了相应的变化。在两权分离的情况下，厂商的决策主体和管理主体也出现了新的情形，即决策主体或管理主体不再是业主而是经理人。经理人成为厂商的内在组成部分，从而担当了厂商实现利润最大化目标的重任。但是，当经理人在履行职责时，面临以下制约：经理人自身的知识结构与能力；企业信息的不完全、不充分；经理人的自身偏好；市场的千变万化等。

此时，厂商是股东、经理人和员工的结合体，而三者的目标是不同的：股东的目标是股票价值最大化；经理人的目标是报酬收益最大化；员工的目标是工资收益最大化。厂商理论的核心集中于厂商治理和激励机制。

新古典主义经济学的理论显然失去了指导地位，制度经济学或产权经济学应运而生，主要代表性经济学家有科斯、威廉姆森、斯蒂格勒、德姆塞茨等。既然利润最大化的目标没有办法落实在具体群体上，这些经济学家只好另辟道路，从福利经济学着手探索厂商理论。首先，经济学家们定义了完美状态，即完美状态是任何资源配置都能够在不使一个人的福利发生减少或出现更差的情况下至少使得另一个人的福利增加或出现更好的一种状态。其次，经济学家们倾向于认为现实经济世界中的任何资源配置都只能是一种非最优配置。我们能够做的仅仅在于努力创造条件去驱动资源配置不断向最优状态逼近，因此任何厂商经济资源的实际配置效率都永远处于某种次优状态。

2.1.3 小微企业的性质

作为企业无论其性质如何，都具有以下作用：

（1）企业是社会财富的创造者。

（2）企业是推动社会生产力发展、人类进步的主要力量。

（3）企业是经济增长、经济发展的主要动力。

正是由于企业具有的这三个作用，我们必须支持企业的发展，尤其是小微企业的发展。

从小微企业的特点可以看出，大多数小微企业是新古典主义经济学意义下的厂商，即厂商是一个具有结构同一性的、原子式的“经济人”组织，这些厂商的所有权和经营权处于一种合一状态，厂商的业主也是厂商的所有者和经营者，这些业主们拥有对整个厂商绝对的经营决策权和经营管理权。尽管有一些企业采用了一定的股权结构，实行了所谓的两权分离，但是企业实际运营控制人和大股东是一个人，或者同属于一个家族，在这种情况下，企业仍然是新古典主义经济学意义下的厂商。小微企业追求的是利润最大化，反映在融资需求上多数是求生存，少数是谋发展。但是，在利用新古典主义经济学理论分析小微企业时也面临一个困难，即小微企业往往不具备边际收益递减或者边际成本递增的前提。因此，需要采用新的理论进行分析，这一理论就是后面介绍的显中经济学理论。

当然，有些小微企业是真正两权分离的，多数情况下大股东是国有企业或事业单位，经理人持有技术股。在这种情况下，股东和经理人的目标是不一致的，必须运用现代企业理论进行分析。

在我们调研的中关村某科技园的30家小微企业中，只有4家企业的股权结构符合现代企业的要求，而大多数企业都存在一股独大的局面。

2.2 研究小微企业融投资涉及的相关理论

2.2.1 信息不对称理论

信息不对称理论是指在市场经济活动中各类人员对有关信息的了解是有差异的，掌握信息比较充分的人员，往往处于比较有利的地位，而信息匮乏的人员，则处于比较不利的地位。该理论认为：市场中卖方比买方更了解有关商品的各种信息；掌握更多信息的一方可以通过向信息匮乏的一方传递可靠信息而在市场中获益；买卖双方中拥有信息较少的一方会努力从另一方获取信息；市场信号显示在一定程度上可以弥补信息不对称的问题。

2.2.2 博弈理论

博弈论又称对策论，是现代数学的一个新分支，也是运筹学的一个重要学科。博弈论主要研究公式化的激励结构间的相互作用，是研究具有竞争性质现象的数学理论和方法。生物学家使用博弈理论来理解和预测进化论的某些结果。

博弈论已经成为经济学的标准分析工具之一。在金融学、证券学、生物学、经济学、国际关系学、计算机科学、政治学、军事战略学和其他学科上都有广泛的应用。

2.2.3 信号博弈理论

信号博弈是一种特殊的不完全信息动态博弈，信号博弈中的信号传递模型是由一个信号发送者和信号接收者组成的，或者是由领导者和追随者构成的。其描述的是两个博弈主体的不完全信息动态博弈。信号博弈过程如下：

在信号传递博弈中有两个参与人，即i=1，2。参与人1称为信号发送者（因为他发出信号），参与人2称为信号接收者（因为他接收信号）。参与人1的类型是私人信息，参与人2的类型是公共信息（即只有一个类型）。

（1）“自然”选择参与人1的类型作为参与人类型空间，参与人1知道θ，但参与人2不知道，只知道参与人1属于的θ大于先验概率p=p（θ）。

（2）参与人1在观测到类型θ后，选择发出信号，即m∈M。

（3）参与人2在观测到参与人1发出信号m（但不是类型θ）后，使用贝叶斯法则从先验概率得到后验概率，然后选择。

（4）支付函数分别为u（1）=（m，a，θ）和u（2）=（m，a，θ）。

信号博弈除了信号传递模型外，还有信号甄别模型。信号甄别模型与信号传递模型的不同之处是，没有私人信息的局中人先行动。

保险市场的博弈是典型的信号甄别博弈。以保险市场的博弈为例，信号甄别博弈过程如下：

（1）“自然”选择投保人的类型（投保人是有私人信息的，分为高风险和低风险）。

（2）保险公司制定2份及以上的保险合同（保险公司没有私人信息）。

（3）投保人签订一份合同或者拒绝所有的合同。

（4）“自然”选择产生“是否赔付”的客观状况。

2.2.4 信贷配给理论

亚当·斯密于1776年曾探讨过信贷配给问题，凯恩斯于1930年在《货币论》一书中也谈及了信贷配给问题，而最早研究信贷配给理论的是罗莎等人。罗莎等人在1951年发表的《资金可得性学说》一文中，提出了信用可获性理论，阐述了货币政策能够利用信贷渠道影响实际支出，从而影响经济的观点。

信贷配给的概念可从宏观层面和微观层面来看：宏观层面的信贷配给是指在利率确定的条件下，信贷市场上的贷款供给小于贷款需求；微观层面的信贷配给是指在所有的贷款申请人中一部分人的贷款意愿可实现，而另一部分人即使愿意支付高额利率也可能得不到贷款，即贷款人申请的贷款额度只能满足一部分，而不能全部满足。

信息不对称会导致信贷配给。在金融借贷市场上，小微企业向银行申请贷款项目时利用信息不对称的原理粉饰企业信息、夸大利好信息，以骗取贷款，从而导致银行呆账、坏账的概率增大。银行发现向银行申请贷款的大部分都是高风险的客户，而优质的客户通常不轻易向银行借款。于是，银行会选择对小微企业不发放或者少发放贷款，而选择与大中型企业合作，最终形成信贷配给。

小微企业抵押物和质押物质量不高也会产生信贷配给。在小微企业申请银行信贷时，部分企业会使用抵押或质押的方式，用低质量的资产作为抵押物。当获得贷款的企业在管理或销售环节出现纰漏而未能按时偿还贷款时，银行会按照合同约定处置抵押物，但因抵押物质量不高，导致银行蒙受损失。长此以往，银行为规避风险，无奈实行惜贷、限贷的信贷配给政策。

2.2.5 关系型借贷理论

关系型借贷是指银行的贷款决策主要通过多种渠道长期的直接或间接接触所积累的关于贷款企业及其业主的相关信息进行的。关系型借贷的基本前提是银行和企业之间必须保持长期密切且相对封闭的交易关系，即企业固定地与数量极少的银行（通常为1～2家）打交道。商业银行的授信方式主要包括交易型贷款与关系型贷款。交易型贷款一般是短期或者一次性借贷关系，是银行依据贷款企业的财务状况、运营情况和抵押物价值等信息，将条件符合的贷款企业挑选出来，建立起信贷合作关系。关系型贷款与交易型贷款截然不同，关系型贷款是指银行的授信决策主要参考贷款客户的信誉、企业雇员的工作满意程度等方面的信息，建立信贷关系。也就是说，银行和贷款企业之间经过长时间的合作，贷款企业与银行之间建立了良好的信誉信息，主要包括企业的财务情况、运营情况、个人信誉等方面的信息。对贷款企业来说，与银行建立良好的关系可以增强企业授信，也可以增加企业贷款议价的筹码，降低贷款利率，建立比较稳定可靠的信贷关系。企业与银行之间要建立关系型贷款模式，需要一个比较长的合作过程。通常情况下，银行与企业开始合作时，基于风险控制银行会在基准利率的基础上大幅度上调利率，使企业背负高额贷款利率。当然，贷款企业若信守承诺、按时还款，就可获得良好的银行信誉估价，使信息不对称形成的风险大幅度下降，从而提高企业的议价能力，降低贷款成本，并建立长期稳定的关系型贷款合作关系。

2.2.6 融资优序理论

Myers 和 Majluf（1984）研究指出，企业在融资时会根据自身规模的特点及企业所处的发展阶段，选择不同的融资方式，主要以融资成本及企业相关信息两个因素来选择最佳的融资模式。在初创期企业的融资模式一般是内部融资，待企业发展到一定阶段，需扩大生产规模时，因内部融资受限而选择外部融资。企业外部融资分为债务融资和权益融资。债务融资就是发行债券或向银行贷款，债权人到期要求还本付息的一种债务关系。权益融资是企业通过向投资者出让部分股权或发行股票，以获取资金来满足其资金需求的一种融资方式。与权益融资相比较，债务融资的风险要小于权益融资的风险，因此企业会优先选择债务融资。企业的融资方式一般按照内部融资、债务融资、权益融资的顺序进行。

2.3 显中经济学

2.3.1 西方经济学发展回顾

从亚当·斯密开创西方经济学之后，西方经济学得到蓬勃发展，但其发展并不是一帆风顺的，出现了周期性的危机，即当时的经济学理论发展到一定阶段后必然遇到各种危机和挑战，新的西方经济学理论应运而生。

在重商主义的引导下，西方经济学走上了歧途。最为著名的就是英国对中国发动的鸦片战争。尽管鸦片战争以英国取胜为结局，但是道德上英国人被永远地钉在了耻辱柱上。正是因为如此，英国人才想起近一百年前亚当·斯密的《道德情操论》和由此带来的真正意义上的西方经济学开山之作《国富论》。由此可见，在西方经济学的发展历程中，人类情感是基础。在此基础上，西方经济学理论才得以蓬勃发展。

以萨伊为代表的西方经济学家忘掉了人类情感是西方经济学的基础，在强盛的资本主义发展的条件下提出“供给创造需求”，认为资本是新的也是最重要的要素，力图证明资本要素在经济增长中的关键作用。但非常遗憾的是，无论是古典主义经济学家还是新古典主义经济学家，甚至是后来的凯恩斯主义者，都在模型实证中发现，资本的作用是很小的，还不如劳动力的作用。面对1929—1933年的第一次全球性的经济危机，凯恩斯又回到人的情感上，以三大心理规律为基础，提出了以有效需求为核心的国民收入决定理论，由此开启了现代西方宏观经济学。西方经济在经历萧条后进入恢复和繁荣期，凯恩斯主义成了西方经济学的主流。但是好景不长，资本主义发展又陷入滞胀的困境，于是行为经济学开始出现，并逐渐成为热门。

在具体的学科发展中，金融学的发展也是如此。现代金融理论是建立在资本资产定价模型和有效市场假说基石之上的。这些经典理论承袭了经济学的分析方法与技术，其模型与范式局限在“理性”的分析框架中，忽视了对投资者实际决策行为的分析。随着金融市场上各种异常现象的累积，现代金融理论的理性分析范式陷入了尴尬境地。在此基础上，行为金融理论悄然兴起，并开始动摇资本资产定价模型和有效市场假说的权威地位。

从以上简单的回顾可以看出，西方经济学理论每次遇到危机时，都要走向人，而一旦繁荣发展之后，就忘记了“人”的规律，于是出现危机，周而复始。

那么“人”的规律是什么？对人的研究最深刻的可能只有中华文明了。

2.3.2 显中经济学的基础

所谓规律，是不以个人的意志为转移的客观存在。中国五千年的文明史表明显中是人的规律。

所谓显中，其实类似于中庸，只不过是动态的中庸。大多数人都有从众心理，因而有向中趋势，但是每个人由于其个人的实际情况不同，向中运动的速度不同，距中的位置也不同。另外，部分人还有炫耀心理，因而具有离中趋势。向中是内在动力，是客观存在的，离中需要主观驱使，是需要强大领导力的。

显中经济学的数学基础就是中心极限定理。

首先，中心极限定理是由相互独立的随机因数的综合影响所形成的，而其中个别因素在总的影响中所起的作用都是渺小的，这种随机变量往往近似地服从正态分布，这种现象就是中心极限定理的客观背景。我们可以把独立分布的随机变量当作正态变量，利用它解决很多实际问题，同时有助于解释为什么很多自然群体的经验频率呈现钟形曲线这一值得注意的事实，因此正态分布成为概率论中最重要的分布，这就奠定了中心极限定理的首要功绩。

其次，中心极限定理对于其他学科都有着重要作用。例如，数理统计中的参数（区间）估计、假设检验、抽样调查等。

最后，中心极限定理为数理统计在统计学中的应用铺平了道路，用样本推断总体的关键在于掌握样本特征值的抽样分布，而中心极限定理表明只要样本容量足够大，未知总体的样本特征值就近似服从正态分布。因此，只要采用大量观察法获得足够多的随机样本数据，几乎就可以把数理统计处理问题的方法应用于统计学，这也从另一个方面间接地开辟了统计学的方法领域，在现代推断统计学方法论中居于主导地位。

因此，显中经济学的哲学基础是周易，其数学基础是中心极限定理，这也是显中经济学区别于其他经济学的地方。

2.3.3 显中经济学的研究对象

显中经济学的“中”就是人，因而以群体的经济行为作为研究对象。和马克思主义经济学相同，显中经济学不认为资本是能够带来增值的要素，因而就不再强调物质资本、人力资本。群体的经济行为有两种类型：一是自发地趋中，用西方经济学的观点来说就是市场；二是自主地离中。因此，显中经济学区别于西方宏观经济学，即显中经济学还研究群体的离中行为，而这正是西方经济学所忽略的。

2.3.4 政府的作用与价值

古典主义经济学和新古典主义经济学忽视了政府部门的存在，或者忽视了政府部门中群体的显中经济学，因此二者都是不完整的。凯恩斯主义提高了政府部门的作用，认为政府部门是和市场同等重要的“有形的手”，但也是有缺陷的。那么政府的作用和价值到底是怎么样的呢？

首先，政府部门不能改变显中经济学。在购买的正态分布和产出的正态分布下，政府的作用和离中的作用都是一样的，是自主行为。

其次，政府部门的作用是润滑剂和缓冲器。在购买和产出不平衡时，货币政策充当润滑剂；在对离中行为支持或反对时，财政政策充当缓冲器，进而促进经济增长和社会进步。

2.3.5 结论与不足

总而言之，本书提出了以中国传统文化为哲学基础、中心极限定理为数学基础的显中经济学，并运用显中经济学分析了国民经济增长、经济周期等经济现象，提出只有教育才是经济增长的根本，分析了政府的作用和价值，提出货币政策是润滑剂，财政政策是缓冲器的观点。

当然，本书中的相关观点还需要进一步深入研究，因此本书意在运用中华文明的智慧完善西方经济学，进而体现经济发展的规律。

第3章 小微企业融投资的研究现状与实际情况

3.1 小微企业融投资的研究现状

小微企业融资难是全球各个国家共同关注的一个课题。外国政府、专家和学者对小微企业融资的研究一般都是从银行的角度、信息非对称的角度和小微企业自身的角度进行研究。在这三个角度，小微企业自身的研究是基础，信息非对称的研究是根本，银行的研究是应用。因此，本书对文献的梳理主要是前二者。另外，小微企业融资难本质上是信息非对称下的逆向选择问题，因而也可以从“信息”和“选择”角度对文献进行综述。

信息非对称理论由加利福尼亚大学的乔治·阿克尔洛夫、斯坦福大学的迈可尔·斯彭斯和美国哥伦比亚大学的约瑟夫·斯蒂格利茨三位经济学家提出的，他们认为市场上交易双方对交易信息的掌握存在差异，掌握信息充分的一方处于优势地位，信息贫乏的一方则处于劣势地位。根据信息非对称理论，商业信贷活动中普遍存在信息的不对称，小微企业在经营管理、资产结构、项目投资成功率和还贷条件等方面比银行等金融机构掌握更多的信息，银行难以取得和甄别企业的真实信息，银企之间存在信息非对称问题，从而引发了市场逆向选择和道德风险，是产生信贷配给最重要的原因。许多研究已经确认，在外部融资方面存在的限制主要是借款人和贷款人之间的信息非对称问题（Beck 等，2005；Bebczuk 和 Haimovich，2007；Bebczuk，2010）。

3.1.1 小微企业自身信息的研究

Abdulsaleh 和 Worthington（2013）回顾了有关小微企业各种融资来源的文献，并考虑了影响小微企业特征和小微企业金融行为的所有者的特征。首先，小微企业采用的融资方式多种多样，如业主的个人储蓄和保留利润，以及来自家人和朋友的经济援助（Abouzeedan，2003）等非正式外部来源；贸易信贷、风险投资资本和天使金融家以及以银行、金融机构和证券市场等中介机构（Chittenden、Hall和Hutchinson，1996）为代表的正式外部来源。其次，小微企业可用的融资方案在企业生命周期的各个阶段都会发生变化（Berger和Udell，1998），即在小微企业成长周期的不同阶段需要不同的融资策略。一般来说，在启动阶段由于小微企业独有的特征，如信息不透明（Berger和Udell，1998）、缺乏交易历史（Cassar，2004）和失败的高风险（Huyghebaert和Van de Gucht，2007），这一阶段的小微企业严重依赖内部资金来源，并由此他们比较了啄食顺序理论（pecking order theory）和生命周期模型，得出不同理论有不同的融资模式的结论。但是，小微企业的特征对不同融资方式有重要影响却是一致的。他们还对企业的规模、成立时间、所有权类型、地理位置、所属工业部门和资产结构（反映了提供抵押品的能力），以及企业家的个人特质如性别、年龄、教育背景和个人经历等方面进行了综述，这些研究结果都将为本书的研究奠定基础。

Jindrichovska（2013）从财务管理的角度综述了小微企业金融的主要关键问题。Zhong（2014）进一步分析了小微企业所面临的5项财务挑战，即吸引资金、信用评级、互联网、管理金钱和风险控制。

Mazzarol（2014）审阅了过去12个月内发表的18篇论文，总结其方法和研究结果。他把论文分为四类：第一类是提供了中小企业融资性质的整体考察；第二类是专注于中小企业的营运资金管理和盈利能力；第三类是研究了业主和经理人对营运资金的管理，特别是在发展中经济体下；第四类是研究了中小企业的财务管理与效益增长之间的关系。

我们在谷歌和知网上搜索了相关文献，有些研究使用RBT来理解新资源的作用。RBT的基础是资源、能力、技能、因素和资产（Bridoux，2004；Campbell和Park，2016），它们用于预测小微企业成功或失败的可能性。其他文章讨论较多的是战略方面的问题，基本上没有发现以信号传递理论为指导的小微企业信息研究文献。

3.1.2 信息非对称方面的信息研究

对于信息非对称问题，人们开始挖掘信息（如关系借贷）或者补充信息（如供应链金融）尽可能减小其影响。

关系借贷在解决借款人和贷款人之间的信息非对称问题方面发挥了作用。比如，Steijvers、Voordeckers和Vanhoof（2010）研究了关系特征、家庭所有权及其相互作用对中小企业贷款抵押品使用的影响，他们使用决策树分析检查抵押品的决定因素，以及业务和个人抵押品之间选择的决定因素。

Zhang（2016）对来自国外的研究进行了综述，认为国外的研究主要针对小微企业网上供应链金融进行了大量的研究，关注所带来的挑战，即利用新技术进行在线供应链融资。

宋华等（2017a）研究发现，相对于传统银行借贷而言，供应链金融通过获取交易信息和交易信用，利用关系嵌入与业务闭合，采取贷后结果控制和过程控制相结合等手段，能够有效降低事前与事后的信息非对称，从而提高中小企业融资可得性，降低融资成本，最终提升融资绩效。

姚王信等（2017）研究表明科技型中小企业融资约束程度与信息非对称程度正相关，供应链金融能够有效缓解融资约束，并且其缓解效应的作用强度与信息非对称程度正相关。

宋华等（2017b）构建了中小企业供应链能力、信息非对称与融资绩效之间的理论模型，将网络嵌入性作为调节变量，对150家中小企业供应链金融活动的实证研究发现，分销运营能力和需求管理能力对融资绩效有显著的正向影响，并且信息非对称在供应链能力和融资绩效之间发挥不完全的中介作用，关系嵌入性和结构嵌入性正向调节供应链能力对融资绩效的作用，这对银行和中小企业的供应链金融实践具有一定的参考价值。

3.1.3 “选择”方面的文献

对于逆向选择的研究，学者们大多采用博弈论。

Sun和Zhang（2011）利用声誉的传导效应来降低信用风险造成的信息非对称，对Barro和Vickers的 模型进行了变形，建立了考虑声誉的中小企业融资行为博弈模型。Kuma（2015）构建对互保融资行为的博弈分析框架。Su（2015）建立了一个类似于动态化的、可以随着外界的环境而发展变化的博弈模型。尤志伟（2017）通过研究银行-企业借贷博弈模型得出以下结论：当银行处于垄断的状态时，建立ECRS会增加经营绩效良好的企业的融资成本而降低经营绩效不好的企业的融资成本；当银行处于自由竞争的状态时，建立ECRS会降低经营绩效良好的企业的融资成本而增加经营绩效不好的企业的融资成本。

信号传递模型源于Spence（1973）的研究成果，他在劳动力市场上设计了一种市场机制——企业通过观察工人受教育程度来识别工人的生产力水平。Bester（1987）认为抵押品同利率一样也可以充当银行分离企业风险类型的甄别机制。国内的学者据此进行了以抵押品作为信号传递的研究（黄少安、张帅和谢志平，2015），也有学者直接用信用作为信号传递来进行研究（谭建，2018）。徐菱芳和陈国宏（2012）应用信号传递博弈的方法，将集群内企业是否加入共同担保基金作为银行甄别企业收益能力高低的标准，再现了银行甄别或投资企业的过程。陈东芹和李云飞（2017）构建了中小企业、担保机构、银行三方参与的信号传递博弈模型，建立并分析了相应的收益函数，研究发现担保机构通过投入信号甄别成本，分离出市场中的优质低风险企业，为其做担保是最优的行动策略，银行再根据观测到的担保机构的行动制订最终信贷方案。

3.1.4 发展动态分析

对小微企业融投资的研究从关系借贷、供应链金融逐渐转向信号传递和信号甄别理论的应用。在对小微企业自身特质研究的同时，资金来源及其构成的关系特征，即关系借贷对克服小微企业融投资的非对称信息问题具有显著的影响，但是这种影响并不总是如预期的那样，而且它们似乎不是分类模型的主要决定因素（Steijvers、Voordeckers和Vanhoof，2010）。关系由内部扩大到外部，供应链网络在融资过程中可以发挥降低信息非对称的作用（Wuttke等，2013），供应链金融正是利用嵌入在供应链中的上下游交易信息，为特定交易提供融资（Gomm，2010）。但是，供应链金融利用新技术进行在线供应链融资，以及供应链中的小微企业及其运营过程和模式很少为研究者所知，需要从定量角度对其风险进行评估和控制，因此采用了博弈理论，研究平衡及其稳定性的方法（Zhang，2016）。解决信息不对称导致的逆向选择问题有 两种渠道：一是信息优势方主动通过其可观察的行为把相关的不可观察的信息传递给信息劣势方；二是信息劣势方设计机制甄别拥有不同私人信息的信息优势方。前者称为信号传递模型，后者称为信号甄别模型。因此，对小微企业融投资的研究转向了信号传递理论和信号甄别理论的应用。

在对信号传递理论和信号甄别理论进行博弈分析时，信号成为目前研究的制约因素。现有的研究只是简单地根据Bester（1987）的研究来确定信号，而没有运用对小微企业本身的研究，也没有运用关系信贷和供应链金融的研究成果，更没有利用互联网金融的研究成果。现有的实践如中关村企业征信报告，仅涉及部分关系信贷内容（如股东构成及关联公司），没有涉及供应链金融等内容。因此，如何在现有文献研究，尤其是关系信贷、供应链金融和互联网金融的基础上从现有的小微企业信息中发现或者提炼潜在的信号是研究成功的关键。如果现有信息无法更好地传递小微企业状况，那么必须进行信号甄别及其机制研究。现有的多数研究是从银行的角度来研究信号甄别，这其实是一种竞争甄别，我们需要根据多数小微企业的特点研究垄断甄别，进而为小微企业的发展提供机制保障。

3.2 小微企业融投资的实际情况

在中国，小微企业的融投资一直在发展。在中国金融机构（包括中国人民银行、银行业存款类金融机构、银行业非存款类金融机构）中，小微企业贷款余额占金融机构企业贷款余额的比例从2015年第1季度的33.2%增加到2018年第1季度的37.8%，具体情况如图3-1所示。

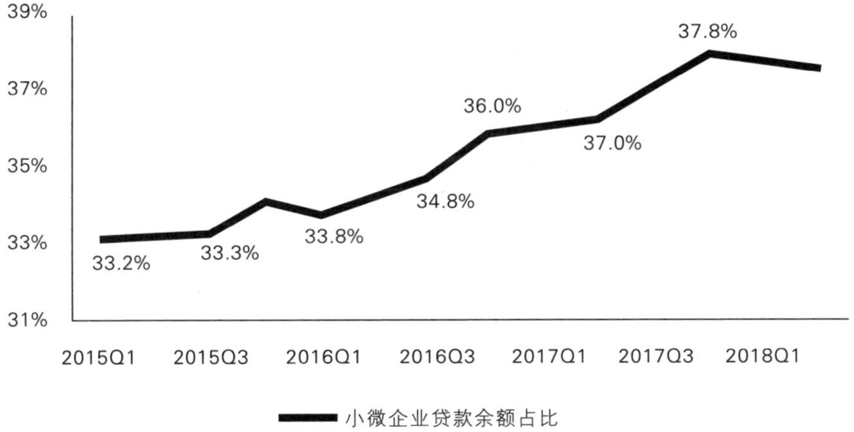

图3-1　2015Q1—2018Q1小微企业贷款余额占金融机构企业贷款余额的比例

资料来源：根据国家金融监督管理总局、中国人民银行的相关资料整理所得。

3.2.1 小微企业融资现状

首先，我们可以将小微企业融资和大企业融资进行对比分析。图3-2展示了2017年中国小微企业对经济的贡献情况，小微企业最终产品和服务价值占国内生产总值的比例为60%，小微企业纳税额占国家税收总额的比例为50%。小微企业的经济贡献与金融机构对小微企业的贷款支持力度有较大的差距，表现为小微企业融资难、融资贵。

与我国的情况相对比，日本中小企业（根据日本对中小企业划分的标准，日本中小企业的规模与中国小微企业的规模相似）的贡献约占国

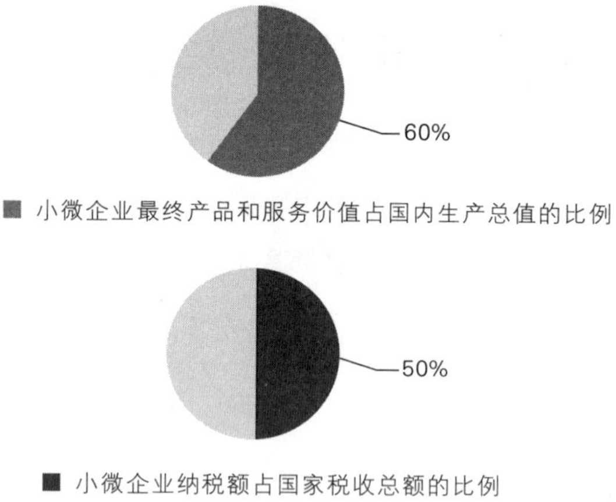

图3-2　2017年中国小微企业对经济的贡献情况

资料来源：节选自前任中国人民银行行长易纲在"第十届陆家嘴论坛（2018）"的演讲——《关于改善小微企业金融服务的几个视角》。

内生产总值的50%，而在日本国内银行的企业贷款和贴现中，中小企业占比为62%。尽管日本的企业融资环境与我国的企业融资环境有所不同，但是可以看出日本小微企业的经济贡献与金融机构对小微企业的贷款支持力度较为相当。

3.2.2　小微企业融资模式现状

传统信息贷款模式是指仅依靠对贷款企业进行深入调查，获取企业详尽的基本信息，用于风控，但不依赖供应链上下游信息、财税信息等的风控授信模式。传统信息贷款模式被银行实践已久，此后各类改进模式均以传统信息贷款模式为基础，传统信息贷款模式是理解小微企业贷款模式的开端。在风控环节，传统信息贷款模式通过深入调查，来收集企业的工商、财务、合规、行业情况等信息，判断企业的还款能力与还款意愿。在运营上，目前部分银行已推出半自动模式。下文介绍的各类模式主要从丰富风控信息、提升自动化水平方面对传统信息贷款模式加以改进，而传统信息贷款模式中的风险判断逻辑等金融核心部分依然保留。图3-3是传统信息贷款模式的风控审核方式和运营模式。

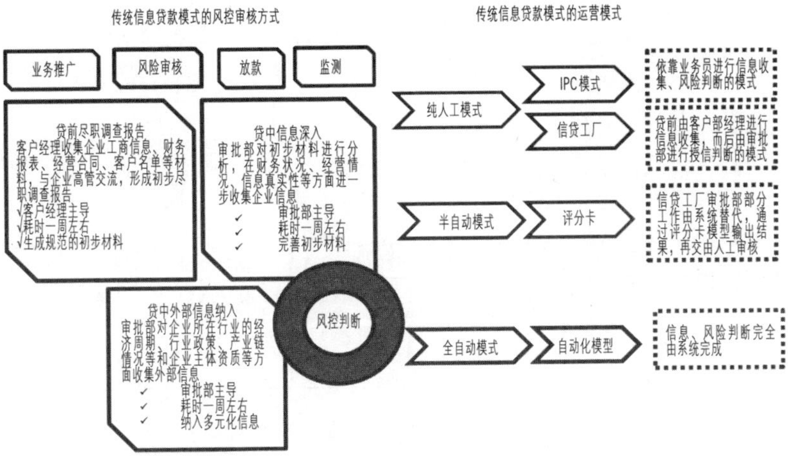

图3-3　传统信息贷款模式的风控审核方式和运营模式

资料来源：艾瑞研究院自主研究及绘制，并经作者修改。

供应链金融的模式特征分析如图3-4所示。在传统信息贷款模式的基础上，在风控环节纳入贷款企业与上下游企业在贸易往来中的资金流、信息流、物流等信息。相比于传统信息贷款模式以企业整体信用状况为依据来授信，供应链金融模式具备真实的贸易往来，且贸易往来中形成的应收账款、存货、预付账款等资产可以作为抵押品，因此供应链金融业务在风控上具备优势。此外，就自动化程度而言，虽然所有企业都在一定的产业链中进行商业活动，但是这些产业链信息分布在不同类型的主体中，而且信息极为分散，通过不同的信息收集方式从事的供应链金融业务，其自动化程度差异较大。

税务信息贷款模式是指利用“金税工程”积累的企业税务信息对企业进行授信的融资模式。在我国“以票管税”的大环境下，发票信息与税务信息紧密相连。在各类小微企业融资模式中，税务信息模式在风控效果提升、成本与效果兼顾方面均具备优势。具体而言，税务信息具备覆盖的企业面广、信息维度多且与风控效果相关性大、信息准确度高、电子化存储便于风控全自动等优势。其中，信息维度优势尤为突出，以

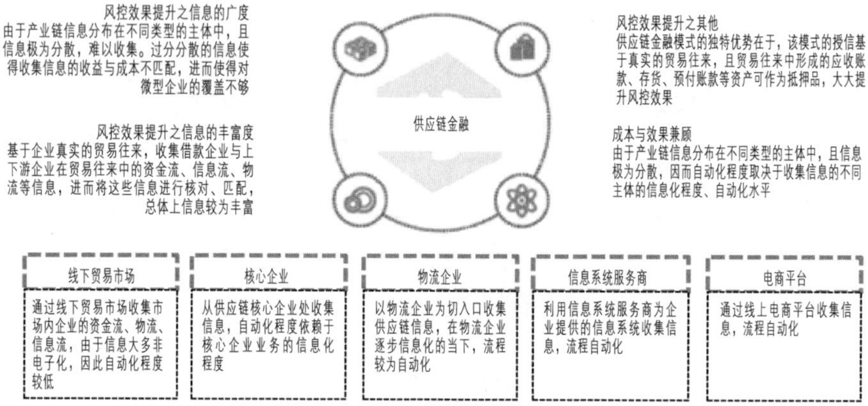

图3-4　供应链金融的模式特征分析

资料来源：艾瑞研究院自主研究及绘制，并经作者修改。

航天信息旗下大数据企业征信机构爱信诺征信的企业审贷报告为例，报告中包含企业主营商品分析、采购商品分析、销售额排名区间、水电支出、爱信诺指数等信息，具体如图3-5所示。

税务信息在小微企业融资风控中的价值与优势

风控效果提升之信息的广度

理论上，税务信息能覆盖到所有规模的企业，以及企业的所有经营活动。企业在经营活动中均需要缴税，但部分微型企业及个体户以申报的方式缴税，税务信息的颗粒度相对较粗。

风控效果提升之信息的丰富度

根据航天信息旗下大数据企业征信机构爱信诺征信《爱信诺信用融资审贷报告》，税务信息用于小微企业融资时可输出的企业信息维度包括企业主要商品分析、采购商品分析、销售额排名区间、水电支出、爱信诺指数等信息，信息维度多且风控效果相关性大。

风控效果提升之其他

"金税工程"通过税控系统对税务信息进行验证及加密，造假难度大。

成本与效果兼顾

自动化水平高，税务信息通过"金税工程"所建立的网络、系统进行信息的电子化收集和存储，当该信息用于小微企业融资时，可采取全自动信息收集和处理，如果需要在信息的丰富度上补充线下信息时会采取半自动模式，但目前来看，税务信息的信息丰富度良好，目前多为全自动模式。

《爱信诺信用融资审贷报告》信息维度

1.企业信息
  1.1-1.4企业基本信息、股东信息、高管信息、往来隐含信息
  1.5签到信息：税控盘签到日期、IP地址等。
2.经营信息
  2.1所属区域及行业
  2.2区域及行业排名
3.经营风险
  3.1采集发票数据统计
  3.2主营收入分析
    3.2.1主营商品分析
    3.2.2商品分类分析
    3.2.3销项发票分析
  3.3成本分析
    3.3.1采购商品分析
    3.3.2-3.3.8水费支出、电费支出、燃气支出、热力支出、运输与仓储支出、物业支出
  3.4上游企业分析：企业数量、交易金额等
    3.4.1前十大上游企业：企业名称、纳税识别人编号等
    3.4.2-3.4.5上游地域、行业、类型和年龄分布
  3.5下游企业分析：企业数量、交易金额、下游稳定指数等
    3.5.1-3.5.3前十下游企业，地域、行业、类型和年龄分布
4.抵押信息：4.1动产抵押信息，4.2股权出质信息
5.警示信息：非正用户信息、欠税信息、司法信息
6.爱信诺指数：成长指数、履约指数

图3-5　税务信息在小微企业融资中的价值

资料来源：国金证券、爱信诺征信官网，并经作者修改。

在中国，能够积累税务信息的机构主要有税务局、税控系统服务商和电子发票服务平台。我国的税收监管主要采用“以票管税”的方式，发票分为四种类型，分别是传统发票、税控机打发票、网络发票和电子发票。传统发票的申领、网络发票的开具发生在纳税人与税务局之间，税务局能够积累该部分的税务信息；而税控机打发票、电子发票的开具有税控系统服务商的参与，税务局与税控系统服务商都能够积累该部分的税务信息。另外，电子发票产业链中的电子发票服务平台也能够积累电子发票的税务信息。基于此，三类主体对税务信息的覆盖程度不同，税务局的税务信息覆盖最广，即覆盖中小微企业各种类型的税务信息；税控系统服务商的覆盖程度次之，不能覆盖到网络发票信息及以申报等形式缴税的部分微型企业；电子发票服务平台的覆盖程度最低，且信息的细致程度、维度也较前二者有较大差距。

税务局利用税务信息开展的小微企业贷款业务主要采用“银税互动”模式。目前，“银税互动”模式主要有两种：一是由税务局自建平台与银行合作推出针对小微企业的信贷产品；二是第三方金融科技平台连接税务局与银行。在2015年之前，就有机构开展了第二种模式，第二种模式可将第一种模式中的风控环节剥离，由第三方提供技术进行风控。在该模式下，第三方平台的产品主要有：一是基于税务信息输出风控模型处理后的企业征信报告；二是与银行合作推出信贷产品，为银行提供风控技术。第二种模式中典型的第三方平台包括微众税银、东方微银等。截至2018年11月，微众税银累计服务用户180万、累计授信额度400亿元。就税控系统服务商而言，我国的税控系统服务市场高度集中。2017年，航天信息的市场占有率为70%～80%，百望股份的市场占有率为20%～30%。以航天信息为例，爱诺信征信平台、诺诺金服与银行合作推出了基于发票数据的小微企业信贷。2017年，航天信息帮助金融机构向小微企业发放贷款规模超过80亿元，2018年，上半年诺诺金服的营收达到了5 380万元。由于电子发票服务平台现阶段掌握的税务信息较少，尚处在小微企业融资业务的探索阶段。

支付信息贷款模式是指用小微企业向上游支付资金的信息和向下游收取资金的信息作为小微企业风控输入信息的贷款模式，包括基于POS刷卡信息的贷款、基于第三方支付信息的贷款。其中，支付信息在信息广度、信息维度方面优势突出。在信息广度方面，随着线上支付的快速发展，微型商户的支付已实现线上化，相比于税务信息，支付信息在微型商户经营方面的信息颗粒度更细，使得支付信息模式覆盖的微型企业面更广。用于小微企业贷款业务的支付信息主要由两类机构掌握：一是银行卡刷卡产业链中的银行卡收单机构；二是第三方支付产业链中的第三方支付机构。在银行卡刷卡产业链中，银行卡收单机构通过为商户提供支付及相关服务来积累商户信息。在第三方支付产业链中，第三方支付机构的话语权更大，因此获取的信息颗粒度更细。此外，第三方支付市场集中度高，头部第三方支付机构如支付宝、财付通在2017年的市场份额之和为移动支付市场整体的九成以上，支付宝、财付通在支付数据积累上具备长足优势。

除此之外，还有两种模式，即营销信息模式和在线订单信息模式。比如，新美达等生活服务平台为小微企业提供营销等服务，基于小微企业在平台留下的信息对其进行授信。营销信息模式的优势是信息可部分反映企业的经营情况，信息线上化，其劣势是信息覆盖企业的广度不够，且对单个企业而言仅能覆盖部分经营信息。饿了么、美团外卖等外卖平台为小微企业提供在线订单服务，基于这些信息对企业进行授信。它们的优势是覆盖企业经营，信息线上化，其劣势则与营销信息模式相同。新网银行的数据显示，截至2018年8月31日，新网银行累计向美团小商户发放微贷21.63亿元，户均为6万元～8万元，笔均金额较小说明该模式风控能力强、自动化程度高。

与主板及创业板市场不同，新三板市场作为我国多层次资本市场的基石，主要服务于创新型、创业型和成长型的中小微企业。在准入条件上，新三板不设财务门槛，也没有主营业务要求。2013年年底，新三板方案突破试点国家高新区的限制，扩容至全国。经过3年时间的发展壮大，新三板展现出了惊人的规模效应和制度效应。2013年年底，在新三板挂牌的公司仅为356家，总市值为553.06亿元。2014年年底，在新三板挂牌的公司达到了1 572家，总市值为4 591.42亿元。截至2015年9月底，在新三板挂牌的公司达到了3 585家，总市值为15 110.20亿元。其中，中小微企业占95%以上、民营企业占95%以上、高新技术企业占80%。这类企业普遍规模较小，尚未形成稳定的盈利模式。截至2017年年底，在新三板挂牌的公司为11 630家。其中，95%属于中小微企业、68%属于小微企业。

3.2.3 从小微企业融投资的供给方看需求现状

苏宁金融根植苏宁生态圈及战略客户群的海量资金流、物流、信息流大数据，专注于供应链、微商金融，从产、供、销、存各环节解决小微企业融资痛点。2018年1—10月，苏宁金融向小微企业融投资超过500亿元，服务小微企业超过5 000家。同时，苏宁金融还开启了向战略客户提供供应链金融输出模式，目前合作的企业包括恒大集团、国家电网等。

浙江网商银行股份有限公司（以下简称网商银行）成立于2015年，是蚂蚁金服作为大股东发起设立的民营银行，是阿里巴巴体系内提供小微商户金融服务的板块。2017年，网商银行的小微企业放贷规模达4 468亿元；而在2018年上半年放贷规模就超过了1万亿元，规模增长迅速。网商银行的小微企业融资产品主要有农村小微贷款、淘系商家贷款、支付宝收款码商户（即“码商”）、“多收多贷”等。其中，码商、“多收多贷”于2017年6月上线，上线1年服务300万商户，放贷规模超过1 000亿元，各项运营数据表现良好。

相比于国有银行、股份制银行，网商银行在总规模上仍有较大差距，预计未来3年将持续保持高速增长。具体而言，网商银行凭借电商平台、第三方支付机构积累的数据实现风控能力提升和模式全自动，使得网商银行可以服务于国有银行、股份制银行，甚至城商行无法覆盖的体量较小的企业，笔均放款金额可在一定程度论证风控能力和模式全自动的结果。2017年年末，网商银行小微企业贷款户均余额2.8万元，农业银行、中信银行分别为350.8万元、786.6万元。

磁金融创立于2015年，在2016年6月开始开展业务，2018年10月磁金融完成B轮1.2亿元的融资，投资方包括宽带资本、云启资本、经纬中国、源码资本。此外，它还获得了4 000万元的风险债权投资。磁金融与B2B平台、核心企业、ERP供应商等平台合作，结合自身风控能力与这些平台的信息为小微企业输出风控授信结果，并将相应的小微企业信贷资产与银行等资金方对接。在风控上，磁金融采取“超级信贷员＋信贷工厂＋大数据”的模式，将风控分成不同模块，部分模块由线上风控模型输出结果，部分模块由线下信贷员完成信息收集与判断。2018年4月，磁金融的数据显示逾期率低于4%，仅从逾期率数据来看，风控效果非常优异，但考虑到放贷规模较小且在增长中，风控效果尚需结合时间来看。

深圳微众税银信息服务有限公司（以下简称微众税银）成立于2014年，于2015年获得企业征信资质，微众税银以小微企业税务信息为基础，同时引入工商数据、经营数据、供应商数据等信息为银行提供小微企业贷款风控业务。2016年6月，微众税银完成了IDG数千万元的A轮融资；2017年7月，微众税银完成了亿元级B轮融资；2018年上半年，微众税银完成了C轮融资。微众税银连接了20个以上的省级税务系统，签约超70家银行，目前微众税银累计服务用户180万、累计授信额度400亿元、累计放贷金额超千亿元。

3.3 小微企业融资面临的挑战

（1）渠道窄、时效长。

小微企业获取资金的渠道非常有限，主要依赖自有资金或者亲朋借款，依赖银行贷款的占比不到30%。即便是能通过银行渠道贷款，其审批流程长、效率低、时间长等弊病犹在。据河南省相关部门统计，目前该省小微企业通过银行贷款渠道获得资金的平均时效为1个月。而小微企业融资的突出特点则是"短小频急"，过了一定的时效，融资的意义全无。

（2）小微企业内功不强。

小微企业存在不确定因素较多：一是在经营管理方面，小微企业安于守旧，缺乏创新精神，产品缺乏市场竞争力，产品投向和国家产业政策不相符，应对经济周期波动能力差，又急于求成、盲目扩张；二是在地域分布方面，小微企业点多面广，与大中型企业金融服务相比，银行管理成本较高，影响了银行提升小微企业金融服务的积极性；三是在专业知识方面，小微企业经营者欠缺金融知识，不擅长通过使用银行机构提供的金融产品来积累信用记录和加强银企关系，如许多小微企业虽在银行机构开立结算账户，但实际上很少通过该账户进行日常结算，在经营中偏好使用现金结算、手工记账，有的甚至不珍视自己的征信记录，为日后获取银行贷款增加了难度。

据统计，仅有30%的小微企业能够提供完整的信贷资料。例如，在三门峡市某个建材市场的个体工商户中，有80%的小微企业主是50岁以上的妇女，有50%以上的小微企业主从未使用过信用卡、网银业务。这些小微企业主在需要融资时，往往就是向身边人借款，倾向于民间借贷，银行正常的贷前调查对他们而言就是一种负担。

（3）银行机构门槛高。

一是观念上不重视。从实践上来看，小微企业有其特殊性，小微企业经营随着市场或政策变化，贷款不良率时有走高，不易控制，因此很多银行机构对小微企业"惧贷"。另外，就信贷市场而言，如果提供信贷的银行机构是卖方，有信贷需求的小微企业是买方，那么这个市场始终是卖方市场，银行机构的信贷资金是稀缺资源，本身不缺优质项目投放，所以银行机构从机会成本的角度考虑是“不愿意贷”的。再者，小微企业点多面广，业务手续烦琐，银行户均维护成本较大。众多因素使得银行机构在小微企业金融服务上难以保持积极性。

二是“抵押物崇拜”观念较强。当前银行机构在受理小微企业贷款时，非抵押物不受理、不审批，尽管有了一些担保方式或者产品、服务的创新，但是这些新产品在实际应用上并不占主流，有创新“不应用”或者“少应用”的现象还比较突出。据统计，在现有的小微企业存量信贷规模中，有98%以上的贷款都是凭借抵（质）押物方式获得的，以联保互保、信用等其他方式取得的贷款不足2%。

三是网点分布不合理，密疏不均。专门服务小微企业的特色机构、专营机构较少，且银行机构网点分布主要集中在大中城市及其繁华商务区，而在县域、社区和产业聚集区缺乏银行机构网点的覆盖，更缺乏针对小微企业服务的特色支行或专营支行，这更让集中于县域、社区和产业聚集区的小微企业对获得银行机构信贷支持感到“遥不可及”。例如，河南省18个地市中尚有7个地市没有股份制商业银行分支机构，县域或产业聚集区更是鲜见其踪，甚至素以网点众多见长的国有银行也没能延伸到部分县域或产业聚集区。

（4）地方政府落实力度不够。

政府在惠企政策方面落实不力，体现在以下三个方面：一是风险分担机制尚未真正建立。解决小微企业“融资难、融资贵”的问题是一项系统工程，而风险分担机制是解决问题的根本所在，政府及相关部门在风险分担机制建设方面是天然的牵头者。目前在这方面辖内以财政主导的小微企业信贷风险补偿基金、中小企业信用担保体系等分担机制尚未真正建立起来，这样银行机构加大对小微企业信贷投入而增加的信贷风险势必会导致由银行机构独自承担，银行机构将难负其重。二是银企对接平台尚需完善。银企对接机制解决了银企双方“面对面”的问题，但小微企业合理融资需求能否在通过对接后得以妥善解决的问题尚缺乏制度上的跟进和监督。如何从制度上监督、界定和落实银企对接成果尚需进行完善。三是信息平台建设不完善。目前小微企业信用征集体系、评级发布制度和信息通报制度尚没有真正建立，需要政府部门整合注册登记、生产经营、人才及技术、纳税缴费、劳动用工、用水用电、节能环保等信息资源，加快搭建小微企业综合信息共享平台。

（5）平均税率高。

小微企业的贷款成本主要由显性成本和隐性成本构成，前者是指银行收取的费用，主要是利息，后者是指除银行收取的费用之外的费用。小微企业比大中型企业融资成本平均高 4 ~ 5 个百分点。

（6）少数人员职业道德缺失。

这里的相关从业人员主要是指小微企业在申请贷款过程中涉及的银行、担保公司等相关工作人员，上述部门少数人员利用小微企业急需资金和信息不对称等形成的优势地位，对其提出额外的附加条件，从而构成信贷业务的隐性成本。例如，银行从业人员为了增加存款业绩要求小微企业贷款时做承兑、做订单质押，增加了其利息成本；担保公司要求小微企业缴纳一定比例的保证金，变相地提高了其财务费用，甚至极少数相关人员接受招待、收受礼品等。这些都在无形中增加了小微企业的负担。

第4章

投资模型和风险模型

对企业而言，产品的选择非常重要。从融投资的角度来看，其实就是摸清企业的产品在市场和未来条件下的具体情况。用显中经济学的术语来说，就是企业的仁值和义值（这些术语将在显中金融学中展开论述）。投资模型实质就是探求企业的仁值，风险模型实质就是研究企业的义值。本章首先对仁值进行探索，再对义值进行研究。

4.1　投资模型概述

目前在学术上提到的投资模型，一般是指企业的投资支出模型，即投资主体是企业，用以研究企业的投资效率问题。通过对企业投资效率的研究可以从投资效率方面评估企业的价值。但本书所说的投资模型，主要是指银行或金融机构对企业的投资，即投资主体是银行。对银行来讲，实现对企业的投资，面临的最主要问题就是投资价格的确定。这个投资模型实际上就是银行的贷款定价模型。

所谓定价，就是给贷款确定价格的过程。广义上来说，贷款的价格就是贷款的利率，即贷款资金的相关利息与本金及其他费用之和的比值。资本信贷市场主要的构成要素为贷款资金的“价格”，即贷款利率、借入资金的价格等。贷款利率作为现代市场体系中调控宏观经济的重要工具发挥着巨大的作用。它在一定程度上也将经济的发展速度推向了高潮，将社会的收入分配进行了合理的优化。

贷款定价机制最主要的就是确定贷款定价的模型，即计算利率的模型，确定模型时需要考虑各方面的影响，如有关银行贷款的定价机理、财政部门在贷款业务中的参与度以及贷款评估体系的完善程度和公开性等。

我们现在要研究的是银行对小微企业的投资贷款定价。银行对小微企业的贷款定价机制有一定的特殊性（主要由小微企业的特殊性质决定），通过贷款价格的制定过程、方法等形式来体现。在这个过程中银行要考虑许多的关系要素，如相关的信贷营销信息、贷款风险评定的专业性以及与贷款业务相关的激励与约束制度等。正是由于小微企业的特殊性，因此在对小微企业进行贷款定价时，需要找到符合小微企业的贷款定价模型，本章主要对国内外贷款定价模型或投资模型进行梳理。

4.1.1 国外投资模型研究综述

国外发达国家对商业银行贷款定价模式的研究历史较长，经验比较丰富。从马克思对借贷资本循环的研究到运用古典利率理论、流动性偏好理论、可贷资金利率理论等经济理论确定贷款利率，再到近代通过对客户的盈利性进行分析，针对价格领导定价法和成本加成贷款定价法两种不同的定价模式进行合理的选择。在商业银行贷款定价方面国外进行的研究比较多，取得了不少的成果，建立了计算机数据库和数学定价模型。

贷款定价模型的兴起得益于资本资产定价模型的不断发展。资本定价模型是由威廉·夏普、约翰·林特、简·莫森等人在现代资产组合理论的基础上发展而来的，是用来估算投资组合（investment portfolio）的投资回报率的模型。该理论认为，无风险收益率和投资风险收益率共同组成了资本资产的投资回报率，投资者要求的回报率应该是投资者在考虑风险程度后可以接受的必要报酬率。这个必要报酬率就是资本资产评估中所要使用的折现率。而资本资产的评估值是按照该折现率对其带来的未来现金流进行折现后的现值。该模型不适合估算单个对象的投资回报率，原因是单个对象存在自身面临的特有风险，这种风险会在单个对象的投资回报率上有所反映。由于投资组合中的各对象间有负相关性，可以在一定程度上规避单个对象的特有风险，因此在估算单个公司或股票的投资回报率时，除了预期的无风险回报率和超额风险回报率外，我们也不能忽视与自身的特有风险相对应的超额收益回报率。

传统的CAPM模型表明股票的投资回报率只与市场超额风险收益有关，因此称之为单因素模型。一般认为，CAPM模型只对投资组合的投资回报率具有适用性，任何单一对象的投资回报率都不能用其直接测算，因为无论在理论上还是在实践中，投资于单个股票或公司所面临的风险都要远超于投资组合所面临的风险，这是由投资组合的内在构成特殊性决定的，所以在对单个股票或公司的投资回报率选取估算方法时，采用CAPM模型会忽略一部分针对投资组合所不具备的特有风险而产生的超额回报率。同时，该模型的假设条件为有效的资本市场，而现实中不存在绝对的完备市场。

Ibbotson Associate和Grabowski-King在单因素模型的基础上增加了规模超额回报率这一新的变量，主要由企业自身规模的大小和市场超额风险收益的大小共同决定了单个股票的投资回报率，即二因素模型。目前国际上公认的理论认为，公司全部的特有风险收益率可以进一步细化，具体表现为公司规模溢价和特别风险溢价，即公司全部特有风险收益率为公司规模溢价与特别风险溢价之和。

对一个公司而言，因为资产总数的不同，从而产生规模大小不同之分，而由于公司规模大小不同会产生溢价，这就是公司规模溢价。通常，相对于大规模公司，小规模公司由于各种潜在因素如经营风险、公司信誉、投资者心理等，对投资者而言具有相对较高的投资风险。

国外有很多学术界专家和研究机构对这些提到的问题进行论述分析。国际上许多著名的研究机构也发表过有关的研究报告，描述了公司规模与公司投资回报率之间的具体关系，如Ibbotson Associate的SBBI年度研究报告和Grabowski-King的研究，对公司规模与投资回报率之间的关系进行了类似的论述。

在Ibbotson扩展方法中，无风险报酬率、股权风险报酬率、公司规模报酬率和公司特有风险报酬率共同组成了目标公司的折现率。该方法将系统性风险和非系统性风险都纳入考虑因素，适用性优于CAPM模型，无论上市公司还是非上市公司都可以使用该模型评估。它的局限性体现在：首先，不适用于小规模非上市公司的价值评估；其次，要求评估师具备较高的专业能力，除了行业风险报酬率，还要考虑财务杠杆、收益的稳定性等影响因素。

除了市场超额风险收益率和规模超额回报率外，美国芝加哥大学商学院的Eugene F.Fama和马萨诸塞州技术大学斯罗恩管理学院的Kenneth R.French联合提出Fama-French模型，即三因素模型。

三因素模型理论提出，公司的全部特有风险还与其他因素有关，如企业的盈利状态。这部分很容易理解，盈利公司的投资风险一定比亏损公司的投资风险要低。总体来说，企业的投资风险随着盈利能力增强而降低，因此在对公司特有风险超额回报率进行估算时，必须将公司盈利能力指标纳入考虑范围。该模型在理论上表明市场超额风险收益、企业自身规模大小、盈利能力高低三个因素同时作用于股权投资回报率，并决定它的大小，这就是三因素模型的实际含义。

罗伯特·L.格林和帕内尔布莱克于1991年提出扩展累计模型，是Ibbotson扩展方法的替代方法。无风险报酬率和组合风险报酬率共同决定目标公司折现率，即无风险报酬率加上额外组合风险报酬率。在美国，扩展累计模型是公认的对小型非上市公司进行价值评估最有效的方法。该方法需要评估师在对企业详细分析后得出组合风险报酬率，而不是根据证交所或行业研究报告公开发布的投资回报率来确定，针对性和可比性较好。在小企业价值评估中，由于上市公司的数据通常不具有可比性，该模型中评估师的专业判断能够使投资者更清楚地了解小企业经营存在的各种风险因素。

彼得·德鲁克在《商业银行管理》一书中系统地总结了西方商业银行的贷款定价，提出了价格领导定价法和成本加成定价法两种贷款定价方法，他将客户盈利性分析及成本和收益分析两种不同的贷款定价模式都运用在其中，站在贷款定价的角度来分析银行与企业之间的影响关系，Hodgman于20世纪70年代首次提出了客户盈利性分析方法，而Kane和Malkile进一步拓展了这一理论空间；斯蒂格利茨和魏斯从信息经济学的角度出发，首次向金融业展示了信贷市场中存在的逆向选择问题，通过对贷款定价进行数量化研究，针对信用风险度量建立了Credit-metrics模型、RAROC模型、KMV模型等。

这些模型在信用风险方面都进行了充分的考量，银行可以通过这些模型进行风险评估，进而确定贷款的定价。乔尔·贝西斯和桑德斯通过风险投资和违约概率进行计算，研究了RAROC模型。莫顿于1973年首次在存在风险的贷款定价中提出了期权定价理论。布莱克和斯科尔斯于20世纪70年代建立了期权定价模型，该模型摒弃了原来使用历史数据进行预测的方法，仅仅是将当期的股票价格与预测的价格联系起来，银行贷款价格会受到供求关系、成交时的价值等因素的影响，成为一个能够被大家所选择的期权。国外的经济学者也研究过关于信用风险定价的模型，这些模型可分成信用、资产重组和损失保险统计三大类别。

David Ruthenberg和Yoram Landskroner（2008）主要研究的是《巴塞尔新资本协议》中的要求。《巴塞尔新资本协议》中的各项要求对商业银行贷款定价有着重大影响，其研究的前提是在非利率市场化的情况下。《巴塞尔新资本协议》中给出了计算资本的两种方法：内部法和标准法。他们的主要研究数据均与以色列的经济和银行有关，通过数据分析证明了大型商业银行多采用内部法（IRB），而大型商业银行的优质贷款客户在贷款时能够从其所属的采用内部法的银行获得贷款利率优惠。与此同时，规模较小的商业银行多使用标准法，风险较高的借款人通常会选择使用标准法的商业银行。

Kenneth J.Singleton和Darrell Duffie（2009）构建了基于信用风险的贷款定价模型，并进行了实证研究，不仅测算了债券组合的风险大小，还研究了可违约债券等其他有信用风险的债权定价问题。在小微企业贷款定价方面，David Ruthenberg（2002）提出了小微贷款定价模型R=（行政成本率 + 贷款损失率 + 资金成本率+ 预期利润率 − 投资收益率）/（1 − 贷款损失率），该模型考虑了预期利润率。

James T.Fergus 和 Frank E.Nothaft（1993）构建的贷款定价模型以期权模型为基础，并且收集了相关数据对住房贷款进行研究。实证研究表明，1~4 人家庭和非居住性不动产贷款的价格主要受到了市场集中度和基建贷款需求的影响，这就说明了基建贷款市场是具有区域性的，并非在所有区域都一样。除此之外，研究还发现了另一个现象，银行规模与低贷款利率、贷款参与度相关。

Roger M.Stein（2004）考虑到贷款客户的异质性，对资本收益率定价模型进行了修正，认为一个规模中等的商业银行每年使用合适的贷款定价模型所多获得的净利润将达到48万美元。

Micheal 和 Larry（1999）认为在考虑贷款的预期违约概率时，可使用债券市场的违约率代替。由于贷款是一个相当复杂的过程，涉及的因素有很多，但在同一个模型中不可能将所有的因素全部考虑在内，因此选择了若干个较为重要的因素，如担保方式、贷款期限、资金筹集成本、银行目标收益率等，并将众多影响因素用于商业银行的贷款定价模型中，使得贷款利率是考量过众多影响因素之后得出的。

Laeven（2003）通过分析 13 个欠发达国家的企业数据，发现利率市场化在一定程度上缓解了小微企业的融资约束，但对大企业来说，并没有带来有利影响。Harris（1994）、Shin Koo（2004）和 Werner Gelos（2002）分别使用墨西哥、韩国、印度尼西亚 3 个国家的企业实例，分析并证实了市场化改革确实能够改善企业的信贷环境。Siregar（1992）证明了小型企业的杠杆比例会在利率市场化之后明显提升，其主要的研究对象是印度尼西亚的相关企业。Schimdt 和 Mohr（1997）认为可以通过开放信贷市场，让中小金融机构进入，制造竞争压力，以此来缓解小微企业的融资问题。史蒂夫 · 贝克和蒂姆 · 奥格登（2007）认为小微企业融资难的主要原因是其自身缺少经营规范和财务信息，导致商业银行难以与小微企业进行业务往来。

国外关于小微企业融资困境的相关研究比较全面，研究覆盖了影响因素、对策等各个方面，这对我国小微企业融资困境的相关研究提供了很好的参考。但是，这些研究对象并不是我国的小微企业，所以其中的理论观点并不一定就是我国小微企业的实际情况。

4.1.2 国内投资模型研究综述

中国经济市场存在自身的特殊性。我国商业银行在贷款定价上的自主权一直都很小，国家在贷款费用的收取上有着十分严格的要求，一般情况下不会对商业银行开放贷款定价权，所以在商业银行的贷款定价制度上发展得非常缓慢。而针对在资本市场下建立的CAPM模型、APT模型和WACC模型，我国学者对其适用性持有不同观点。

20世纪90年代，国内的金融学者刚刚开始关注贷款定价的研究，最初的研究课题也只是银行外汇贷款的定价。将国外已经相对成熟的贷款定价模型引入国内的是张金良和宋清华，他们探究了贷款估算法、资金价位法等多种贷款定价方法。

汪海粟（2000）认为我国经济市场还不够成熟，缺乏稳定性，所以我国评估人员在使用CAPM模型选取公开数据时，需要根据行业情况和企业实际状况结合评估人员工作经验进行判断与分析。同时，周海珍（2007）认为从公司投入的成本来考虑，WACC模型在我国是适用的。王晨月（2001）通过分析银行利率存在的各种问题，找出了这些问题中存在的三个主要矛盾，在国内首次提出了比较系统的贷款定价体系。王俊寿（2004）以客户违约损失、由信息不对称造成的银行损失等作为参考，开展了贷款定价模型的比对研究。

崔劲（2005）认为从中长期模型来看，我国与美国的证券市场大体相似，从CAPM模型和APT模型的实际案例中可以分析得出中美证券市场的拟合程度相似。王少豪（2005）认为我国很多大企业都是由国家控股的，导致了我国证券市场流通性不足，且信息资源不足、不够透明，因此结合因素分析是有必要的。梁婉怡（2006）经过分析商业银行的贷款风险和贷款业务的费用支出，提出了存款利率与贷款利率之间至少要存在12%的差价，根据这个差价，银行的商业贷款利率应该在16%左右或者更高。李杰和孟祥军（2007）认为我国数据体系不完善，导致了信息不对称，因此不能像美国一样直接运用WACC模型，在我国还要把无形资产的个别风险纳入考虑范围。

王皓东（2007）提出了银行商业贷款中存在的风险问题，商业银行应依据《巴塞尔新资本协议》，采用基于模糊决策的小企业贷款定价模型区间数，简化银行的贷款利率，并结合信用风险对贷款客户进行合理的评估，根据评估结果对贷款客户实行浮动利率制。高亭亭和苏宁（2010）以沪深股票市场为样本应用时间序列模型解释了CAPM模型在中国市场的适用性。胡晓明和冯军（2014）从评估实务出发，采用因子分析法对企业的个别风险报酬率的影响因素进行量化。

在小微企业的贷款定价研究方面，李成竹（2010）根据《巴塞尔新资本协议》建立了小微企业贷款定价模型，该模型综合银行资金的溢价风险，并考虑了银行的贷款业务费用和银行放款的利润率，最终得出小微企业的贷款定价，银行可以根据不同企业的营业额、贷款期限、银行信用评级等数据，将贷款定价进行合理浮动。

孙光明、许学军和于林丽（2013）建立了银行和贷款企业在不完全信息状态下的静态博弈模型，认为小微企业的贷款利率仍然还有上升空间，而贷款利率的上升既可以弥补银行所面临的风险，也可以增加小微企业从商业银行获得贷款的机会，从而缓解其融资难的问题。

程砚秋、迟国泰和李刚（2013）以存款利息支出率、费用支出率、预期违约损失率、目标利润率作为输入指标，以贷款利率作为输出结果，通过选取适当的标准以及最优核函数和核参数，构建了基于支持向量机的回归算法的贷款定价模型。马理、张卓和张琴（2013）分析了银企之间在市场条件下的贷款利率定价机制，认为贷款利率由双方博弈能力决定，受到商业银行和企业规模大小的影响，并提出增加规模等建议。马若微和唐春阳（2005）构建了一个考虑违约损失预测的回归模型，采用整个样本分析方法，将规模、行业等定性指标和29个财务比率指标逐一回归，最后得到一个考虑了误判损失的贷款定价计算模型。

毛捷和张学勇（2009）建立了一个以内生违约期权定价方法为基础的贷款定价模型，认为我国金融机构在决定贷款利率时，不仅应该考虑企业股权绩效指标，还应该考虑衡量企业债务绩效的相关指标。薛峰和孙进（2009）构建了基于风险和损失赔偿原则的RAROC模型，认为根据银行目前的贷款利率低估了贷款的信贷风险，无法补偿非预期损失，应该使用RAROC贷款定价方法来衡量贷款风险补偿的大小，然后再给予适当的利率。

赵跃琼和严广乐（2006）探讨了基于期权理论的KMV模型在商业银行贷款定价中的应用，认为KMV模型能够很好地衡量公司的预期违约率和违约损失，以确定最后的贷款利率，并着重强调了KMV模型适用于上市公司的贷款定价。

王军（2012）根据已有的EVA理论建立了EVA贷款定价模型，得到了使得商业银行经济增加值为零的基线贷款利率。

潭倩岁和王倩（2010）认为对小微企业的支持工作已成为必要的经济政策，而解决小微企业融资难的问题是推动我国小微企业健康快速发展的重要任务。巴曙松（2004）认为小微企业融资难的主要原因是控制下的利率，金融机构贷款利息并不足以抵消贷款给小微企业带来的风险，即风险大于收入，因此金融机构不愿意放贷。现在大多数企业是有限责任制，由于道德风险和逆向选择的存在，风险越大的小微企业越愿意贷款。在利率自由化后，金融机构自主定价可以用更高的利率对冲风险，小微企业从金融机构获得贷款可以避免民间贷款的高利息，这样就有效地缓解了小微企业融资困难的问题，为支持小微企业的发展发挥积极作用。除此之外，金融机构面对逆向选择要加强风险识别的能力，完善社会信用体系。

4.1.3 国内外投资模型研究评论

通过对贷款定价模型相关文献的整理，可以发现国内外关于小微企业贷款定价模型的研究层出不穷，这些模型从各个方面来研究银行的贷款定价问题，由简单到复杂，由单一学科向跨学科方面演变。在本节，我们要把上面提到的所有模型进行直观的分析与比较，找到这些模型的共同之处，比较其优势和劣势，为进一步发展和改进这些理论找到方向。

表4-1整理出了目前国内外相关的贷款定价模型及其优缺点。

表4-1　　国内外相关的贷款定价模型及其优缺点

模型名称	模型公式及内容	优缺点
CAPM模型（单因素模型）	投资风险回报率=无风险收益+超额风险收益率+公司特有风险报酬率	一般适用于上市公司的定价问题，在风险分析方面不够全面
Ibbotson扩展方法（二因素模型）	目标公司折现率=无风险报酬率+股权风险报酬率+公司规模报酬率+公司特有风险报酬率	一般适用于中小企业，但在个别风险评估上需要专业评估师进行评估
扩展累计模型（三因素模型）	目标公司折现率=无风险报酬率+股权风险报酬率（超额风险收益率+公司规模报酬率+公司盈利率+公司特有风险报酬率）	一般适用于小微企业，但在个别风险评估上依然需要专业评估师进行评估
WACC模型（加权平均资本成本模型）	在上述模型的基础上，增加了加权平均资本这一项。WACC=预期税后总收益/公司总资产市值	考虑了经济资本成本因素，但需要结合其他模型使用

续表

模型名称	模型公式及内容	优缺点
成本加成定价模型	贷款利率=贷款资金成本利率+贷款费用率+风险溢价+目标利润率	一般适用于小微企业，但该模型侧重于银行方面，对小微企业的风险测量不够
价格领导定价模型（基准利率加点贷款定价模型）	贷款利率（R）=Rd+r。其中，Rd表示基准利率，r表示价差（风险溢价）	该模型没有考虑银行的成本因素，容易导致银行亏损
客户盈利分析贷款定价模型	贷款利率=贷款资金成本+营业成本+相关风险+预期利润+客户贡献度	在上述模型的基础上，考虑了贷款客户的异质性，但容易出现定价偏差
KMV模型（期权贷款定价模型）	该模型是企业违约率的一种计算方法。企业市场价值服从正态分布，通过确定企业市场价值到违约点的距离来确定企业违约风险率，并将违约率算入银行收益率中。DD（违约距离）=（Va-DP）/（Va×ba）。其中，Va表示企业市场价值，DP表示违约点（用企业账面负债来表示），ba表示市场价值的波动性	该模型因为涉及市场价值的评估，所以适用于上市公司，而小微企业中有很多非上市公司，对这些企业的定价评估会出现问题
RAROC模型（风险调整后的资本收益率，是一个用来衡量赚取回报所承担风险的指标）	R=r+OC+［(RAROC-r)×EC+PD+LGD×EAD］/L。其中，R表示贷款利率，r表示资金成本率，OC表示经营费用，EC表示经济成本，PD表示预期违约概率，LGD表示违约损失率，EAD表示违约风险暴露，L表示贷款额	一般适用于小微企业，但对财务数据的要求比较高，对于我国目前的会计环境不适用，而且小微企业财务信息也不够全面

续表

模型名称	模型公式及内容	优缺点
订单融资定价模型	该模型主要从静态博弈角度分析企业与银行之间贷款和还款的概率，进一步计算出银行的期望收益，求导得最大值，算出此时的利率i	目前该模型处于理论阶段，实用性不高
随机前沿分析贷款定价模型	该模型主要是利用随机前沿生产函数，将利率R作为产出指标，将FC（资金成本率）、OC（操作成本率）、CP（客户评分）、PP（项目评分）、Vi（随机误差项）、ui（技术非效率项）作为投入项带入到生产函数中，通过取对数回归得到利率	目前该模型处于理论阶段，实用性不高
EVA模型（经济增加值贷款定价模型）	经济增加值=（贷款收入-资金成本-费用成本-风险成本-税负成本-加权平均资本成本）×资本总额，令EVA=0，就可以将利率R表示为各成本费用率之和，即R=MCR+MER+TR+ECR	一般适用于小微企业，考虑了银行的成本问题，但同样对企业方面的考虑不足

通过对各模型的概括总结，不难发现关于小微企业贷款定价问题的研究已经取得了很多成果，尤其是在贷款定价模型方面。贷款定价模型从最初的RAROC模型、KMV模型等，逐步发展到众多新颖的贷款定价模型，如EVA模型等。国内外学者不论是在传统模型的改进上，还是在新型理论模型的创新上，都取得了丰硕成果。

由于小微企业的特殊性，即财务指标较少和非上市公司较多，因此从小微企业角度来考虑贷款定价比较困难。不论是传统的贷款定价模型还是新型的贷款定价模型，研究的主要方向一直都是商业银行自身，即放贷者的成本问题，而没有将贷款方，即小微企业的信用风险考虑到贷款定价模型中。定价和风险是不可分割的，只要有定价问题，就一定会随之产生风险问题，所以本书认为，不论是什么样的贷款定价模型，在定价过程中都要把贷款方的信用风险作为一个重要参数加入到相应的贷款定价模型中，只有这样，最后的定价才是合理有效的。

因此，本书将对小微企业的风险评价模型进行梳理总结，找到一种方便评价小微企业的信用风险评估模型。同时，在小微企业的贷款定价模型方面，本书发现成本加成定价法和资本资产定价法比较适合小微企业，其相关的模型包括三因素累计扩展模型、成本加成定价模型和EVA模型，这些模型本身也有很多不充分性，具有很大的改进空间。

4.2 风险模型概述

风险是指对于能够阻碍相应主体发展，甚至使其走向衰亡的事件发生与否的不确定性。一般认为，"风险"一词起源于15世纪的荷兰，荷兰的渔民在长期的捕捞作业中，深刻地体会到"风"给他们带来的无法预测、无法确定的危险，风即意味着危险，因而产生了"风险"一词。从风险的内在特征来看，风险是客观存在的，尽管可以通过多种措施防范、转移风险，但始终不可能完全消除风险。从风险的不确定性来看，风险是否发生、何时发生、发生时究竟会产生多大的阻碍或破坏性，往往有很大的偶然性。从风险的可观测性来看，尽管单一个体面临的风险难以预测，但是大量同质性个体的总体风险特征在容忍一定误差的程度下是可观察、可预测的。

从广义上来说，信用是指依附在人之间、单位之间和商品交易之间的一种相互信任的生产关系和社会关系。而经济学范畴的信用，是指在商品交换的过程中或者在其他经济活动中，授信人在充分信任受信人能够实现承诺的基础上，用契约关系向受信人放贷，并保障自己的本金能够回流和增值的价值运动。

信用风险，又称违约风险，是指以企业为主的借款人由于主、客观原因不能或者不愿履行合同，使银行等投资者出现损失的可能性。信用风险评估是通过对信用风险的定性、定量指标进行分析、计算，得出作为借款人的企业最终发生违约的可能性，以此作为银行是否为其贷款的依据。因此，信用风险评估逐渐成为银行规避风险的基础和关键，信用风险评估的方法得到了不断丰富和发展。

信用风险是金融市场中最古老、最为重要的金融风险形式之一，存在于一切含有信用的金融活动中。从广义上来说，信用风险是指交易对手未能履行契约中的约定义务而造成经济损失的可能性。这一定义的内涵十分广泛，既包括了银行贷款业务中因借款者不能完全履行还款义务而导致银行受到经济损失的可能性，也包括了债券发行方因无力向债权人支付足够的利息而使债权人受到经济损失的可能性，还包括了在各类票据抵押、互换、质押业务以及场外期货、期权交易中，因一方的交易违约导致另一方受到经济损失的可能性。

贷款信用风险是指贷款主体（一般为商业银行）在经营贷款业务的过程中，因借款者发生违约而导致贷款本金或利息遭受损失的可能性。由贷款信用风险的定义可以推断出，贷款违约的行为主体是获得商业银行信用支持的债务人，即借款者，而因借款者违约被动受到经济损失的是提供了贷款服务的商业银行。经济损失的构成成分是利息损失和本金损失。当借款者的偿还金额在能够偿还全额贷款本金外仅能支付部分贷款利息时，商业银行在该笔贷款中的经济损失完全是由利息损失构成的；当借款者不但无法支付任何利息，甚至连贷款的本金也无法完全偿付时，商业银行在该笔贷款中的经济损失既包含了所有的利息损失，也包含了部分（或全部）的本金损失。

信用评估是指基于科学的指标体系，以定量和定性分析相结合的决策方法，通过对诸如贷款申请者、债券发行者、票据及各类衍生品交易对手等金融市场参与主体的历史信用记录、责任人素质、现金流财务状况、经营能力、经济环境、还款意愿及可能出现的各种其他情况进行客观、公正、科学、全面的考察与分析后，就其信用风险水平进行综合的评判，并最终用特定的等级符号或相关指标标示其信用风险水平的一种制度体系。

从信用评估的定义可以看出，只要存在信用风险的地方，理论上就可以用信用评估方法对其信用风险水平进行评价。因此，信用评估可服务的对象十分广泛，从国家主权、国际组织、跨国公司、上市公司到各类基于信用的金融业务的交易对手、债券发行方、申请贷款的个人或企业，理论上都可以是被评估的对象。

从信用评估的评估主体身份划分，大致有两类信用评估主体，即外部评级机构和内部评级部门。外部评级机构是指专门从事信用评估业务的资信评估公司，全球范围内比较著名的有美国标准普尔公司、穆迪投资服务公司、惠誉国际信用评级有限公司等。近年来，我国本土也诞生了一批立足中国金融市场环境的信用评估机构，比较著名的有东方金诚国际信用评估有限公司、中诚信国际信用评级有限公司、联合信用评级有限公司、大公国际资信评估有限公司、上海新世纪资信评估投资服务有限公司等。

内部评级部门主要是指在各项金融交易中，需要考察潜在交易对手信用风险水平的一方其内部的自有评级部门。例如，在商业银行经营贷款业务的过程中，需要判断借款者的信用风险水平，进而决定是否发放贷款及设置恰当的贷款利率。由于贷款申请者往往较多，商业银行一般都设立了内部信用评估部门，从而降低购买外部评级机构服务的成本。

相比较而言，外部评级机构在服务对象的覆盖性，评级的经验、能力、技术和专业性等方面比内部评级部门有一定的优势；而金融机构的内部评级部门往往在获取被评级对象更多的第一手信息、评级效率和成本等方面优于外部评级机构。

信用评估模型（credit evaluation model），是一整套帮助信用评估主体判断被评估对象信用风险水平的模型及其支持技术。由于本章主要研究商业银行面向小微企业贷款的信用评估模型，因此选择将商业银行面向小微企业贷款的信用评估模型定义为一整套帮助商业银行判断小微企业信用风险水平的模型及其支持技术。下文如无特殊说明，所述的信用评估模型均按此定义理解。

4.2.1 国外风险模型研究综述

1968年，Z-score模型的提出开创了信用评估模型研究领域的先河（Altman，1968）。该模型首次将统计学领域的方法应用在了信用评估领域。之后更多的研究者根据统计学原理，设计出不少具有代表性的统计类信用评估模型，如Logistic模型（Wiginton，1980；方匡南，2014）、Probit模型（Grablowsky，1981；郑星，2009）、判别分析模型（Eisenbeis，1978；施锡铨，2001）、朴素贝叶斯模型（Pearl，1988；程建，2009）等。这类模型一般基于统计学原理，通过对一定数量的已知违约的历史信贷记录数据进行拟合，确定模型的参数，进而用于预测新样本的信用风险。

国外常见的统计类评价方法还包括层次分析法、数据包络分析法和模糊分析法。萨蒂（1970）提出的层次分析法是将总是与决策有关的元素进行分解，从目标、准则、方案三个层面入手进行定量和定性分析。Chun-hsien Wang（1990）构建了企业技术创新能力的层次结构模型，并且采取了一种非线性的模糊积分方式对企业的技术创新能力进行评价，在实证研究的过程中充分验证了该方法的重要性。Guido Capaldo等（2008）基于组织资源配置的基础理论，提出使用模糊逻辑方法来评价企业技术创新能力。Richard（2006）构建了基于数据包络分析法的企业技术创新能力与核心竞争力之间的关系模型。

BS期权定价方法（Black，1973）的设计拉开了结构化信用评估模型研究的大幕，具有代表性的结构化信用评估模型主要有莫顿模型（Merton，1974）、KMV模型（KMV，1993）、Credit-metrics模型（Morgan，

1997)、Credit Risk+模型（Suisse，1997）等。结构化信用评估模型以债务违约理论和债务价值变化路径的数理推导为基础，基于证券市场可观察的交易数据对模型的参数进行估计，因而该模型的理论性更强。

此外，随着计算机设备性能的不断提升和对数据处理方法要求的不断提高，数据挖掘领域产生了一批丰富的研究成果，这些成果被信用风险领域的研究者关注并改进，形成了一批具有代表性的数据挖掘评估模型。一般来说，数据挖掘评估模型能够以较短的运行时间对信用评估的分类或拟合问题进行快速求解，或以牺牲运行时间效率的方式对信用评估的分类或者拟合问题进行深度全局寻优，因而该模型的适用范围较广。这类模型主要有K最近邻模型（Chatter jee，1970；Henley，1996）、决策树模型（Carter，1987；杨军，2009）、支持向量机模型（Tony，2003；钟波，2005）、人工神经网络模型（Odom，1990；于立勇，2003；刘弘，2008；卫敏，2012）等。

所谓组合信用评估模型，是指将现有的各类独立信用评估模型作为基本模型，接着根据某些规则动态或静态地选择部分基本模型对输入样本的特征进行提取，最后根据多个基本模型的预测结果共同确定整个模型最终预测结果的一类模型（Lee，2006；Sun，2008；莫茜，2008；郭英见，2009；杨胜刚，2013；Khashei，2015；Harris，2015；Koutanaei，2015；王昱，2015）。组合信用评估模型往往能够充分利用各基本模型的独有优势在各基本模型之间相互取长补短，因而组合信用评估模型的性能与稳健性一般优于单一信用评估模型。

然而，从适用性来看，前述的大多数信用评估模型主要是面向大企业、上市公司等主体设计的，这些被评估对象主体面临较为严苛的财务报表审计要求，有的还需要按期公开经营状况，或存在面向市场公开发行的股票或债券，因此一般较为容易获取其经营、财务、市场类信息，从而可以便捷地根据相应指标构建出信用评估模型。

但是，小微企业公开的经营信息往往有限，且财务报表无须公开或经外部审计，因此相关信息的可得性和真实性值得商榷，有的小微企业甚至不存在正规编制的财务报表。对于大多数小微企业来说，一般都不具备公开发行股票或债券的资质，因此小微企业的信用评估指标相比于大企业存在一定差异。

若直接将现有的面向大企业、上市公司设计的信用评估模型应用于小微企业，难免会因适用性较差造成模型评估精度的降低，甚至可能因缺乏相应的关键指标而导致模型无法使用。近期的一些研究已发现面向传统大企业设计的信用评估模型并不适合小微企业（Dietsch，2004；Altman，2014），且在面向小微企业的信贷业务过程中，商业银行需要承担的信用风险特征相比于大中型企业也不尽相同（Yao，2015）。

Edmister（1972）率先开展了对适用于小企业的信用评估模型的研究，依据1954—1969年的42份小企业样本，研究了财务指标对评估模型性能的影响，并选择了9个对预测小企业违约贡献最大的财务指标作为模型的变量，构建了基于多元判别分析方法的小企业信用评估模型，取得了74%的R方拟合结果。该模型是第一个专门面向小企业特征设计的信用评估模型，具有一定的开拓意义，但其缺陷也不容忽视：该模型依然沿用了评估传统大企业、上市公司的基本思想，完全使用企业的财务指标，且关于模型性能的实证研究仅仅报告了训练样本内的拟合情况，而忽略了模型对于新样本的预测能力。此后，Keasey（1987）也根据146份英国小企业在1970—1983年的信贷记录，设计了一种基于Logistic模型的预测小企业违约的信用评估模型。

Moon（2010）利用4 262份韩国技术型中小企业在1999—2004年的信贷样本，根据技术型指标、公司特异性指标和经济形势指标的不同组合，设计了五种基于Logistic模型的中小企业信用评估模型。实证研究表明，当同时选用技术型指标、公司特异性指标和经济形势指标时，该模型的评估性能最为优越，其缺陷在于缺乏和更多的模型进行性能比较。

Calabrease（2016）将广义极值分布方法与Logistic模型进行了结合，构建了一个惩罚似然估计框架，并设计出BGEVA信用评估模型。该模型放松了传统Logistic模型的假设，且改变了模型参数的估计方法，具有一定的理论创新价值。但基于47 680份2006—2011年意大利中小企业的实证研究，相比于传统的Logistic模型，BGEVA信用评估模型能够有效降低预测的均方误差（MSE指标）。

随着计算机设备性能的不断提升和对数据挖掘需求的不断提高，数据挖掘领域诞生了一批丰富的研究成果，国外一些研究者也尝试将较为新颖的数据挖掘方法应用在小微企业信用评估模型设计领域。

Mirta（2005）基于166份来自克罗地亚储蓄和贷款协会的小企业贷款样本，比较研究了Logistic模型、BP-ANN模型、RBF-ANN模型、Probabilistic-ANN模型、LVQ-ANN模型和决策树模型对小企业样本的违约预测性能。实证研究发现，Probabilistic-ANN模型在总体样本预测精度和违约样本预测精度方面均表现出最为优越的性能，而Logistic模型在总体样本预测精度方面表现最差。由于样本量过少，而神经网络类模型又极易对小样本产生过度拟合，因此研究结论的稳健性需要进一步验证。

Ciampi（2012）根据7 000多份意大利小企业的样本，设计了基于BP神经网络方法的小企业信用评估模型，并将其预测性能与Logistic模型和判别分析模型进行了实证对比。结果表明，BP神经网络信用评估模型能有效地提高预测性能。但是，由于在构建模型时缺乏关于BP神经网络最优参数选择的先验信息，因此只能通过网格搜索的多次实验方法确定参数的选择，这无疑提高了模型的运算时间成本。

Karan（2013）基于土耳其某大型批发公司面向小企业的零售记录，利用UTADIS模型和Logistic模型分别研究了加入小企业的历史付款记录是否能进一步提高模型的预测精度，实证研究证实了这一点，并发现尽管Logistic模型在样本的总体预测精度上优于UTADIS模型，但是

UTADIS模型对违约样本的预测精度更高。

Derelioglu（2009）基于512份土耳其中小企业的信贷历史记录，设计了一种预测违约概率的组合信用评估模型。该模型首先利用SVM算法剔除数据集中的冗余属性，接着使用BP神经网络对样本集进行初步分析，最后将分析结果作为输入变量传入Logistic模型，并输出最终的预测结果。该模型思路简洁，但其缺陷在于仅仅和Logistic模型的性能进行了对比，缺乏和其他主流单一信用评估模型的比较。基于传统的统计方法的信用评估模型，对各指标的参数有较好的解释力，但性能不高；而基于数据挖掘方法的信用评估模型，性能相对优越，但对参数的解释性较差。

Liberati（2015）则基于85 000份来自意大利某全国性银行的小企业信贷历史数据，设计了一种理论上既能利用数据挖掘方法的高拟合精度特征，又能保持较好参数解释性的小企业信用评估模型。该模型首先以最小化预测误差为目标，选择最优的kernel函数，之后以线性回归模型对kernel函数进行拟合，最后将线性回归的拟合结果代入判别分析模型，得到最终的预测结果。该模型在充分利用了kernel函数能够将原始样本空间中线性不可分的样本映射至高维空间从而变得线性可分的特征之余，巧妙地以线性回归的函数形式保留了kernel函数映射过程中对各原始指标参数系数的解释性。但是，其缺陷在于线性回归方法对非线性的kernel函数的拟合能力有限，因此拟合误差较大。

Blanco（2015）基于209万份1999—2008年的英国微型企业数据，设计了一种包含了财务信息和非财务信息的多层感知神经网络信用评估模型，实证研究发现该模型相比于面向中小企业设计的Logistic模型，能够提高约6%的以AUC衡量的预测精度，而选择加入微型企业的非财务指标相比于不加入的情形能提高约3.6%的以AUC衡量的预测精度，这表明根据微型企业的非财务特征进行有针对性的模型设计十分必要。

Li（2016）基于芬兰2004—2012年的2 681份中小企业样本，设计了一种面向中小企业的组合信用评估模型。该模型在逻辑上主要分为两个阶段：在第一阶段，首先使用PCA方法提取原始数据集各指标的公共因子，从而避免指标间的关联性，并以Logistic模型训练各公共因子，得到预测结果1，然后将原始数据集以BP神经网络方法进行训练，得到预测结果2；在第二阶段，将第一阶段提取的公共因子、预测结果1和预测结果2组合成新的训练样本，再次以BP神经网络方法进行训练，得到最终的模型预测结果。实证研究表明，该模型的预测性能优于BP神经网络模型和Logistic模型，但其缺陷在于缺乏和更多的模型进行比较。

信用风险评估模型中比较重要的一点就是指标的选取，在最初的专家评价法中，普遍采用的指标体系是要素，具体为品德、经营能力、资本、资产抵押、经济环境，以及其他要素，如个人信用、资金用途、还款财源、债权保障、企业前景等因素。这一指标体系比较主观、全面，因此后来结合各种评价方法的指标体系都是以此为基础展开的。

随着将数理统计技术引入信用评价体系，各种基于数理统计技术的信用评价方法相继被使用，如多元判别分析法、线性概率模型、非线性概率模型等。例如，值模型选用的指标体系为营运资本总资产、留存收益总资产、息税前收益总资产、权益市价债务总额账面价值、销售收入总资产五个指标。由于Altman（1968）是基于中等资产规模的企业而建立的值模型，对小企业适用性不大，因此Edmister（1972）建立了专门针对小企业的信用评价指标体系，主要指标为常规的交易获得的财务指标，如流动比率、负债比率、净资产收益率和资产周转率。

随着对信用评价指标研究的深入，很多学者意识到以前信用评价指标的缺陷，即没有引入现金流指标，因为现金流的状况更能反映企业的实际信用风险。Blum（1974）提出现金流的不稳定性与公司发生信用危机的概率呈正相关关系。而Casey和Bartczak（1985）指出运用营运现金流量无法提高分类准确度，而现金股利的变化能够有效地预测财务危机的发生。Andreas Charitou（2004）也检验了现金流指标对企业信用危机的预测准确性。在引入现金流指标后，有些学者发现市场收益率指标对上市公司的信用评价也有较准确的反映。Beaver（1968）是第一个引入市场收益率的学者，他发现市场收益率能够反映企业的信用风险，只不过存在一定的时滞性。Swary、Aharony和Jones（1980）提出了一个基于市场收益率方差的信用风险预测体系。由于多元判别模型的条件假设比较严格，条件概率模型应运而生，条件概率模型可以将一些定性指标虚拟化后引入模型，这样在判别企业的信用风险时可以考虑到一些非财务因素。例如，Rose、Giroux和Andrews（1982）引入了道·琼斯工业指数等宏观经济变量，对公司的信用风险进行判别，得出这些宏观经济对企业的信用风险有显著影响的结论。Hu和Ansell（2005）引入了经济环境、社会环境、政治环境和技术环境等外部变量，这些外部变量使得信用指标体系更加完善。

4.2.2 国内风险模型研究综述

以上研究均基于国外经济体的历史信贷样本展开，模型的设计思想对我国小微企业的适用性、模型所选指标的可得性、模型参数，以及对我国信贷环境的契合性都值得商榷。近年来，随着我国小微企业的快速发展，一些学者基于中国信贷数据设计了不少符合我国小微企业经营特点与违约特征的信用风险评估模型。

郭玉华（2001）基于我国某地区农村信用社数据库中的280份微型企业信贷样本，较早地构建了一种基于Logistic方法的微型企业信用评估模型。该模型的优势在于方法简单，但在指标选择方面，它与国外早期模型的基本思想相似，大量使用了微型企业的财务指标数据，这使得预测结果的有效性值得商榷。

在企业技术创新能力的评价方法上，国内专家以及学者根据不同的评价指标体系或模型使用了不同的方法。这些方法也可用于评估企业信用风险，常用的方法有熵权法、因子分析法、数据包络分析法、层次分析法、灰色综合分析法、模糊综合评价法等，我们可以综合一种或两种方法对企业的技术创新能力作出评价。庞庆华（2007）在梳理文献的过程中，建立了关于企业技术创新能力评价体系，并运用灰色综合分析方法评价了企业的技术创新能力，得到了一个科学合理的结果。赵林峰和周翔等（2007）运用DEA模型来评价企业的技术创新能力，基于评价指标体系中重要的几个指标得出了一个科学可信的结果。实证结果证明，数据包络分析法是评价企业技术创新能力的一个非常有效的方法。段云龙（2010）基于企业制度结构的研究，构建了关于企业持续创新能力的模型，利用主成分投影法对云南白药、华为、联想3家大企业的持续创新能力进行了综合评价，比对了3家企业的能力差异后，得出了影响企业持续创新能力的最重要因素是制度结构的结论。徐利、郑然和周世伟（2010）利用灰色模糊评价模型，将定性与定量分析相结合，评价了企业的技术创新能力，指明了企业之间的差距，同时提出了关于加强企业技术创新能力的对策和建议，以提高企业的市场竞争力和适应力。

范黎波（2014）在供应链金融模式视角下，结合模糊神经网络方法设计了一种面向我国中小企业的信用评估模型，但建立该模型所使用的样本规模较小，且缺乏和其他模型的比较。张浩（2008）也设计了一种基于层次分析法和模糊神经网络法的面向我国中小企业的信用评估模型，但是层次分析法对各指标的权重赋值随意性较大，使得模型的稳健性较低，且缺乏对模型的性能验证。

王帅（2014）构建了包括行业状况、上下游状况、产品状况、管理水平、财务状况和资信状况在内的评估指标体系，并基于多层次模糊评价法设计了一种面向我国中小企业的信用评估模型。该模型理论上能够综合利用定性因素和定量因素，但模型的性能同样缺乏实证研究的支持。

周闯洋（2014）在梳理了美国业主信用评分法的基础上，指出可以通过对小微企业的企业主的信用评估实现对企业的信用评估。杨大光

（2014）全面对比了美国、印度、日本和中国银行业界使用的小微企业信用评估模型，认为当前我国使用的小微企业信用评估模型普遍存在评估结果过于依赖主观判断、评价标准过于笼统和僵化、反映企业领导者个人素质和企业商誉的指标权重过低等问题，并指出所谓的面向小微企业构筑的信用评估模型，大部分不能体现小微企业的固有特征，有的甚至更适用于大中型企业，因此应当研发专门针对我国小微企业特点的信用评估模型。

高俊光（2015）总结了小微企业信用评估领域常用的若干数据挖掘方法。李敬明（2015）从理论层面出发，构建了一种基于信息熵、层次分析法和模糊评价法的小微企业信用风险评估模型。该模型首先使用信息熵计算可数值化指标的权重，然后使用层次分析法计算非数值化指标的权重，通过拟合得到综合权重，并进一步使用模糊评价法得到最终的评估结果。该模型具有较强的数理理论基础，但该模型仅根据一家小微企业的数据进行了案例分析式的性能验证，且利用了大量的财务指标，使得其实用价值有待检验。

肖斌卿（2016）基于某国家控股银行的小微企业贷款样本，设计了一种以小微企业现金流信息为核心的、结合最小二乘支持向量机技术的小微企业信用评估模型，该模型能够获得较高的预测精确度。李燕（2016）设计了一种基于改进多级模糊综合评价方法的我国微型企业信用评估模型，该模型基于决策层次分析法和变异系数法确定模型中各项评估指标的权重，利用插值法和专家评分法确定各个指标的隶属度，较全面地对微型企业的信用状况作出评价。但是，该模型的相对性能同样缺乏全面实证证据的支持。

胡贤德（2017）针对传统BP神经网络在小微企业信用风险评估应用中暴露的网络学习速度慢、易陷入局部最优解和误差较大等缺陷，设计了一种基于改进离散型萤火虫算法与BP神经网络方法的、面向小微企业信用风险评估的IDGSO-BP模型。IDGSO-BP模型以离散型萤火虫算法优化BP神经网络训练过程中的网络结构与连接权值参数。实证研究表明，该模型在收敛速度及运算精度方面较传统的BP神经网络模型、GABP模型和连续GSO-BP模型有较明显的优势。

我们同样结合信用评价方法来梳理国内学者对信用评价指标体系的研究脉络。

陶军（2004）通过对现金流指标进行筛选，最终选出6个较显著的指标，分别是资产现金流回报率、销售现金比率、净利润经营现金比率、经营融资与投资比率、现金投资成长率和外部融资比率，其所使用的信用评价方法为逐步回归法和聚类分析法。

以上学者研究的信用评价指标体系只考虑了财务因素。国内部分学者也考虑了非财务因素对企业信用风险的影响，如范柏乃和朱文斌（2003）就是从企业的偿债能力、经营能力、创新能力、管理能力和成长能力等层面筛选出评价指标，建立信用评价指标体系，其所使用的信用评价方法是隶属度分析法、鉴别力分析法和相关分析法。

4.2.3 国内外风险模型评述

综上所述，国内外关于信用风险评估的方法，前后大致可分为主观定性分析方法、统计类信用评估模型、结构化信用评估模型、数据挖掘类信用评估模型和组合信用风险评价模型。

（1）主观定性分析方法。主观定性分析方法是早期信用风险评估的主要方法，这种方法的应用主要取决于专家的主观判断。因素分析法是主观定性分析方法的典型代表，主要包括5C法、5P法和5W法等。由于它是一种主观性极强的评估方法，因此判断结果因人而异，可信度不高。

（2）统计类信用评估模型。它是利用统计学知识对企业信用进行评估分析的模型，主要代表方法有判别分析法、Logistic模型、Probit模型、朴素贝叶斯模型、因子分析法、数据包络分析法、层次分析法、模糊分析法和灰色综合分析法等。由于统计类信用评估模型有了比较科学合理处理指标的计算方法，使得评估结果更具有客观性。

（3）结构化信用评估模型。这类评估模型以KMV模型、Credit-metrics模型和Credit Risk+模型为代表。KMV模型是由美国KMV公司提出的，并以其公司名称命名的、建立在公司债务定价模型和期权定价模型基础上的、监测上市公司信用风险的模型。Credit-metrics模型是由KMV公司和摩根银行共同提出的，通过风险矩阵计算资产组合的风险价值，并结合相应的银行评级资料计算目标企业的信用风险。该模型的效果在Jones（1999）的研究中得到了肯定。然而，企业的长期信用评级数据是影响该模型发挥作用的关键。由瑞士信贷第一波士顿银行提出的Credit Risk+模型是建立在保险精算递推算法上的信用风险评估模型。该模型的应用重点在于对算法本身的提升，该模型评估的准确性也受算法本身正确与否的影响，而这一点也在Iyerd（2005）的研究中得以证实。结构化信用评估模型主要建立在拥有企业大量的财务数据和上市信息的基础上，计算方法非常模式化。此类模型的公式中变量不容易变动，因此在应用中不够灵活。

（4）数据挖掘类信用评估模型。这类评估模型主要包括K最近邻模型、决策树模型、支持向量机模型和人工神经网络模型等。近年来，数据挖掘类信用评估模型得到了不断发展和扩大，这类模型都是基于大量复杂的机器计算得出分析结果，很多也只是处于理论阶段，实证和应用方面的研究较少。

（5）组合信用风险评价模型。这类模型没有固定的模式，都是前面几种模型的混合使用，如模糊综合层次分析法，它是将模糊分析法、层次分析法和因子分析法结合起来使用。这类模型需要根据所要评估的对象以及不同模型的特点来进行整合使用。

表4-2是对上述各类模型的简单总结。

表4-2　　各类模型的简单总结

模型名称	模型内容	优缺点
因素分析法	包括5C法、5P法和5W法等，需要专业评估人员对企业进行评估	适用于小微企业，但主观成分较多，评判结果因人而异
层次分析法（模糊综合分析法）	首先对指标进行优劣排序，然后利用层次矩阵给相应的指标赋予权重，最后根据权重计算出企业得分	虽然该方法的主观干预较少，但是权重的设计需要专家干预，因此结果也不够客观
判别分析法	通过建立判别规则来对样本进行识别，分为参数判别和非参数判别。参数判别需要利用样本数据找到合适的分布，再利用分布函数进行样本的判别；非参数判别则不需要分布函数，而是利用样本指标之间的距离进行样本判别	该方法属于指标分类方法，其结果只能是固定的分类
Logistic模型和Probit模型	这两个模型都是以0和1作为被解释变量，利用解释变量与被解释变量进行回归，从而得到风险判别模型。但是，二者的线性回归表达式不同，Probit模型的表达式服从正态分布，而Logistic模型的表达式服从Logistic分布	输出结果只有0和1两种结果
朴素贝叶斯模型	该模型主要是基于条件概率公式和贝叶斯公式，利用样本算出贝叶斯公式等号右边式中的各个条件概率，以求出先验概率，再根据先验概率算出后验概率，利用正则化因子公式将对象归到相应的子集	该模型在先验概率的测量上存在误差，需要已知的大样本数据

续表

模型名称	模型内容	优缺点
DEA 模型 （数据包络模型）	该模型用于处理多投入指标和多产出指标。通过设定变量、目标函数和约束条件，利用线性规划法对指标数据进行处理	该模型的指标选取灵活，适用于小微企业
因子分析法	该方法主要是利用主成分分析法、协方差矩阵，将量化后的指标数据进行标准化处理，并提取出指标中的有效信息，对样本数据信息进行打分排序	该方法的指标选取灵活，适合大样本数据，但存在数据信息丢失的问题
KMV 模型	该模型主要是利用期权定价模型来计算企业的违约率	该模型需要企业的上市信息和财务数据，对小微企业不太适用
Credit-metrics 模型	该模型主要是通过银行提供的企业违约信息，建立二维的企业风险评估矩阵，在风险评估矩阵中可以排列出企业的风险维度	该模型适用于已贷款企业，对于没有贷款的新企业难以评价
Credit Risk+ 模型	该模型主要通过各个债务人的信用等级，设定影响违约人行为的外部风险因子，推导出违约行为的概率生产函数（F 函数）以及违约损失的概率生产函数（G 函数）。通过样本数据和概率函数可以求出各个债务人违约导致损失的概率	该模型需要第三方的信用评估来进行计算，也可以结合其他模型进行计算，但公式推导较为复杂
K 最近邻模型	该模型属于聚类分析的范畴，通过欧式距离的计算可以将相似样本数据聚拢在一起	该模型的聚类结果难以表述

续表

模型名称	模型内容	优缺点
决策树模型（DT模型）	该模型类似于聚类分析。但不同的是，DT模型通过选取最优分割点，将样本数据进行分割，再在分割子集中继续分割数据样本，直到将样本数据分割成较“纯”的各子节点，所有子节点就形成树状结构	该模型利用了数据挖掘技术，计算过程较为复杂，计算方法的实用性有待验证
支持向量机模型（SVM模型）	该模型的基本思路是在数据集的原始特征空间或高维特征空间中，寻找能够最大化间隔两类样本特征空间的超平面，从而使得模型对两类样本的分类误差最小。超平面（SVM）方程为：f（x）=W×X+b，其中，W为各样本指标的参数向量，X为各样本指标的向量，b为常数项。根据样本计算f值，再与0比较，大于0的归为一类，小于0的归为一类，等于0的归为一类	该模型利用了数据挖掘技术，计算过程较为复杂，计算方法的实用性有待验证
人工神经网络模型	目前，神经网络模型发展的种类较多，其基本思路就是对各指标随机赋予权重，通过对加权指标和的计算，与预设的阈值比较，大于阈值的设为1，小于阈值的设为0。通过与已知样本结果比较来不断修正指标权重	该模型利用了数据挖掘技术，计算过程较为复杂，计算方法的实用性有待验证

综上分析，在信用风险评估模型的选取上，我们要考虑评估方法的客观性、适用性和可操作性。统计类信用评估模型相比于因素分析法和层次分析法更具有客观性，相比于结构类信用评估模型更具灵活性，相

比于数据挖掘信用评估模型更具有可操作性。同时，统计类信用评估模型较为多样，这为进行信用评估组合模型的设计带来了便利。因此，在设计小微企业的信用评估模型时，统计类信用评估模型值得参考，具体可以用到的方法有因子分析法、Logistic模型、DEA模型和判别分析法等。

在考虑到模型设计方法后，模型的指标选取就成了关键问题。通过对文献的整理我们发现，在信用评估方面指标的选取经历了由主观向客观、由财务指标向非财务指标、由内部指标向外部指标的发展变化。表4-3列出了部分文献中的参考指标。

表4-3　　部分文献中的参考指标

主观指标	财务指标	非财务指标	外部指标
品德	资产净利率	经理人的年龄	经济环境
经营能力	权益乘数	经理人的受教育年限	社会环境
资本	销售净利率	商业信誉	政治环境
资产抵押	资产周转率	经营能力	技术环境
个人因素	流动比率	创新能力	利率水平
资金用途	净资产负债	管理能力	国内生产总值的增长率
还款财源	销售成本与存货	成长能力	
债权保障	销售额与应收账款	信用评级	
企业前景	总资产与固定资产	贷款时间	
	销售额与固定资产	贷款金额	
	营运资本总资产	担保方式	
	留存收益总资产	企业规模	
	息税前收益总资产	企业家性别	
	权益市价债务总额账面价值	违约概率	
	销售额净资产	保证金额	

考虑到小微企业的特点，即非上市公司和财务指标匮乏，因此在指标选取上，主要采用内部非财务指标和外部指标。而具体指标的选取需要根据评估方所能获得的企业信息入手，包括企业的简介等。

4.2.4 企业义值初探

孟子说过："未有仁而遗其亲者也，未有义而后其君者也。"引申到企业，其含义是投资者选择企业的产品，而企业对产品的选择一定要尊重需求者的心理。因此，投资者在考虑风险时必须考虑仁值，而企业义值的大小实际上是企业产品范围的大小，也是企业可以承担风险的大小。这些如果通过相关指标表示出来，就是所谓的财务指标、非财务指标和其他指标，关于这些指标的实证在后面章节将会讨论。

第5章

小微企业的股权结构分析

Kang和Sorensen（2003）提出公司治理的权变理论，认为不同类型的股东对公司的影响力取决于具体的行业特征，如行业的透明度、稳定性以及在生命周期中所处的位置等因素。Defond和Park（1999）[①]发现行业竞争性有助于提高相对业绩的评价作用，进而可以识别不称职CEO的能力。因此，本章将首先从显中经济学的应用开始，然后再从一般性研究着手，继而以国企为例分析行业类型对股权结构的影响，最后聚焦小微企业的研究。

5.1 股权结构的显中经济学

股权结构天然地有着向一股独大的方向发展的趋势，这就是趋中。其实道理也很简单，只要企业的利润足够大，投资企业的资本所得大于投资其他所得，每一个股东自然希望企业的利润都归自己所有，因而想方设法集中股份。这就是天生的利己动力。但是，这样做也是有前提的。首先，企业的利润足够大。如果企业的利润不足够大或者出现亏损，那么企业股东就有离中的主动选择，即将股份尽量稀释，最好大家都套在里面。企业的利润到底多少算足够大，这就因人而异了。因此，在相同的企业利润下，有的人选择进入，有的人选择退出。其次，企业股东有足够的资本。如果企业的股东资本有限，尽管企业的利润足够大，但为了获取更多的利润，企业仍然有融资的可能。具体到小微企业，这两种可能性都有。由于信息不对称，如果我们仅仅依据企业自身

---

① DEFOND M L, PARK C W. The effect of competition on CEO turnover[J]. Journal of Accounting & Economics, 1999, 27(1): 35-56.

的说法，就有可能误入歧途。比如，一家公司（以下简称A公司）曾经收到一家小企业（以下简称B企业）的融资请求。B企业自称从事的是物流配送业务，有自己的卫星定位技术和软件技术，在北京市场上占有一定的份额，但是要继续做大则面临资金困难，希望A公司能够提供融资资金。A公司正好有一笔资金，也想投资于智能交通（ITS）领域，因此对B企业的融资请求非常重视。A公司派人到B企业实地考察，发现B企业确实有办公地点，也有相关软件和智能车辆。但是，B企业始终无法给出企业做大后的利润准确值。A公司由此怀疑B企业可能是第一种情况，即B企业有一定的利润，但是不够大，其股东想将股权转移给A公司。正是基于这样一种判断，A公司决定先与B企业共同做项目，以考察B企业的盈利方式，再判断是否与B企业进行合作。B企业的股东为了能够实现转移股权而不得不合作。A公司通过合作发现，此类项目的实际利润远不如理论上的多，因此A公司果断终止了合作谈判。其实，企业的利润可以从当时该类产品的普遍情况判断出来，即采用显中经济学的知识可以分析得到。

5.1.1 显中经济学的股权结构

根据显中经济学的机理，股权结构属于供给方，因而需要与另一方（即支出方）相均衡。而支出方（即产品的需求方）可以根据产品的不同进行分类。比如，按照产品的排他性和竞争性可分为私人物品、公共物品、共有资源和自然垄断物品。私人物品既有使用上的排他性，又有使用上的竞争性，如手机产品。公共物品既没有使用上的排他性，又没有使用上的竞争性，如各类疫苗。共有资源有使用上的竞争性，但没有使用上的排他性，如公共汽车。自然垄断物品有使用上的排他性，但没有使用上的竞争性。

显中经济学认为企业的股权结构与其产品供给结构一致。

对于竞争性产品，如家电类产品，企业的股权结构就必须是多元化的，或者生产竞争性产品的企业的股权结构和企业的竞争性产品一致。

对于垄断性产品，企业的股权结构则呈现垄断性。

这其中的道理也非常简单。如果企业生产的产品是竞争性产品，那么面临的市场就非常激烈，企业的决策就需要多元化，没有多元化的企业决策，产品就无法长期在竞争性市场中生存，而保障多元化的企业决策，就必然要求股权结构的多元化。如果企业生产的产品是垄断性产品，那么面临的市场就非常单一，企业的决策就不需要多元化，反而需要保障一元化的企业决策，这必然要求股权结构的垄断化。

事实上，改革开放后有的国企越来越强，有的国企则消失了。越来越强的国企，其产品必定是自然垄断的产品，如中石油、中石化；消失的国企，其产品必定是竞争性的产品。

因此，判断企业股权结构是否合理，关键看其产品供给结构。为了形象地说明这个机理，下面用两个案例说明。

5.1.2 股权结构与产品供给结构一致性案例

本节我们将讨论正反两个案例，来说明股权结构与产品供给结构的一致性。第一个案例是失败的案例，第二个案例是成功的案例。第一个案例是“巨大中华”排名第一的巨龙通信。第二个案例是“巨大中华”排名第四的华为技术。

20世纪90年代，中国通信行业诞生了4家著名的通信巨头企业，即“巨大中华”。“巨”是指1995年在北京成立的“巨龙通信”；“大”是指1998年在北京成立的“大唐电信”；“中”是指1985年在深圳成立的“中兴通讯”；“华”是指1987年在深圳成立的“华为技术”。我们先谈第一个案例巨龙通信。

1991年，著名的中国工程院院士、通信与信息系统专家、解放军信息工程学院的邬江兴，成功地研发出了具有程控技术的“04机”，这是中国通信行业里的一次重大技术突破。4年后，由国家相关部门主导，几家知名国企一起联合成立了巨龙通信，期望改变当时中国通信行业实力不足的窘迫局面。

巨龙通信成立之后，很快就将邬江兴的研发成果——具有程控技术的“04机”进行产业化和规模化生产。由于“04机”颇为先进，因此很快就在中国通信市场上广受好评。1998年，有赖于“04机”的成功营销，巨龙通信的销售额已经超过了30亿元，虽然与华为技术的89亿元和中兴通讯的40多亿元相比，年轻的巨龙通信相差很远，但它只用了不足3年的时间就有这样不俗的表现。凭借着先进的“04机”，巨龙通信很快就在中国通信市场上占据了一席之地，2000年，巨龙通信的市场份额甚至一度飙升到了14%。

然而，进入21世纪之后，通信产品进行了快速的更新换代，“04机”也渐渐地被中国通信市场淘汰。但巨龙通信却沉浸于“04机”以前的丰功伟绩里，不思进取，没有研发新的通信产品来稳固市场，最后被同行远远抛下，亏损严重。自2002年以后，巨龙通信逐渐消失于消费者的视野中。尽管在此之前巨龙通信曾被4次重组，但始终未能改变市场不景气、经营状况江河日下的境况。

从巨龙通信的成长可以看出，在2000年以前，巨龙通信是突飞猛进的，而进入21世纪以后，巨龙通信则是江河日下的。人们对此的分析是由于企业技术的落伍导致其失败，其实更深层次的原因是股权结构，即决策层的不当决策导致了技术层的不思进取。那么巨龙通信的股权结构是什么样的呢?

1995年，巨龙通信是由8家“04机”生产企业共同出资成立的。中国邮电工业总公司是最大的股东，邬江兴担任董事长兼总裁。1996年11月下旬，巨龙通信第一次资产重组，中国邮电工业总公司正式成为巨龙通信的股东。1999年，巨龙通信第二次重组，普天集团（前身中国邮电工业总公司）将两个厂整体投入巨龙通信，从而获得了81%的直接控股比例。

我们再来看看通信产品的供给情况。首先，1995年中国通信产品有“八国九制”之说，当时互联互通都很困难。由此可见，通信产品处于多元化的阶段。此时，巨龙通信是由8家企业参与，虽然由中国邮电工业总公司主管，但只是形式上的。由于股权结构和产品供给结构的一致性，使得巨龙通信此时发展很好。接着，通信产品的多元化发展更为旺盛，尽管巨龙通信的第二次重组还是由8家企业参与，但是中国邮电工业总公司的正式进入，代表股权结构的多元化受阻，尤其是1999年的第二次重组形成垄断性的股权结构，这与多元化的产品供给结构相悖，公司发展受阻。

我们再来谈谈第二个案例。这个案例就是“巨大中华”排名第四的公司——华为技术。关于华为技术的历史这里不再赘述，我们只看其股权结构的变化。

华为技术自创立以来，共经历了7次股权制度调整。

1987年，初创期：合伙制，一共6人，每人出资3 500元，创立了华为技术。公司成立后5位股东想要分红，任正非觉得还不到分红的时候。由于股东意见不同，任正非就把股权全部回购了。

1990年，发展期：员工持股。

2001年，发展期：虚拟股。在内忧外患时，华为技术推出了虚拟股权，从员工直接持股改为工会持股，让更多的员工参与进来。

2003年，成熟期：控股公司。华为技术设立了一个控股平台，把股权上移，限制股权年兑现比例。

2008年，成熟期：饱和配股制。当时内部很多人拿了股票，没有了奋斗精神，看到危机来了就很恐慌，这时华为技术推出了饱和配股计划，设置持股上限，遏制“躺银”阶层。

2013年，行业领先：华为技术执行TUP（Time Unit Plan），不用员工出钱，但激励期限只有5年时间。

2018年，行业领先：股份公司。

从华为技术的7次股权制度调整可以看出，其股权结构的变化和通信产品供给结构相一致。

5.2　股权集中度与公司绩效关系的一般性研究

股权结构的设置是现代公司治理中的核心问题。股权结构决定了公司剩余控制权与剩余收益索取权的分布状况，进而影响股东在公司治理过程中的行为偏好，并通过公司治理机制作用于管理层的投资经营决策，最终影响公司的经营业绩。

5.2.1　股权集中度与公司业绩之间的五种可能情形

通过大量的实证研究，股权集中度与公司业绩之间一致的结论并没有形成。大致说来有以下五种情形：

第一种情形：股权集中度与公司业绩之间并不存在显著的相关关系。Demsetz 和 Villalonga（2001）以及朱武祥和宋勇（2001）①等研究认为股权集中度与公司业绩之间并不存在显著的相关关系。

第二种情形：股权集中度与公司业绩之间存在显著的正相关关系。这类文献较多，如 Shleifer 和 Vishny（1986）②、徐晓东和陈小悦（2003）③、徐莉萍等（2006）④研究发现，股权集中度与公司业绩显著正相关。

第三种情形：股权集中度会抑制公司业绩。这类文献较少，如 Lehmann 和 Weigand（2000）认为股权集中度会抑制公司业绩。高明华和杨静（2002）随机选取了 327 家 A 股上市公司作为样本，采用偏相关分析法，研究发现第一大股东持股比例与净资产收益率之间存在显著的

---

① 朱武祥，宋勇．股权结构与企业价值——对家电行业上市公司实证分析[J]．经济研究，2001(12)：66-72．

② SHLEIFER A，VISHNY R W. Large shareholders and corporate control[J]. Journal of Political Economy，1986，94(3)：461-488．

③ 徐晓东，陈小悦．第一大股东对公司治理、企业业绩的影响分析[J]．经济研究，2003(2)：64-74．

④ 徐莉萍，辛宇，陈工孟．股权集中度和股权制衡及其对公司经营绩效的影响[J]．经济研究，2006(1)：90-100．

负相关关系，但前三大股东持股比例与净资产收益率之间只存在微弱的负相关关系。

第四种情形：股权集中度与公司业绩之间存在正U形曲线关系。白重恩等（2005）认为第一大股东持股比例与公司价值之间存在U形曲线关系。陈德萍和陈永圣（2011）对2007—2009年中小板上市公司进行了实证研究，发现股权集中度与公司绩效之间存在显著的正U形曲线关系，股权制衡度有助于改善公司绩效。

第五种情形：股权集中度与公司业绩之间存在倒U形曲线关系。孙永祥和黄祖辉（1999）、杜莹和刘立国（2002）[①]、李维安和李汉军（2006）[②]研究发现第一大股东的持股比例与公司业绩之间存在倒U形曲线关系。

孙永祥和黄祖辉（1999）则认为，公司价值与第一大股东持股比例呈倒U形曲线关系，即具有一定的股权集中度、有相对控股股东以及其他大股东存在的公司，其绩效趋于最大化。

由此可见，关于股权集中度、股权制衡度与公司绩效之间关系的研究并未达成一致的结论。徐丽萍等（2006）认为，业绩衡量指标选择的差异、股权类型划分方法的不同以及股权结构的内生性问题都是导致结论不一致的主要原因。

陈远志和梁彤缨（2006）[③]认为上述研究结论之所以差距较大，甚至相反，是因为单纯的总样本分析掩盖了股权结构与经营业绩之间的行业差异性，将总体样本区分为更小的子样本进行分析研究是必要的。陈

① 杜莹，刘立国. 中国上市公司债权治理效率的实证分析[J]. 证券市场导报，2002(12):66-79.

② 李维安，李汉军. 股权结构、高管持股与公司绩效——来自民营上市公司的证据[J]. 南开管理评论，2006(5):4-10.

③ 陈远志，梁彤缨. 行业特征、股权结构与公司绩效的实证分析[J]. 系统工程，2006(2):72-77.

晓和江东（2000）[①]通过对不同行业竞争程度的公司进行研究，发现只有在竞争性很强的行业中国有股比例与公司业绩之间存在负相关关系，流通股比例和法人股比例均与上市公司业绩之间存在正相关关系，而在垄断性行业和公用事业行业中这一结论却不成立。李善民和叶会（2007）[②]研究了不同要素密集产业的上市公司的股权结构对公司业绩的影响，发现在资本密集产业、劳动密集产业和技术密集产业中股权结构与公司业绩之间的关系存在显著差异。

5.2.2 国有背景企业的股权结构与业绩关系研究

国有企业改革是中国改革开放的主线，也是中国经济体制改革的主线。国有企业改革先后经历了放权阶段（1978—1984年）、权利分离阶段（1985—1992年）、现代化阶段（1993—2002年）、股份制阶段（2003—2013年）和混合所有制改革阶段（2014年至今）。为了进一步推进国有企业全面深化改革，2015年8月24日中共中央、国务院印发了《中共中央 国务院关于深化国有企业改革的指导意见》，要求将国有企业分为商业类和公益类（商业类主要包括主业处于关系国家安全、国民经济命脉的重要行业和关键领域的企业，以及处于竞争行业和领域的企业）；同时，要求各类国有企业根据其定位功能，调整国有股权比例，形成良好的公司治理机制。

通过对2003—2014年上市公司的统计分析，对比了国有上市公司和非国有上市公司股权集中度的差异，发现中国上市公司第一大股东持股比例的均值从2003年的42.89%降到了2014年的35.69%，股权分置改革明显降低了第一大股东的持股比例，之后几年的持股比例较为稳定。在对比国有企业和非国有企业后，可以发现国有企业中第一大股东

① 陈晓，江东．股权多元化、公司业绩与行业竞争性[J]．经济研究，2000(8)：28-35．

② 李善民，叶会．股权结构与公司绩效的差异分析——基于产业要素密集度的视角[J]．证券市场导报，2007(4)：35-43．

持股比例的均值高于非国有企业，在统计了前三大股东和前十大股东后均可发现这种现象。也就是说，相比于非国有企业，国有企业的股权更为集中。

在对比分析了2005年和2014年国有上市公司分行业统计的股权集中情况后，可以发现在不同行业中股权集中情况存在很大差异，而且变化趋势也不尽相同。这种现状为国有企业分类改革、在不同类别区分调整国有股权比重提供了依据。

目前，中国的上市公司仍存在“一股独大”的现象，第一大股东往往在公司中享有控制权和决策权。基于理性经济人假设，第一大股东有动机去监督和指导公司经理层努力提高公司经营业绩，以获得尽可能多的回报。因此，第一大股东的持股比例越高，对公司业绩的正向激励效应越强。然而，在不同终级控制人性质的企业中，控股股东享有的经营收益存在差异。

在国有企业中第一大股东为各级政府部门，由其派出自然人代表代为履行第一大股东的职权。该自然人代表具有双重身份，既是政府官员，又是国有企业的经理人。他会为了政治仕途监督经理层，努力完成下达的各种经营目标。Shleifer和Vishny（1994）①认为，由于国有产权并不属于个人，国有股东的代理人并不直接分享投资决策带来的财富效应，仅享有控制权，因此在完成既有经营目标后，代理人缺乏进一步占用私人时间和精力为公司经营业绩呕心沥血的动力，形成事实上的内部人控制。此时，代理人转移公司资源以获取私有收益，进而获取最大化的私人利益，导致难以实现国有资本的再增值。

相反，在非国有企业中，企业产权属于个人或家族。第一大股东在公司中占有的股权比重越高，所享有的控制权越高，其资本增值所带来

---

① SHLEIFER A, VISHNY R W. Politicians and firms[J]. Quarterly Journal of Economics,1994,109(4):995-1025.

的益处就越多。第一大股东持股比例越高，越容易介入公司的经营决策，降低了与管理层之间的信息不对称程度，从而更能有效监督管理层的决策行为，避免在股权分散情况下由于“搭便车”引起的监督不力现象。

刘淑莲等（2016）考察了在不区分行业以及终极控制人性质下的总样本，发现第一大股东持股比例与公司业绩之间存在显著的正相关关系。首先，在区分了终极控制人性质后，发现在非国有企业中第一大股东持股比例对公司业绩的正向激励作用显著优于国有企业。其次，着重考察了在不同类型的国有企业中第一大股东持股比例与公司业绩之间的相关关系：在功能类国有企业中，第一大股东持股比例与公司业绩之间存在显著的正相关关系；在公益类国有企业中，第一大股东持股比例与公司业绩之间存在U形曲线关系；在竞争类国有企业中，股权制衡度与公司业绩之间存在显著的正相关关系。

5.3 小微企业的股权结构与绩效关系研究

小微企业大多数处于新兴高科技行业，这类行业的机遇普遍高于挑战。所以，对这类处于成长期的小微企业来说，抓住机会、提高经营效率是重中之重。如果公司的股权集中在少数几个有权威的大股东手中，公司决策的效率应该会有所提高，管理成本应该能控制在一个较低的水平，从而有利于公司整体提升经营业绩。另外，适度的股权制衡机制能够减少企业的决策失误，监督控股股东的行为，防止控股股东侵犯中小股东的利益。因此，我们可以得出以下结论：一定的股权集中对上市公司的经营绩效有正面影响，股权集中的公司的业绩要好于股权分散的公司。

胡妍（2016）研究发现，股权集中度高的公司的净资产收益率要普遍高于股权集中度低的公司，第一大股东持股比例在50%以上的公司的净资产收益率比第一大股东持股比例在30%以下的公司高出近2%；

前五大股东持股比例在70%以上的公司的净资产收益率比前五大股东持股比例在50%以下的公司高出6.26%；股权制衡度较低的公司的净资产收益率要优于股权制衡度较高的公司，但是差别很小，不到1%。

小微企业是创新的主体，如何提高创新效率是实施创新驱动发展战略的关键。长期以来，我国小微企业在创新过程中面临两大难题，即资本约束和创新效率低下。由于资源的有限性，提高创新效率是小微企业实现价值增值的根本途径。完善的公司治理机制可以优化资源配置，从而提高企业的创新效率。多年来，学者们主要围绕股权集中度、股权制衡、高管持股与企业价值之间的关系开展了大量研究，也有学者就公司规模、盈利能力、负债比率与结构等因素对企业创新效率的影响进行研究。但是，以往的研究并未直接关注股权制衡和高管持股对小微企业创新效率的影响，且以往的文献是从自主创新方面衡量公司的创新效率，忽略了模仿创新这一重要方面。模仿创新投入少、成功率高，能够在较短时间内形成具有应用价值的创新成果，不仅可以帮助小微企业解决创新资本紧缺的难题，而且可以降低创新失败的风险，因此我国大多数处于成长期的小微企业选择模仿创新作为主导创新模式。企业模仿创新的主要方式为引进、购买国外发达国家的先进技术和产品，并对其进行改造、开发和完善，形成具有商业价值的创新产品。

企业所有权与控制权的分离程度越大，股权结构越分散，股东监督管理者经营行为的代理成本就会越大，从而更多的股东会选择“搭便车”，缺乏监督管理的积极性。控股股东的存在能够有效减少股权分散所引起的“搭便车”问题，并有利于企业顺利开展增加企业价值的投资活动。在一定范围内，股权结构的集中可以降低信息不对称程度，缩短决策时间，使得信息在参与决策的股东之间传递速度加快。研究表明，股权集中度与研发投入之间具有正相关关系，大股东的影响力有利于提高企业创新效率。但随着大股东权力的膨胀，容易诱发大股东利用关联交易、转移资产等行为谋取控制权私有收益的问题，同时股权集中度过高会阻碍企业的研发投资。为有效缓解大股东侵占中小股东的利益，理想的股权结构是多个大股东相互制衡、相互制约、共同参与决策，有效避免大股东与中小股东之间的利益冲突，股东之间相互制衡有利于管理层制定符合公司持续发展的投资决策，保证公司经营决策科学化。均衡的股权结构不仅能够有效抑制控股股东谋取控制权私有收益，还能够有效抑制经理人的道德风险，制衡股东的存在能有效分散企业投资自主创新项目所带来的巨大风险。为解决中小股东“搭便车”的问题，可以适当增加大股东持股比例，提高能对企业决策施加影响的内部股东的持股比例，进而有效降低外部股东监督内部股东的代理成本，提高企业价值。由于风险规避型的管理者不愿意承担风险，因此对经营者实施股权激励能够调动其对新业务开发、创新及维持企业持续经营能力的积极性。根据行为动机理论，管理者的创新动机决定了企业是否实施自主创新行为，因此企业需要激发管理层的创新动机，进而提高企业自主创新能力。Morck等（2005）研究发现，企业高管持有一定的股份可以使高管利益与股东利益趋于一致，产生利益趋同效应。管理者的内在动机是提高企业研发绩效的重要因素，对高管实施股权激励的根本目的是激发管理者的创新积极性。通过股权激励赋予管理者剩余收益的索取权，改善管理者与股东之间的代理问题，把股东对经营者的外部激励和约束变成管理者的自我激励与自我约束，使管理者的日常经营活动不仅考虑企业的短期绩效，还考虑企业的长期绩效。Wu等（2007）从行为代理角度研究了高管持股与研发投入之间的关系，发现股权激励在有较多富余资源和经营业绩较好的企业中，对研发投入具有更大的作用。当企业高管持股比例达到一定水平时，随着持股比例进一步增加，企业高管权力的增大将对投资决策产生管理防御效应。更多研究表明，研发投资与高管持股之间呈现非线性关系，利益趋同效应与管理防御效应并存。当管理者持股比例较低时，企业价值随着管理者持股比例的增加而增大；当管理者持股比例很高时，继续增加管理者持股比例反而会降低企业价值。

制衡股东能否发挥股权制衡的作用，既保证大股东有效缓解代理冲突，又防止大股东谋取控制权私有收益，对此国内研究尚没有得出一致的结论。曹廷求等（2004）指出，对成长机会不同的企业而言，缺乏其他大股东有效制衡的“一股独大”都会对企业的绩效产生不利影响。适度的股权集中度与企业创新正相关，当出现“一股独大”时，第一大股东持股比例与企业创新负相关。股权制衡会削弱企业的技术创新动力，第二大股东没有起到有效的制衡作用。当公司存在制衡股东时，第一大股东追求私利的行为会受到约束，良好的制衡能降低外部股东的代理成本。股权制衡使所有者倾向进行有助于自主创新的资源配置，管理者的创新决策会被大股东重视，并得到强有力的支持，避免管理者因害怕创新投资失败而减少创新活动，激发管理者的创新动力。大股东持股和经理人激励均能促进企业加大创新投入、优化股权结构，有利于提高企业的经营效率和创新效率。高管是否持股是影响企业研发支出的关键因素，高管持股比例与企业创新投入之间存在显著的正相关关系，对企业高管实施股权激励有利于提高创新投入，这一促进作用在高科技类上市公司中更加明显。现代厂商理论认为，经理人拥有决定并实施重大技术创新活动的决策权，影响企业的创新走向，在股权激励下的技术创新可以尽量满足各方面的利益。无论是长期股权激励，还是短期报酬激励，都与企业研发投入呈正相关关系，高管持股比例越大，短期报酬越高，企业研发投入越多。在创新资源丰富和经营业绩较好的企业，对高管的股权激励越大，研发支出越多，股权激励对研发支出的促进作用越强。

随着第一大股东持股比例的增加，大股东也有能力和动机利用其控制权干预管理层的决策，谋取控制权私有收益，形成壁垒效应，如通过关联交易、转移资产等损害中小股东利益，这样做势必会减少公司创新活动的资金投入、影响创新收益，进而降低创新效率。其他大股东的制衡可以避免产生第一大股东“一股独大”的局面，几个大股东相互牵制，使上市公司决策更加科学化、专业化。公司中非控股大股东的制衡能力决定了对控股大股东利用控制权谋取私有收益的阻碍程度，股权制衡度的增加使控股股东和公司高管合谋的难度增加。股权制衡度越高，其他大股东越有动机和能力监督第一大股东和公司高管的行为，对第一大股东与公司高管联合侵害中小股东利益的阻碍作用越强。同时，制衡股东有效发挥了制衡作用，增强了对管理层的监督作用，完善了对管理层的激励与惩罚机制。Blotch等（2001）认为，通过形成大股东之间的控制联盟，可以有效保护外部投资者的利益，防止控股股东的自利行为。股权制衡度的提高有利于完善公司治理结构，公司治理结构的完善必然使公司经营更加科学有效，从而提高公司创新效率。理想的股权结构是存在相对控股股东与其他大股东进行制衡的、适度集中的股权结构。由于大股东们持有公司相当数量的股份，他们共同监督管理者所获得的收益大于监督成本，大股东们的积极参与和有力支持可以帮助公司更好地把握创新机遇和风险。同时，股权制衡度的提高会使大股东之间形成有效的制衡，缓解了“搭便车”和“一股独大”的问题，使公司治理更加科学高效，为创新效率的提高创造了良好条件。基于以上分析，我们认为制衡股东对企业创新效率有显著影响，股权制衡度高的企业创新效率更高。

作为企业所有者的股东，追求企业长期价值最大化以及风险投资所带来的高回报；而作为代理人的管理者除了公司的利益目标外，还追求工作的稳定性、个人声誉以及在职消费等。当股东与管理者的目标不一致时，就会导致双方在创新投资决策上产生利益冲突。当管理者缺乏创新动机时，就会导致企业创新不足。根据最优契约理论，股权激励是有效缓解股东与管理层之间代理冲突的手段，能够协调委托人与代理人之间的关系，兼顾各方利益。因此，有必要对高管实施股权激励，减少高管的寻租行为，激发其从事创新活动并注重提高创新效率的主动性。研究表明，高管持股可以使经营者与所有者目标趋于一致，提高经营者创新的积极性，降低公司的代理成本。剩余索取权理论认为，高管持股给予经营者分享公司剩余索取权的权利，督促经营者关注公司的长远发展，有利于公司开展各种技术创新活动。管理者制定公司的战略决策，决定和影响技术创新资源的分配，而股权激励会促使管理者将更多资源分配给创新投资项目，维持企业持续创新的能力。考虑到管理者在制定创新决策时承担了较大的风险，应该给予他们与企业长期收益相关的股份作为补偿。对持有上市公司股票的高管来说，如果其管理不善、绩效下降必然引起股东的不满，流通股股东很可能会抛售公司的股票，从而引起股价跌落，这不仅损害了高管的经济利益，还可能使其面临被解雇的风险。此外，对管理层的激励程度不是越高越好，高管持股比例与研发投资之间具有非线性关系：当高管持股比例较低时，会产生利益趋同效应；当高管持股比例较高时，会产生管理防御效应。只有高管适度持股，才有利于企业加大创新投入。高管激励的差异会影响公司治理的成效，从而制约企业的创新投资行为。根据代理理论，对高管实施长期激励能够降低代理成本，督促他们更好地为股东服务，选择有利于公司长期发展的创新项目，并有动力提升公司的创新效率。但是，随着高管持股比例的增加，削弱了股东对管理者的监督作用，内部控制问题开始显现。当高管持股比例超过了临界值时，来自资本市场的监管对经理人的作用就会变小，管理层承受来自治理层的压力也会变小，此时高管持股比例的增加与企业创新效率之间存在负相关关系，管理防御效应产生。根据以上分析，可以得出高管持股具有双重效应，高管持股比例与企业创新效率之间存在倒U形关系的结论。

企业中第一大股东的行为同时存在“支持效应”和“掏空效应”[①]。随着第一大股东持股比例不断增加，大股东的利益与公司的利

① 陈小悦，徐晓东．股权结构、企业绩效与投资者利益保护[J]．经济研究，2001(11):3-11.

益趋于一致，因而有动机优化公司的资源配置，提高公司的创新效率，激励和监督公司内部管理者选择有利于公司长期发展的创新项目，实现公司创新效率的提升。但是，当第一大股东持股比例达到一定程度时，伴随权力的增大，第一大股东寻租的动机就会增强，在缺乏有效制衡的情况下，第一大股东会利用控制权谋取私有收益，减少对企业长期发展的投资，更无暇关注企业的创新效率。孙永祥等（1999）的研究表明，随着第一大股东持股比例的提高，托宾Q值先是上升然后下降。第一大股东会影响制衡股东和管理层的行为，当第一大股东持股比例较低时，制衡股东能够有效发挥制衡作用，避免所有者缺位对企业的影响，同时抑制内部控制所引发的道德风险。由于公司的创新活动面临很大的不确定性，大股东的积极参与和有力支持可以帮助公司更好地把握创新机遇和风险。同时，大股东的大量持股可以有效避免公司被恶意收购，使公司敢于投资高风险的创新项目，这些都有利于公司在创新过程中不断提高创新效率。当第一大股东持股比例很高时，第一大股东容易产生利益侵占行为，企业存在被掏空的风险。此时，制衡股东在企业中缺少话语权，难以形成对第一大股东的制衡，无法影响企业的决策，从而对创新效率的促进作用减弱。股权制衡度的提高和高管持股比例的适当增加都有利于企业创新效率的提高，当第一大股东持股比例较低时，随着股权制衡度的提高，制衡股东会监督管理层的尽职情况，形成对管理层的威慑力，避免管理层过度追求在职消费，提高企业的创新效率。当第一大股东持股比例较高时，管理层受到来自制衡股东的监督作用减弱，高管持股对创新效率的促进作用会更明显。因此，股权制衡和高管持股之间存在一定的替代作用，根据以上分析，随着第一大股东持股比例的变化，股权制衡与高管持股在影响企业创新效率方面具有替代作用。

第6章
小微企业的团队结构与研发分析

6.1 团队结构的显中经济学

团队是企业发展的关键。企业可以没有产品，也可以没有技术，甚至可以没有营销，但是不能没有团队。好的团队结构有利于企业的发展，不好的团队结构不但不能将企业做好，甚至可能导致企业倒闭。那么从显中经济学来看，企业应该组成什么样的团队结构才有利于企业的发展？

企业的团队结构是供给方的内容，需要和支出方实现均衡，主要体现在产品的供给结构上，因此企业团队结构的显中规律是：企业团队结构和产品的供给结构是一致的。

从表面来看，企业的团队结构可以按照产品供给结构进行分类，因而企业的团队结构自然要和产品的供给结构一致。

如果产品是垄断性的，那么企业的团队成员主要来自这一垄断领域。比如，石油产品，企业的团队成员可能全部来自石油领域。如果产品是竞争性的，那么企业的团队成员可能是多元化的。如果没有多元化的团队成员，在激烈竞争的市场上企业的生存可能面临更多的问题。比如，产品是家电，那么企业的团队成员可能来自五湖四海，正是团队成员的多元化，才能在激烈的市场上知己知彼百战不殆。

深入一点来讲，企业的团队结构也需要和产品的供给结构保持一致。比如，从技术管理方面来看，企业的团队结构需要和产品的供给结构保持一致。如果产品是垄断性的，企业的团队结构就很简单，要么是技术占主导，要么是市场占主导。这也是很多小微企业在初创期的团队结构，因为此时的产品是垄断性的。如果产品是竞争性的产品，企业的团队结构就可能比较复杂，需要包括三种类型的人才。这也是一些小微企业发展到一定程度，产品不再是垄断性产品后设立各个部门进行经营的原因。

从小微企业的简单团队结构到一定规模后的复杂团队结构，哪一种容易做大做强？这就需要对“中”进行分析。所谓“中”，就是团队的负责人。根据“中”的含义，团队的负责人最好是管理型人才，这一类小微企业更容易做大做强；相反，如果是技术型人才或者营销型人才，由于这类人才本身就不是“中”，因此在离中的主观作用下，不可能做大做强。历史经验可以证明这一点。比如，汉朝的刘邦就是典型的例子。从营销上来看，刘邦的才能和其他高级将领相似，即可以指挥上万人的部队，但远不如多多益善的韩信；从技术上来讲，刘邦的才能也是一般的，在遇到张良之前也是到处逃窜，远不如运筹帷幄于千里之外的张良；从行政上来看，刘邦不如萧何，萧何在秦朝做吏时表现得就比刘邦强；从意志上来讲，刘邦甚至不如卖狗肉的樊哙，进入咸阳秦王宫竟然乐不思蜀……但是刘邦是管理型人才，善于把上面几种类型的人才团结起来，因而兴起了大汉。三国的曹操、明朝的朱元璋等都是如此。

6.2 小微企业的团队结构

Hambrick和Mason（1984）提出高层梯队理论，标志着有关高层管理团队研究的开始。此前，高层领导的研究是针对领导者个体，主要研究个人特征对决策的影响，如领导风格与技巧、管理者绩效评价等。有关团队的研究主要针对普通团队，如工作班组、质量小组、项目小组等。目前，学者们已开展了有关高层管理团队的传记性特征、运作过程与团队绩效、战略决策等方面的研究。这些成果为后继研究提供了基础，也为企业高层管理团队的建设提供了有益的指导。

6.2.1 高层管理团队的界定

高层管理团队是指公司高层经理人的相关小群体，包括CEO、总经理、副总经理以及直接向他们汇报工作的高级经理，高层管理团队的成员来自企业最高层，属于企业的战略制定与执行层，负责整个企业的组织与协调，对企业经营管理拥有很大的决策权与控制权。当然，不是所有高层管理者组成的集合都是团队，高层领导团队主要是指那些良性互动、认同共同目标、资源整合优化、高效能的领导班子。高层领导团队具有团队概括性的特征，也有其独特的区别于一般工作团队的特征，高层领导团队的决策功能更强。竞争激烈、变化快速的市场条件要求高层管理团队紧密地一起工作，作出快速反应，更灵活、更好地解决问题，有更大的成效。

高层管理团队研究的理论基础是Hambrick和Mason（1984）提出的高层梯队理论。高层梯队理论的研究重点是整个高层管理团队。组织领导是一种共同的活动，虽然最高管理者是决策的主要制定者，但是他们与组织的其他成员共同承担权利与责任。高层梯队理论的基本观点是，高层管理团队的特征会影响组织绩效与战略选择，团队成员不同的认知基础、价值观、洞察力以及这些特质的作用过程会影响组织的竞争行为。因而，有必要理解整个领导团队的背景、经验及高层管理者的价值观。Hambrick和Mason（1984）为高层管理团队研究搭建了基本的理论框架，提出从3个方面描述和测量高层管理团队，包括团队的组成、结构和运作过程。团队的组成和结构主要是指高层管理团队成员的传记性特征（如年龄、资历等）和职权结构。高层管理团队的运作过程包括团队成员之间的协调、沟通、冲突处理、领导、激励等行为。团队成员的特征与互动过程会直接影响高层决策，进而影响组织绩效与战略选择。

6.2.2 高层管理团队的传记性特征及团队结构

高层管理团队是通过决策活动来组织运作的，因为个人决策通常以认知背景为基础，长期以来高层管理团队的研究主要集中在传记性特征上。高层管理团队的传记性特征包括年龄、教育水平、专业背景、任期、同质性与异质性等。研究表明，传记性特征对组织革新、战略规划、领导者更替和组织绩效有重要的影响。

（1）年龄。

由于年龄差异，年轻与年长的经理人在成长环境、教育方式上会有不同，因此在工作中他们会表现出不同的价值观与行为。通常高层管理团队的平均年龄越大，越倾向于回避冒险，所执行的企业战略较少发生变化；而年轻的经理人更容易改变企业战略，更愿意尝试创新的冒险行动。年长的经理人处在把收入安全作为重要考虑因素的事业阶段，在这一阶段采取冒险行动是一个威胁，因而他们更愿意维持现状。同时，年长的经理人的学习能力、推理和记忆等认知能力会下降，决策时更依赖过去的经验与信息。因此，他们比年轻的经理人更难适应环境的变化。

对小微企业而言，团队的年龄一般都很年轻，因而倾向于冒险，所执行的企业战略时常发生变化。同时，年轻的经理人的学习能力、推理和记忆等认知能力都很强，在决策时很少依赖过去的经验与信息。因此，他们更能适应环境的变化。

（2）教育水平。

教育水平包括正式教育与在职培训。与其他因素相比，个人的教育水平通常能反映其认知能力和技巧。因此，个人的教育水平被认为与灵活应变、信息处理能力之间存在正相关关系。美国学者对美国制造业、银行业的高层管理团队分别进行了调查，发现高学历的高层管理团队在执行变革时更为成功。在研究传记性特征对企业战略变化的影响时，高层管理团队的平均教育水平是最强的解释变量，教育水平较高的团队倾向于采取重要的战略决策来获得企业长期生存发展。此外，高层管理团队的教育异质性会直接对企业的投资回报率和销售增长率产生积极的作用。

通过以上的调研和文献综述，发现小微企业的团队教育水平一般处于高中学历及以下，这种状况显然不利于小微企业的发展。

（3）专业背景。

把高层管理团队成员的专业技能分为两类：一类是会计、金融、法律等技能，这些技能和背景并不能提供持续竞争力；另一类是设计、生产、营销与管理等技能，这些技能才是关键能力，能够提供核心竞争力。与成功的公司相比，破产的公司往往缺乏具有各种核心技能的专家。在复杂环境中，当公司面临多样化的顾客群时，高层管理团队成员的多元化背景显得特别重要，而且越是多元化经营的企业，高层管理团队越需要具备各种专业技能的成员。这些成员不仅包括传统的财务与行政管理人员，还包括营销人员、研发人员等。

高层管理团队成员的专业背景会影响企业的战略决策，特别是在管理团队中处于主导地位的领导者的专业背景会使企业战略向其专业领域倾斜。同时，多元化的团队成员的决策风格可以纠正CEO的决策方向，提高战略柔性。

（4）任期。

高层管理团队成员的任期会对组织绩效产生影响。人们在一起工作了很长时间，一些相关的思想、行为开始影响团队行为，特别是沟通行为。Katz（1982）研究普通团队任期与绩效的关系，认为任期与绩效之间存在倒U形关系。他认为团队发展经历了三个阶段，即融合期、革新期和稳定期。团队处在融合期时，创建初期的团队通常很难高效运作，因为成员之间融合度很低；随着合作时间的推移，团队进入革新期，他们会分享新的见解，逐渐找到角色定位，发挥团队专长；再经过2~5年，这种全面交流的趋势变弱，团队进入稳定期，更多地依赖于惯例，变得缺乏适应性与创新性，这时团队绩效就会下降。

高层管理团队的任期对组织战略、组织绩效有显著影响。任期越长，高层管理团队越稳定、内部冲突越少、沟通越顺畅。此外，任期越长的领导班子，越具有凝聚力和共同的认知结构，他们通常采取以产业发展为中心的持久战略，表现出来的绩效与行业平均水平相近。任期同质性，即团队成员在同一时期进入领导班子，这也是一个重要的变量。尽管任期同质性的团队具有低水平的冲突和良好的沟通模式，但是这些团队可能会缺乏健康的、丰富多样的观点。

对小微企业而言，高层管理团队的任期实际上代表了小微企业的寿命和转折。因此，小微企业更应注意团队的任期建设。

（5）同质性与异质性。

对高层管理团队传记性特征的研究需要从同质性与异质性角度来进行。同质性是指高层管理团队成员之间特征、价值观等的趋同化。异质性是指高层管理团队成员之间的差异化，包括认识差异和经验差异。高层管理团队的同质性与异质性孰优孰劣并无定论。一般认为，同质性适合解决常规问题，异质性适合解决特殊问题。就同质性而言，相似的背景和经验能减少沟通障碍，使交流变得容易，但也会使成员思维趋同而遗漏机会，对问题不敏感。高层管理团队的异质性可能在相反方向影响团队：一方面，差异性会有碍交流，在权力争夺中浪费时间，进而对团队的凝聚力与沟通产生副作用，并可能增加团队冲突与政治活动；另一方面，异质性可能因为决策选择的不同而增强创新性与个性。

关于高层管理团队传记性特征的异质性与战略决策的关系，调查发现高层管理团队成员在教育水平和专业背景方面越是具有多样性，就越会产生好的战略决策。但是，团队成员在经验上的多样性会对投资回报和整个组织的绩效产生副作用，这是由高层管理团队内部的非正式沟通造成的。总体说来，高层管理团队成员的异质性对组织绩效的影响是不确定的，它随着公司战略和社会经济的变化而改变。在相对简单的环境下，团队的同质性能使团队的沟通更加方便、快捷，提升公司的绩效。但是在复杂的情况（如公司重新定位、环境震荡、技术变革和总裁继任等）下，团队的异质性能够增强战略重新定位的灵活性，对团队绩效有积极作用。

6.2.3 高层管理团队异质性与企业技术创新的关系

对小微企业而言，尤其是科技型小微企业，技术创新是企业的生命。因此，本节将探索高层管理团队异质性与企业技术创新的关系。

高层管理团队特征的两个纬度，即团队的人口统计学变量和团队的异质性均受到了国外学者们的广泛关注①。人口统计学变量在后面进行介绍，这里首先分析团队的异质性。

图6-1是TMT异质性与企业技术创新绩效的关系模型。根据现有的文献综述，我们选取团队异质性出现频率最多的三个变量，即教育水平、任期和年龄的异质性来分析它们与企业技术创新绩效之间的关系。

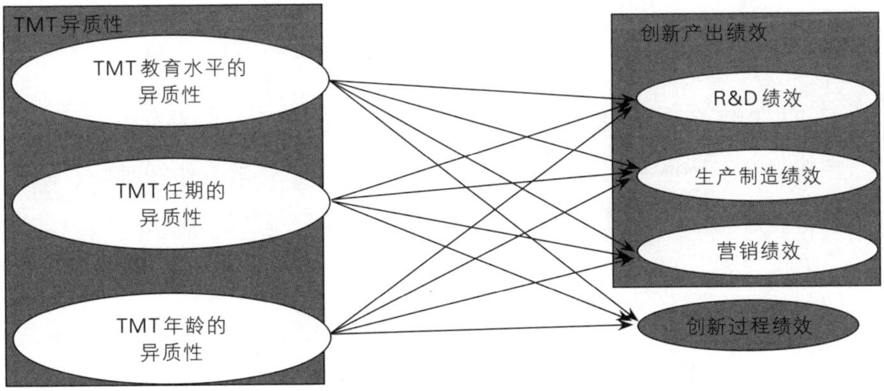

图6-1　TMT异质性与企业技术创新绩效的关系模型

（1）TMT成员教育水平的异质性与企业技术创新绩效的关系。

由于高层管理团队的教育专业背景和职业经验的特性决定了他们在决策中不同的认知模式和社会心理，因此有的学者认为高层管理团队成

① TIHANYI L A E, ELLSTRAND C M, DAILY D R. Composition of the top management team and firm international diversification[J]. Journal of Management, 2001(6): 1157-1177.

员背景的多样性有利于改善决策质量。因为他们可以从不同的角度来分析复杂的问题[①]。团队内适度的讨论强化了教育水平异质性的积极影响。如果没有讨论，那么由团队教育水平异质性导致的认知差异只能停留在初始阶段，没有实现其观念的交流、融合。而团队成员之间的相互讨论，可使成员在遇到新的观点、信息时重新审视其观点，并思考是否忽略了关键的影响因素。众多研究结果表明，高管团队的教育水平越高，其制定的决策就越完备，探索信息的能力和水平也就越高，从而与所在组织的创新活动之间存在正相关关系。这是由于创新机会的发现有赖于高管人员对前期信息的处理过程，需要个体具备必要的机会识别和认知能力，而这与高管人员的教育水平和学习能力密不可分。谢凤华等（2008）[②]通过对民营企业的调查研究，发现TMT成员教育水平的异质性对R&D绩效、生产制造绩效和创新过程绩效均有显著影响，但对营销绩效没有显著影响。

（2）TMT成员任期的异质性与企业技术创新绩效的关系。

高层管理团队任期是指管理者作为一个群体成员工作的时间，团队任期的长短影响了团队交流的性质和深入程度，影响了成员之间内部互动的模式。Finkelstein和Hambrick（1990）研究了TMT成员的任期与组织绩效的关系，指出TMT成员的任期会影响团队本身、信息的多样性、对风险的态度和所承担的责任[③]。由于高层管理者进入团队的时间不同，经历企业的发展阶段和事件各异，造成他们对组织及其战略的解读不同，因此由不同任期成员组成的高层管理团队具有多样的信息收集途径和对信息的多层次解释，能够产生多种战略方案并对其进行全方位的

---

① 魏立群，王智慧．我国上市公司高管特征与企业绩效的实证研究[J]．南开管理评论，2002(4)：16-22．

② 谢凤华，姚先国，古家军．高层管理团队异质性与企业技术创新绩效关系的实证研究[J]．科研管理，2008(6)：65-73．

③ 张平．高层管理团队异质性与企业绩效关系研究[J]．管理评论，2006(5)：54-61．

评估，从而保证了决策的质量，促进了组织的发展。团队任期的异质性增加了高层管理团队打破企业原有管理模式、重塑企业战略的机会，高层管理团队任期的异质性越高，企业战略改变程度就越大，也越有利于提高创新绩效。但是，团队成员任期的异质性程度越大，相互之间的磨合时间就越少，这会影响团队成员之间的沟通，容易激发冲突，且不容易解决冲突，这将不利于团队的管理，不利于创新过程绩效的提升。因此，我们可以得出以下结论：TMT成员任期的异质性对R & D绩效、生产制造绩效、营销绩效均有显著影响，但对创新过程绩效有消极影响。

谢凤华等（2008）[①]通过对民营企业的调查研究，发现TMT成员任期的异质性对创新产出绩效的4个维度均有显著影响。

（3）TMT成员年龄的异质性与企业技术创新绩效的关系。

Jackson（1992）认为异质性适合于非结构化任务和例外任务，同质性对日常工作是有利的[②]。Hambrick和Mason认为在动荡和复杂环境中异质性产生利益，在稳定环境中同质性产生利益。处于同一年龄段的管理者常常拥有相似的经历和相近的价值观与信仰，他们对公司战略的看法也可能较相似。年龄差异大的管理者之间更容易发生价值观、认知的冲突。因此，由年龄相近的成员组成的高层管理团队比年龄异质性高的高层管理团队的凝聚力要好，成员之间的合作会更加顺利，这将有利于创新过程绩效的提升。因此，我们可以得出以下结论：TMT成员年龄的异质性对R & D绩效、生产制造绩效、营销绩效、创新过程绩效均有消极影响。

---

① 谢凤华，姚先国，古家军．高层管理团队异质性与企业技术创新绩效关系的实证研究[J]．科研管理，2008(6)：65-73．

② JACKSON．Consequences of group composition for the interpersonal dynamics of strategic issue processing[J]．Advances in Strategic Management，1992(8)：345-382．

6.2.4 科技型中小企业高管团队特征与企业创新关系的实证研究

李华晶和张玉利（2006）①选择了天津市科技型中小企业作为样本，集中在工业制造等行业（排除了服务行业），考虑到其他一些数据丢失或缺失的情况，最终选择了61家科技型中小企业作为样本，研究数据主要从这61家企业2003—2004年的项目申报书和财务报表等资料中调查收集。

衡量和测度企业创新的一个最为常见的指标是研究和开发经费的投入，主要包括研发投入率和研发投入密度两个指标。研发投入率（RDR）是企业研发经费投入与企业销售收入的比值。研发投入密度（RDI）是企业研发经费投入与企业全体员工人数的比值。这两个指标分别从财务和人员两个角度测度了企业创新程度的高低。

控制变量可以评价回归模型的正确性，拒绝实证结果的其他解释。该文献考察了三个控制变量：一是企业成立时间。国内外的研究文献表明，企业年龄会明显影响企业管理的制度化和组织过程，从而影响企业创新活动的开展。二是企业规模。由于研究样本为科技型中小企业，不具有明显的劳动密集型行业的特征，而且为了消除异方差，采用了对数化的总资产来衡量企业规模。三是企业绩效。以战略管理文献中常用的ROE，即税前利润除以股东权益来测度企业绩效。由于企业绩效的好坏会对企业随后的战略选择产生直接影响，其间存在一个时间差，因此以企业创新前一年的绩效作为控制变量。例如，企业研发投入率为2023年的数据，而企业绩效则使用2022年的数据。

该文献的研究结论如下：

一是科技型中小企业高管团队的异质性与企业创新之间存在显著的负相关关系，表明高管团队成员职业经历的多样化程度越高，企业创新

① 李华晶，张玉利．高管团队特征与企业创新关系的实证研究——以科技型中小企业为例[J]．商业经济与管理，2006(5)：9-13．

水平越低。

二是科技型中小企业高管团队的专业背景和企业创新之间存在正相关关系，这意味着高管团队中专业技术型成员越多，企业创新程度越高。

三是科技型中小企业高管团队的教育水平和团队规模与企业创新之间并无显著联系，企业创新并不会因为企业年龄的增长、企业规模的扩大或者绩效的好坏而发生变化。

6.2.5 小微企业团队的描述性统计分析

王积田等（2017）[①]采取纸质问卷和电子问卷相结合的方法对小微企业进行了调查。其中，纸质问卷集中发放于黑龙江省哈尔滨市道外区和香坊区，问卷内容由被调查的小微企业的企业主填写。本调查问卷自2015年1月正式发放，2015年5月收集结束，共发放问卷152份，回收问卷144份。其中，有效问卷128份，回收率为95%，有效率为84%，研究结果见表6-1。

从表6-1中可以看出，企业主的年龄大多在35岁以下，表明大部分小微企业的企业主都较为年轻。从企业主的性别比例来看，男女性别比例相差悬殊，男性占82%，女性只占18%。从企业主的学历分布来看，企业主的学历分布不均，教育水平相对较高的企业主主要投身于新兴且技术含量较高的行业，企业主正尝试将所学专业运用到企业发展之中；教育水平相对较低的企业主主要从事批发、零售等基础行业，多为个体工商户。

从企业成立时间来看，79%的小微企业成立于近5年内，说明大多数小微企业成立时间较短。从企业员工人数来看，65%的小微企业的员工人数在10人以下，说明大多数小微企业规模较小。从企业年营业额来看，73%的小微企业的年营业额在50万元以上，说明小微企业虽规模

① 王积田，李铖斐，姬旭，等．小微企业财务关系对其财务绩效的影响研究——基于黑龙江省哈尔滨市道外区和香坊区的问卷调查[J]．会计之友，2017(1):65-69.

小，但经营发展态势良好。

表 6-1　　小微企业的描述性统计

<table>
<tr><td colspan="11">小微企业主</td></tr>
<tr><td rowspan="2">年龄</td><td>≤25岁</td><td>26~30岁</td><td>31~35岁</td><td>36~40岁</td><td>41~50岁</td><td>>50岁</td></tr>
<tr><td>11人</td><td>32人</td><td>38人</td><td>25人</td><td>18人</td><td>4人</td></tr>
<tr><td rowspan="2">性别</td><td colspan="3">男性</td><td colspan="3">女性</td></tr>
<tr><td colspan="3">105人</td><td colspan="3">23人</td></tr>
<tr><td rowspan="2">学历</td><td>小学</td><td>初中</td><td>中专</td><td>高中</td><td>大专</td><td>本科</td><td>研究生</td></tr>
<tr><td>1人</td><td>18人</td><td>12人</td><td>22人</td><td>36人</td><td>25人</td><td>14人</td></tr>
<tr><td colspan="11">小微企业</td></tr>
<tr><td rowspan="2">经营时间</td><td>1年</td><td>2年</td><td>3年</td><td>4年</td><td>5年</td><td>6年</td><td>7年</td><td>8年</td><td>9年</td><td>≥10年</td></tr>
<tr><td>10家</td><td>17家</td><td>18家</td><td>26家</td><td>30家</td><td>12家</td><td>3家</td><td>4家</td><td>6家</td><td>2家</td></tr>
<tr><td rowspan="2">员工人数</td><td>1~5人</td><td>6~10人</td><td>11~20人</td><td>21~30人</td><td>31~40人</td><td>>40人</td></tr>
<tr><td>42家</td><td>40家</td><td>28家</td><td>5家</td><td>6家</td><td>7家</td></tr>
<tr><td rowspan="2">年营业额</td><td>≤10万元</td><td>11万元~20万元</td><td>21万元~30万元</td><td>31万元~40万元</td><td>41万元~50万元</td><td>≥50万元</td></tr>
<tr><td>7家</td><td>13家</td><td>5家</td><td>1家</td><td>9家</td><td>93家</td></tr>
</table>

6.3　小微企业的研发情况及关键成功因素研究成果

6.3.1　小微企业的研发情况

截至2015年年底，我国146个高新区共8.27万家科技型小微企业的生产总值超过8万亿元，占全国国内生产总值的12%；在创新产出方面，发明专利授权7.1万件，占全国发明专利授权量的19.8%。由此可见，我国高新区科技型小微企业依靠科技和创新取得的成果正逐步成为一个国家和区域新的经济增长极，但在其发展过程中仍受限于匮乏的内部资源和面临的成长压力，使得大部分科技型小微企业表现出强烈的合作研发意愿，并有近75%的合作研发行为发生在企业与企业之间。

6.3.2 小微企业关键成功因素的主要研究成果

随着社会经济的高速增长，作为国民经济发展最具活力的小微企业，迫于生存的压力和产品的竞争力，需要借助研发项目的不断发起来获得竞争优势。但是，其研发项目的成功率并不高，只有做到比竞争对手在项目管理上更有优势，才有成功的机会。因此，只有成功的研发项目，才能产生有竞争力的产品，企业才能生存和发展。

如果小微企业进行研发项目，无论是新产品的开发还是新技术的研发，都需要长时间占用企业的资源。因此，在研发过程中会让企业丧失一定的市场机会。而对于长期占用的企业资源，在小微企业自身资源并不丰富的情况下，研发项目的成败直接关系到小微企业的生存和发展。研发项目的成功意味着企业有了新的技术、新的动力，在市场上获得新的生机。而研发项目的失败则意味着所有的投入，无论是资金、人力还是时间，都让小微企业浪费了，而这些资源有可能就是支撑小微企业生存的基础。因此，如何提高小微企业研发项目的成功率是每个领导者都应密切关注的问题，也是每个领导者在作出决策时的重要依据。因此，提高小微企业研发项目的成功率在于找到研发项目的关键因素。表6-2是国内学者对小微企业关键成功因素的主要研究成果。

除此之外，随着环境与市场结构的变化，尤其是行业专业技术的不断推陈出新，且竞争者众多，客户的青睐和满意则成为另一项反映研发项目成功与否的重要因素。客户满意与否，将会作为企业绩效考核的关键指标，客户的认可与支持，也将是企业未来发展与进步的关键动力与源泉。

吴彬（2017）依据调查问卷的结果[①]，在主结构结果分析中，规划

① 吴彬. 小微企业研发项目关键成功因素的应用研究[D]. 北京:中国科学院大学,2017.

表6-2　国内学者对小微企业关键成功因素的主要研究成果

<table>
<tr><th>学者</th><th>关键成功因素</th><th>共同因素</th></tr>
<tr><td>欧阳峰和陈胜鹏（2013）</td><td>商业模式能够给小微企业带来应有的价值</td><td rowspan="11">1.领导者的能力
2.团队的素质
3.技术能力的独创和成熟
4.企业资源和技术壁垒
5.合作者的能力互补性
6.好的商业模式
7.国家政策的扶持</td></tr>
<tr><td>陈丽兰和戚安邦（2013）</td><td>基于全生命周期的企业孵化筛选体系，发现技术能力在各阶段都是筛选指标之一，需要注重技术的成熟度</td></tr>
<tr><td>子瑜（2013）</td><td>企业家的性格决定了企业的发展方向与成败</td></tr>
<tr><td>李佳音和严婧（2012）</td><td>通过对92家企业的调查，发现资金需求量与企业规模、风险承受能力成正相关关系</td></tr>
<tr><td>生延超（2011）</td><td>企业的技术能力决定溢出效应</td></tr>
<tr><td>殷群和丁伟（2010）</td><td>技术的成熟度和独创性决定新产品性能的稳定性</td></tr>
<tr><td>黄德华（2010）</td><td>团队的创新能力和合作能力可以应对市场的不确定性</td></tr>
<tr><td>贺小刚和李新春（2005）</td><td>通过对277家公司的调查，发现经济结构和企业家背景会影响企业能力的发挥；企业家对直接绩效的贡献有限，主要作用是培育组织的能力</td></tr>
<tr><td>付新爽和陈秋玲（2004）</td><td>以钻石理论为基础，提炼出小微企业发展环境评价的基本指标，即资金的供应、销售渠道的完善程度</td></tr>
<tr><td>李柏洲和靳娜莉（2003）</td><td>政府在创造高新技术企业成长系统的支持性环境中起到重要作用</td></tr>
</table>

阶段的权重值为0.322，是研发项目过程中最重要的阶段，执行阶段的权重值为0.273，启动阶段的权重值为0.182，收尾阶段的权重值为0.074。调查结果显示，研发项目在规划阶段最为关键。在第二层级结果分析中，规划阶段中最关键的指标是客户需求完整，层级权重为0.479，整体权重为0.154，也是整体中最关键的指标；执行阶段中最关键的指标是PM的沟通能力，层级权重为0.45，整体权重为0.123，在整体权重中排名第二；启动阶段中最关键的指标是高层管理人员的支持，层级权重为0.438，整体权重为0.08，在整体权重中排名第三。

6.4 合作开发

科技型小微企业的人员规模一般不超过100人，以科技人员为主，每年用于新技术和新产品的研发投入不低于销售收入的3%。从现实情况来看，由于科技型小微企业的研发资金来源较为单一、核心技术研发能力较弱，仅靠自身力量难以完成整个创新活动，导致其面临“高死亡”的生命周期危机。在这种情况下，通过获取合作方的互补资源，实现研发所需资源的系统整合，从而有效提升创新绩效的合作研发，成为科技型小微企业技术创新的重要选择。合作研发是指企业、高等院校、科研院所或政府等组织机构在技术研发过程中共同参与、共同投入、共享成果、共担风险的研发方式。根据合作对象的不同，可分为企业间的合作研发和企业与学研机构间的合作研发，主要有技术共享、联合开发、研发联盟和项目合作等组织形式。研究表明，合作研发的价值不在于突破单个企业内部资源和能力的禁锢，而是提高研发成功的可能性，从而获得短期创新收益，能够整合吸收各方资源，不断提升技术创新能力，快速响应外部环境变化，实现企业可持续成长。合作研发的形成受创新资源可获得性和互补程度、技术难度以及开发周期等因素的影响，大中型企业可凭借拥有的充裕资金、技术和人力资源等，更容易吸引合作伙伴，小微企业由于合作条件受限，不易被挑选为合作伙伴。近年来，学者们研究发现，虽然越来越多的企业合作研发意愿强烈，但是高达50%以上的合作研发因没有达到既定目标而失败。这是由于合作本身存在风险，且研发更具有不确定性，合作研发兼具了合作和研发带来的叠加风险。实践中，合作研发的绩效受到多个因素的影响：组织结构决定了组织绩效，因此对组织类型的选择不容忽视；对不同类型合作伙伴的选择会影响合作研发的绩效；合作成员之间的密切合作、建立在信任基础上的充分参与、相互沟通等都是成功合作的必要前提；吸收能力强的企业在合作过程中能以更高的效率消化、吸收相关技术，并整合为自有知识，采取积极的合作行为，促进合作效率的提升；合理的收益分配机制能减轻机会主义行为的危害，提升合作研发效率等。

6.4.1 合作研发调查统计结果

吴宁等（2018）的调查统计结果显示[①]，合作研发的动机主要集中在获得互补性资源、寻求资金支持、向合作伙伴学习三个方面，分别占68.26%、50.33%和35.67%。这主要是因为：①市场竞争日益激烈，企业不可能拥有所需要的一切资源，而科技型小微企业内部资源相对匮乏，亟须互补资源；②科技型小微企业的研发投入一般占销售收入的5%以上，比普通企业高出很多，需要大量的资金支持；③通过合作来学习合作伙伴的技术、知识和管理经验等，这成为科技型小微企业迅速成长的有效途径之一。

对于是否具备合作条件，调查统计结果显示，选择“非常具备”和“比较具备”的科技型小微企业占49.4%，选择“还不具备”的科技型小微企业占42.4%。由此可见，目前仍有相当一部分科技型小微企业欠缺合作研发条件。

对于合作研发的重要性，调查统计结果显示，合作研发前，83.5%

---

① 吴宁，马志强，朱永跃，等．我国科技型小微企业合作研发现状实证研究[J]．科技进步与对策，2018，35(19)：82-87．

的科技型小微企业认为合作研发"非常重要"和"比较重要"，76.7%的科技型小微企业愿意合作研发。然而，随着合作研发进程的推进，只有58.8%的科技型小微企业愿意将合作进行下去。合作研发结束后，仅剩33.6%的科技型小微企业有进一步合作的意愿。由此可见，科技型小微企业对合作研发的重要性是非常认同的，最初普遍具有较高的合作热情和愿望，但随着合作的推进，合作意愿却明显下降。

大多数科技型小微企业与中型企业进行合作研发，占比为58.5%，然而与大企业、学研机构等的合作较少。技术共享、联合开发、研发联盟和项目合作等的组织方式分别占比为29.46%、27.36%、22.18%和19.3%。由此可见，科技型小微企业合作研发的对象具有局限性，组织方式也较为分散。

对于"关系风险"，选择"很大"和"较大"的科技型小微企业占比为79.4%，选择"很小"的科技型小微企业仅占8.1%，表现为合作过程产生的诸多矛盾，比较突出的有知识产权冲突、资源共享程度不够、信息传递不及时等，分别占比为56.1%、48.7%和40.8%。

对于"绩效风险"，选择"很大"和"较大"的科技型小微企业占比为48.3%，选择"很小"的科技型小微企业仅占4.1%。由此可见，研发本身的高风险特征以及合作过程的不确定性导致科技型小微企业的合作研发面临的关系风险和绩效风险较大。相较而言，关系风险比绩效风险更显著。

在数量方面，44.4%的科技型小微企业有过合作研发经历，但高达55.6%的科技型小微企业尚未进行过合作研发。其中，有过合作经历的科技型小微企业表示，合作次数非常有限、期限也较短。在质量方面，通过合作研发，科技型小微企业近3年平均新增发明专利申请5项、授权4项；软件著作权申请4项、授权3项；商标申请2项、授权3项；版权（如文字、美术等）申请4项、授权3项；集成电路布局设计申请3项、授权3项；新增产品（或服务项目）5个。即便如此，仅有16.9%

的科技型小微企业对合作研发表示非常满意，33.8%的科技型小微企业表示不满意。由此可见，虽然合作研发给科技型小微企业带来了一定成果，但是实际效果仍低于期望值。

6.4.2 基于前景理论的科技型小微企业合作研发

前景理论认为，人们在不确定条件下对决策方案进行判断和评估时，通常会设定一个参考点，按照参考点判断收益或损失，从而作出行为决策[①]。决策过程包括两个阶段：一是设定参考点。当决策结果优于参考点时，被视为收益；当决策结果低于参考点时，被视为损失。二是评估期望总效用。前景理论价值函数有以下特点：①收益和损失是相对于某一参考点而言的；②在参照点的上方是凸函数、下方是凹函数，这表明在收益状态下人们表现为风险厌恶，而在损失状态下则表现为风险偏好；③损失区域的价值函数曲线要比获利区域的价值函数曲线陡峭，说明相同量的收益所带来的效用要远远小于相同量损失所带来的效用。

科技型小微企业的合作研发决策属于不确定条件下的行为决策问题。实际上，协同创新（合作）、独立创新和模仿都属于科技型小微企业的策略选择。合作研发决策的影响因素主要有产品价格、市场容量、研发成本、利润分配、信息搜寻成本、知识转化率和技术溢出率。那么，在前景理论视角下，科技型小微企业是如何作出合作研发决策的？将科技型小微企业研发方案置于前景理论框架下，分析得出决策过程：一是科技型小微企业结合自身特征产生研发需求，并选择当前收益为心理参考点；二是收集内外部信息，判断影响合作研发收益、独立研发收益及模仿收益的因素；三是根据影响因素构建收益价值函数，并估计合作研发、独立研发与模仿的成功概率；四是计算前景值，选取前景值最大者为决策结果，如图6-2所示。

---

① 周艳菊，应仁仁，陈晓红，等. 基于前景理论的两产品报童的订货模型[J]. 管理科学学报，2013(11)：17-29.

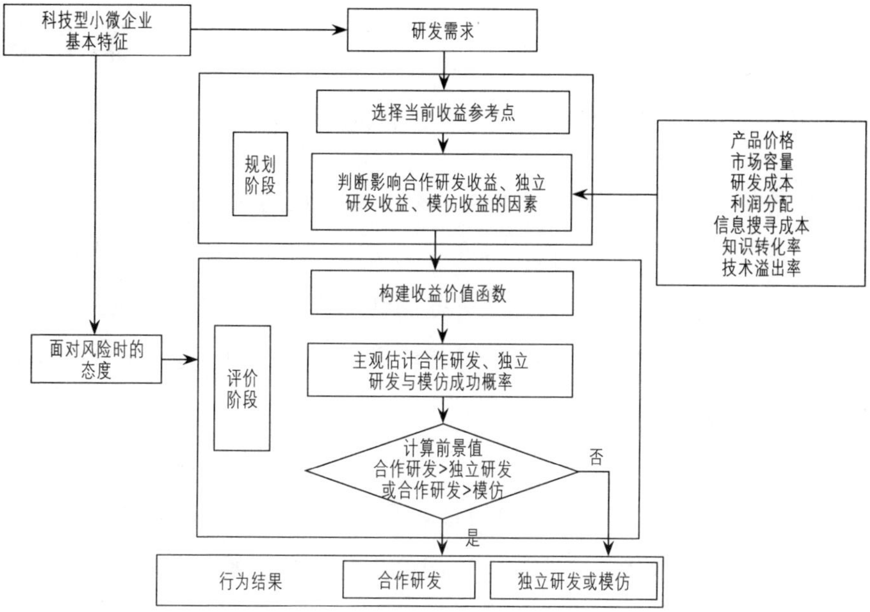

图6-2　科技型小微企业合作研发决策过程

资料来源：马志强，华贤宇，卢文秀. 基于前景理论的科技型小微企业合作研发决策研究［J］. 科技进步与决策，2018（8）：83-88.

从图6-2中可以看出，在面临合作研发与独立研发决策时，科技型小微企业表现为风险偏好，倾向于选择独立研发；在面临模仿或合作研发决策时，科技型小微企业表现为风险规避，倾向于选择模仿。

第7章

小微企业的产品产业选择

折叠屏、5G手机等产品本质上都不是大众的共同需求，可能是少部分人需要的产品。为什么这些产品能卖出去，而且比大众需求的产品还赚钱？再进一步来看，为什么一些网红能赚到钱？是因为他做的产品很奇怪吗？不，这些网红卖的产品是面向小众的，而且越是看不懂越是精准，越是精准，越是卖钱。

读书很多的人，很难理解这个事情，他们做事一定要有十全的把握，一定要这个产品存在的逻辑被各个群体全面肯定后才敢下场。但是，这个结果是很惨的，大家都认同价值的产品，如食品是卖不出价格的，赚的是苦力钱、压货的钱。

所以，有位企业家这样说："赚钱这个事是需要天赋的，不一定需要学历。"那么，这个天赋是什么呢？

7.1 显中经济学的产品（服务）选择

《大学》里有这么几句话："有德此有人，有人此有土，有土此有财，有财此有用。"企业要按照这句话来做事，才能够长久发展，立于不败之地。

产品（服务）是企业的生命。不管企业是选择研发产品（服务），还是选择生产产品，或者选择销售产品（服务），以及选择咨询产品（服务），企业存在的第一位就是要选择产品（服务）。正如一句俗话所说，男怕入错行，女怕嫁错郎。企业对产品（服务）的选择是非常重要的。

孟子曰："矢人岂不仁于函人哉！矢人惟恐不伤人，函人惟恐伤人。巫匠亦然。故术不可不慎也。孔子曰：'里仁为美。择不处仁，焉得智？’夫仁，天之尊爵也，人之安宅也，莫之御而不仁，是不智也。不仁、不智、无礼、无义，人役也。人役而耻为役，由弓人而耻为弓，矢人而耻为矢也。如耻之，莫如为仁。仁者如射：射者正己而后发，发而不中，不怨胜己者，反求诸己而已矣。”[①]

这一段话的意思是，选择产品要谨慎，千万不要陷入职业心理阴影，即不要过分考虑产品的不好用处。正如孟子所说，难道弓箭产品就一定不好于盾牌产品吗？其内在的机理是弓箭伤人，而盾牌护人。其实不是的。那么为什么不是的？孟子接着引用了孔子的话，你的产品本来是好的，而且也没有人阻止你选择它，你却因为上述的理由放弃了它，这是你不明智的选择。那么应该选择什么样的产品？孟子给出了回答，选择的产品一定是符合仁、智、礼、义。也就是说，选择产品一定是自己真正擅长的，如果选择了该产品后还是不能够兴旺，不要埋怨比自己强的，而是要思考是不是真的是自己擅长的。所谓智，就是有这样的产品就一定不要放弃。所谓礼，就是要把产品当成人看待。所谓义，就是要追求其中的道理，即显中经济学。在这4个要求中，仁和义最重要，前者是孔子的精华，后者是孟子的特征。

在显中经济学中，仁是期望值，是均值，而义是标准差。在以下章节中会具体说明。

7.1.1 产品（服务）选择的仁

俗话说，得民心者得天下。作为企业，生产满足消费者心理需求的产品就一定能够发展壮大。那么，消费者的心理需求是什么？答案是“仁”。

孔子在《论语》中提到“仁”的地方很多，据杨伯峻先生在《论语译注》中统计，“仁”共出现了109次。“仁”是孔子及儒家的核心思

---

① 选自《孟子•公孙丑上》。

想。孔子说：“仁者，人也。”下面就一些主要的内容来说明。

首先，强调仁的重要性。孔子曰：“里仁为美。择不处仁，焉得智?”这句话孟子引用过，我们也解释过。孔子又曰：“不仁者不可以久处约，不可以长处乐。仁者安仁，知者利仁。”它的意思是，没有产品的企业不能长久存在，有正确选择产品的企业要安心经营，你的聪明才智一定要有利于你的产品。孔子又曰：“唯仁者能好人，能恶人。”它的意思是，只有好好经营产品，才有好与不好之说。孔子又曰：“苟志於仁矣，无恶也。”它的意思是，如果立志做好产品，那么就不会有不好的事情了。孔子又曰：“富与贵，是人之所欲也；不以其道得之，不处也。贫与贱，是人之所恶也；不以其道得之，不去也。君子去仁，恶乎成名？君子无终食之间违仁，造次必于是，颠沛必于是。”它的意思是，赚取利润是每个企业都想要得到的，但如果用不正当的方法得到它，就不能好好享受；不赚钱是每个企业都厌恶的事情，但如果用不正当的方法去摆脱它，即使想摆脱也摆脱不了的。如果企业离开了产品，又怎么能叫企业呢?

其次，谈如何成仁。孔子曰：“我未见好仁者，恶不仁者。好仁者，无以尚之；恶不仁者，其为仁矣，不使不仁者加乎其身。有能一日用其力于仁矣乎？我未见力不足者。盖有之矣，我未之见也。”它的意思是，那些有产品经营的企业一定要好好经营产品，那些没有产品经营的企业一旦经营产品就会远离原来那些朋友圈，这些人用于经营产品的力量是无尽的。孔子又曰：“人之过也，各于其党。观过，斯知仁矣。”它的意思是，考察一个企业的失败就知道产品选择的重要性了。

产品选择的期望值就是仁。产品选择最好是无偏的，其期望值是仁，其标准差是义。

7.1.2 产品（服务）选择的义

在《孟子》中，“义”共出现了108次。其中，表示“道义”“正义”的意思有98次，如“亦有仁义”等；表示“道理”的意思有10

次，如“天下之通义”等。下面就一些内容进行说明。

“故士穷不失义，达不离道。”（《孟子·尽心上》）其含义是，产品选择的两个极限，低端就是义，高端就是道。

“生，亦我所欲也；义，亦我所欲也，二者不可得兼，舍生而取义者也。”（《孟子·告子上》）其含义是，在任何情况下企业的产品都有底线。

“是集义所生者，非义袭而取之也。”（《孟子·公孙丑上》）其含义是，企业长久生存的道理在于一直坚守产品的底线，而不是偶然为之。

以巩汉林和黄宏表演的一段小品为例。巩汉林的公司终于要开业了，为此要布置一下，但是发现少了3颗钉子，于是想花大钱从修鞋匠黄宏那里买。黄宏说，钉子是有，但只能送给你。巩汉林觉得自己的开张之日，白白接受别人的东西不吉利。他愿意花100元买下钉子。但是，黄宏说修鞋匠只能修鞋，不能做钉子的买卖，哪怕钉子的买卖再挣钱，这也是修鞋的行规。这段小品其实表现的就是“义”。每个企业都做自己的产品，可以上下波动，如原来修皮鞋，现在可以修凉鞋，但是绝不能跨界，做起买卖钉子的生意。产品的界就是由“义”界定的。

那么，是不是所有情况都不能跨界？不是的。一旦需求者由于某种原因都不选择企业的产品时，企业肯定不能坐以待毙，此时只能跨界。

7.1.3 产品（服务）选择的案例

张海是一个仅有初中文化水平的男人。在20世纪80年代气功热的时候，他是气功大师，后来中国股票市场发展起来，他又成为金融大鳄，据说在股票市场挣了很多钱。进入21世纪后，他又凭着三寸不烂之舌说服地方政府让他执掌健力宝的董事长一职。

作为曾经的国民第一饮料品牌——健力宝，由于决策失误、创始人李经纬出走、内部体制混乱等诸多因素开始衰败。为寻求出路，广东省三水市政府决定重组健力宝，以75%的股份公开招标，在全国范围内寻找买家。张海得知消息后，立马表现出购买意向，而作出相同动作的还有10多家企业以及健力宝的创始人李经纬。然而，事情的发展却有些出人意料。

2002年，张海竟以3.38亿元打败李经纬4.5亿元的报价，最终将对方一手创建的健力宝收入囊中。坐上总裁之位的张海，立马开始对健力宝进行“大刀阔斧”的改革。

他完全抛弃健力宝十余年建立起的品牌效应，自以为是地另创“第5季”“爆果汽”等品牌；又豪掷3 000万元，只求在央视黄金时间打广告；不惜报出1.38亿元的天价，抢夺国内的世界杯直播冠名权……

然而，企业本就“囊中羞涩”，张海又几乎将所有的钱投在广告上，结果导致资金链断裂，连购买饮料瓶的钱都拿不出。上亿的广告费，眼睁睁打了水漂，健力宝直接濒临破产。

到了2004年8月，也就是张海入主健力宝的第二个年头，当时他正在南海度假，然后接到一通电话，被告知：经股东联合决议，他被免除了健力宝董事长的职位。

随着后续调查的跟进，张海又被查出在任职期间，屡次挪用公司资金，数额累计超10亿元，同时还涉嫌做假账、虚假投资等罪行。因此，2005年他被佛山警方拘捕，被判处15年有期徒刑。

这就是典型的不仁不义的案例。下面再举一个有仁有义的案例。

长虹华意主营压缩机的研发制造以及销售业务，在成为全球第一之前一度濒临倒闭。长虹华意成立于1996年，至今已在压缩机制造领域发展了27年，前身是名为华意压缩的一家乡镇企业。华意压缩在成为长虹华意之前，是江西省第二家、景德镇第一家上市公司，更是中国股票市场中第一支“无氟”股。虽然噱头十足，华意压缩的经营状况却并不出色，反而因为中国制造业竞争激烈等大环境的问题出现连续亏损，公司处于破产边缘。幸运的是，2007年四川长虹为华意压缩注资2.34亿元，成为了该公司的第一大股东。有了这笔资金，华意压缩的破产危机被解除，但想要走上正轨并跻身行业前列并不容易。为此，长虹华意再次投入18亿元用于技术研发和创新，数十年来，长虹华意在精密机电——压缩机制造领域深入挖掘，力求抓好每个细节，终于在取得技术优势的同时，建立起了技术壁垒，此时长虹华意的产品年销量也跃升至4 500万台，多年来稳居全球第一。从整体来看，在长虹华意发展前期总共投入了20亿元搞研发，24年间坚持做一个产品、一个品牌。

7.2 小微企业的产品选择

小微企业的产品对于小微企业的融资非常重要，因为从融资者的角度来看，产品是小微企业信用的根本所在。产品组合是指一个特定厂商提供给市场的全部产品线和产品项目的组合或结构，即企业的业务经营范围。本节将从一般产品的研究着手分析产品选择的经济学价值。

7.2.1 产品组合

科特勒认为一个产品或提供物由三个因素构成：实体商品、服务和创意。据此，他把产品分成五个层次，如图7-1所示。

- 核心产品——顾客真正所购买的基本效用或利益
- 形式产品——产品的基本形式
- 期望产品——购买者购买产品时通常期望和默认的一组属性和条件
- 延伸产品——包括增加的效用和利益，它能把企业的提供物与竞争者的提供物区别开来
- 潜在产品——该产品最终可能会实现的全部附加部分和新转换部分

图7-1 产品的五个层次

企业提供给目标市场的产品不是单一产品，而是产品组合，即由多条产品线生产的产品，每条产品线包含若干个产品项目，每一项又有品牌、包装和服务等。具体来说，产品组合是指一个特定厂商提供给市场的全部产品线和产品项目的组合或结构，即企业的业务经营范围。

产品线是指产品组合中的产品大类，是一群关系密切的产品，这群产品的功能可能相似，或卖给同一类群体，或使用相同的分销渠道，或在相同的价格范围之内。一个企业的产品组合可以从广度、长度、深度和一致性四个重要的维度进行测度和考察。

产品组合的广度，又称宽度，是指企业经营产品的类别数量、拥有的产品线数量，较广的产品组合能够给企业带来经营优势。产品组合的长度，是指企业所销售的产品项目的总数。产品组合的深度，是指产品线中每一产品项目拥有的产品规格、型号、数量。通过计算每一产品项目的规格和数量，就可以计算出企业产品组合的平均深度。产品组合的一致性，是指企业产品组合中各条产品线在最终用途、生产技术、分销渠道或其他方面相互关联的程度。

产品组合的上述四个因素，为企业的产品组合决策提供了依据，有助于企业的产品策略。企业可以从四个方面来扩展经营业务：一是企业可增加新产品线，扩大产品组合的广度，有利于企业扩展经营领域，实行多元化经营，从而更好地发挥企业潜在的技术、资源优势，提高经济效益，并可以分散企业的投资风险；二是增加产品组合的长度，使产品线丰满充裕，可以成为更完整的产品线企业；三是加强产品组合的深度，可以占领同类产品的更多细分市场，满足更广泛的市场需求；四是加强产品组合的关联性，可以使企业在某一特定市场领域内提高竞争力和建立强有力的声誉。

7.2.2 产品结构

产品结构是指企业产品的构成，即企业生产或经营的不同类型产品之间质的组合与量的比例。所谓质的组合，是指各种不同类型产品在生产工艺和结构上相似，或制造原理相通，或有利于发挥企业资源优势和技术特长，而使它们之间形成一定的联系。所谓量的比例，是指其中各类产品的产值在企业总产值中所占的比重。

从事多品种生产的企业，为了适应市场变化和国家产业政策要求，提高经济效益，必须不断调整这种质的组合与量的比例关系，从而建立起合理、优化的产品结构。产品结构一般可分为以下类型：

（1）方向结构。企业不仅生产为一个方向服务的产品，而且生产为很多方向服务的产品。在这种产品结构中，由于不同方向的产品所占比重不同，因此企业会形成具有不同方向的产品结构。

（2）技术结构。从产品的技术含量来看，企业不是生产一种技术水平的产品，而是生产高、中、低不同技术水平的产品，各种不同技术含量的产品所占总产品的比重不同，就形成具有不同技术水平的产品结构。

（3）功能结构。企业的全部产品不是只具有某一种功能和用途，而是各种产品都具有自己的特定功能和用途。不同功能和用途的产品所占比重不同，就形成具有不同功能和用途的产品结构。

（4）品种结构。产品的品种是某一类产品的种别。如果企业生产多种系列、多种规格、多种型号和款式的产品，就会形成多品种结构。

7.2.3 产品演化

在很多情况下，企业实际的产品种群规模与理想的产品种群规模会有很大差距，企业需要根据现有各周期产品数量确定产品种群的新开发率和老产品的淘汰率，在规定的期限内达到理想的产品种群规模。

由于受顾客资源、技术储备和产品管理成本等自然资源的制约，产品种群的数量不能无限制地增长，为了满足顾客个性化需求、平衡产品维护与成本之间的矛盾，企业会选择不断优化产品结构使产品种群稳定在一个常数。

7.3 小微企业的产业选择

7.3.1 主要的中小企业行业定位理论

第一，市场结构理论。市场结构理论认为，在完全竞争市场结构的行业中，中小企业可以自由进入，具有较大的生存和发展空间。在垄断竞争的市场结构中，中小企业可作为大企业的合作伙伴分享专业化分工的效益，或利用与大企业的产品差异获取市场机会。在完全垄断的市场结构中，中小企业仍可以获得一些生存和发展的机会，除了为大企业提供一些配套性的生产或服务外，还可以视形成大企业垄断因素的变动而择机介入。

市场结构理论主要从企业的市场关系特征，即反映企业之间、企业与消费者之间的交易地位和关系入手，在对市场结构进行分类的前提下来选择适合中小企业的行业，为中小企业的行业定位提供了一个基本的分析方法。此理论的缺陷在于没有将市场结构分类同中小企业本身特点和优势结合起来展开分析。中小企业专业性和灵活性较强、管理成本较低的特点决定了其在垄断程度较高的市场结构中，尤其是在某些特定领域并非没有竞争力；反之，在竞争程度较高的市场结构中，虽然中小企业较易进入，但是大企业和中小企业在同一个市场细分和市场定位上并存，可能会导致对市场结构选择的定位不一定符合中小企业本身的特点。

第二，进入壁垒理论。进入壁垒是指潜在进入厂商不能真正进入市场的因素总称。它考察的是在位厂商与潜在进入厂商之间的竞争关系。进入壁垒的实质是对供给的约束，而这种约束之所以有利于先入者而不利于后入者，是由于先入者拥有所谓的“占先优势”。进入壁垒越高，企业就越难进入，中小企业生存和发展的空间就越小；反之，中小企业生存和发展的空间就越大。一般来说，产生进入壁垒的主要原因有产品差异与绝对成本优势、规模经济、费用壁垒、市场分割以及资源、技术、政策限制等。几乎所有的行业都存在进入壁垒，只是程度上不同。进入壁垒理论主要研究企业最初能否进入某个产业，而未充分考虑进入后市场结构的变化、中小企业自身特点和竞争优势来兼顾其发展的长远利益，难以适应不断变化的市场要求。此外，进入壁垒是一个动态发展并具有空间意义的概念，在市场经济发展的不同历史时期或在不同国家，进入壁垒的内涵是不同的，因而进入壁垒理论的应用也应因时、因地、因企业而异。

第三，规模经济理论。该理论认为，如果综合供给和需求对规模经济的影响既考核生产成本，又比较企业组织成本和市场交易成本，那么就应该区分规模经济和最佳规模。中小企业应选择最佳规模和市场范围较小的行业。古典主义经济学家和新古典主义经济学家都从供给角度出发，认为各个产业都具有非常明显的规模经济，因此中小企业将无法生存。但是，事实并非如此，随着对中小企业和规模经济研究的深入，现在人们注意到需求和供给一样，二者都会对规模经济产生影响。市场直径小的产业往往由于需求有限，规模经济受到制约。因而，中小企业就可从中获得较多的生存和发展机会。另外，根据制度经济学的观点，企业的最佳规模应是交易成本下降带来的边际收益与组织成本上升带来的边际成本相等时的均衡点，即企业与市场的边界，中小企业的行业选择不应是着眼于规模经济，而应是根据最佳规模来确定。同上述理论比较，该理论综合考虑了企业本身的特点以及行业特点，但在考察行业特点时仅从市场范围的角度来分析，而忽视了其他行业的生命周期、进入壁垒等重要因素。

第四，斯蒂格勒生存技术理论。美国经济学家斯蒂格勒提出，不同规模的厂商竞争会筛选出效益较高的企业，根据企业的个体成本和社会成本来确定整个行业的最佳规模。实质上，该理论仍是在规模经济的框架内进行研究。不同的是，该理论对已有的规模经济理论进行了改进和扩展，摒弃了三种传统的确定产业最佳规模的方法，而提出用生存技术来分析厂商和行业的最佳规模。这样就巧妙地避免了资料方面的麻烦和计量上的困难。中小企业就以此为据，结合自己的资源条件去选择适合自身规模的行业。相对来说，由于有了生存技术这一具体的方法和步骤来确定最佳规模，该理论也就更具有可操作性，实际意义也更强。但是，由于该理论只考虑了中小企业最初选择进入时的情况，并未注意到最初影响中小企业产业选择的因素有发生变化的可能。也就是说，中小企业最初能够生存下来，并不意味着可以一直生存下去，因此从这个角度来说，生存技术理论只是一种静态的分析方法，缺乏灵活性和应变性，不适合中小企业长远的发展。

第五，竞争优势理论。施太莱和莫斯研究了以美国中小企业为主的细分产业后，从企业之间优势竞争条件的角度分析了中小企业的竞争优势，主要表现为技术创新优势，适应市场需求结构多样化及其变动的优势，地区性、社区性或特殊性资源发掘和利用优势，专业化分工协作优势，劳动密集型优势，依托社区的可持续发展优势、管理优势等。该理论对大企业在竞争中总是占据优势的传统观点提出了质疑，并在实证分析的基础上论证了在8组行业中，中小企业因其所特有的优势更具有竞争力。由于该理论是在对美国、日本、澳大利亚、巴基斯坦等国家进行充分的实证考察的基础上提出的，因此有实践和事实支持，有一定的说服力。该理论在研究中小企业行业定位时第一次引入了实证分析的方法，但所获得的资料有限，结论难免有些不准确的地方。再者，考察仅限于以上少数几个国家，虽然具有一定的代表性，但是各国的具体情况，如经济环境、历史、文化的不同，该理论的适用性也值得怀疑，且这仅是经验性的结论，因此对中小企业的竞争优势需要在理论上做进一步深入和系统的研究。

第六，集中型部门和分散型部门理论。日本经济学家太田一郎在吸收贝恩以及《日本中小企业白皮书》中观点的基础上，将生产大型产品及成套设备、本身需要巨额投资、产品适合于均匀而大量生产的行业划为集中型部门，属于大企业型行业；将以国内外市场为对象的消费品生产部门，特别是生产小批量商品的部门，以及负责加工零部件生产的部门，特别是为当地和周边地区客户提供消费品的部门划为分散型部门，属于中小企业型行业。实质上，以上观点是以市场结构理论为基础，从大企业和中小企业社会分工的角度来分析的。首先进行行业分类，然后再依此来选择中小企业存在的领域。不同之处在于它们各自分类的方法和标准不同。同市场结构理论比较，这一理论不仅考虑了行业的特点，还结合了中小企业自身的特点，较为全面。该理论的关键在于对市场进行了正确的分类，以此为基础才有可能进行正确的中小企业产业定位。实践中，由于较难把握中小企业存在领域的变化，因此理论指导意义受到影响。此外，可能会因为分类的标准和方法不同，针对同一个行业的中小企业的定位结论也可能不同。

第七，都市型产业理论。都市型产业是指为城市功能的发挥及其转换、为城市消费服务，从环保、质量、低耗、集聚等方面考虑，提供既有城市特征又具有高新技术特色的相关产品。例如，致力于企事业单位和个人生产经营、生活、工作、学习中所需各种服务的产业等。日本的杉冈硕夫将中小企业存在领域划分为地区产业、地场产业、城市型产业、大企业关联产业、地区间产业等类型。这是一种根据地区关系来研究中小企业存在领域的观点。都市型产业理论只是其中比较典型的、符合现代经济发展特点的一种新理论。它的提出同当时日本国内的城市化、都市化战略紧密相关。该理论主要是强调城市化过程中出现的市场需求对于产业定位的重要性，并着重从发展服务型产业的角度去选择中小企业存在的领域，如环保型高科技产业等。该理论对城市化进展具有特殊的贡献和指导意义：一方面，中小企业的发展有利于所在大城市的建设和经济辐射作用的形成；另一方面，都市化进程能为中小企业的成长创造良好的环境和条件，进一步推动中小企业的发展。但是，由于该理论仅着重于中小企业与大城市之间的联系，中小企业的行业定位过于局限于满足大城市的需求，而忽视了制造业等传统工业，所选择的行业比较狭窄，区域过于集中，不利于中小企业的长远扩张，也不利于从总体上把握合理的产业结构和布局。

第八，产业关联定位理论。产业关联定位是在产业链中寻找适合中小企业发展的位置，即在第一、第二、第三产业序列中，越是后移，产业中企业的数量越多，适合中小企业发展的行业越多。产业关联又有前项关联效应和后项关联效应两种方式。中小企业无论采取何种关联方式，都可以有效地超越独立企业与市场之间的界限，达到节约交易成本的目的。该理论独辟蹊径，从各产业之间的联系，即从产业链的角度来分析中小企业的产业定位，对以往仅就单一的行业进行分析、定位具有一定的创新价值。它不仅从宏观上将产业区分为第一、第二、第三产业，指出中小企业适合于选择产业链中靠后的产业，还在各个产业内部进一步从部门之间的关联性来探讨中小企业存在的部门。中小企业可以选取与特定地域内的主导产业或与大企业之间的前向或后向关联来获得生存和发展。产业关联定位理论认为，中小企业完全可以在产业缝隙中求得生存和发展，并且保持产业顺畅有效。由于该理论是从宏观上把握各产业之间、各行业之间、各企业之间的联系，因此对一国或地区的产业结构调整以及合理产业布局具有重要的指导作用。

第九，竞争簇群理论。自马歇尔从经济学的角度对竞争簇群理论作出解释以来，在韦伯、波特、艾利森和格莱赛等人的推动下竞争簇群理论逐渐引起人们的关注，尤其是克鲁格曼和维纳布尔斯合著的《空间经济——城市、区域与国际贸易》一书的出版，更是将相关研究推向空前繁荣的局面，彻底打破了规模经济对中小企业发展的制约。竞争簇群理论认为，由相互独立而又非正式联盟的公司和机构组成的簇群，代表着一种富有活力的组织形式，这种形式具有灵活性、有效性等优势。一个簇群的成员之间因广泛连接而产生的总体力量大于其各部分之和，这种公司和机构完全可以是中小企业。中小企业可以通过专业化集聚，产生聚集效应，将企业内部规模经济外部化，从而使中小企业在一定程度上突破了规模经济的束缚，且较之大企业节约了管理成本，使其更具竞争优势，进一步提高了中小企业向各个行业的渗透力。这样不仅将规模经济一词的内涵、外延及研究的角度进一步强化和拓宽，还为中小企业的存在形式、存在领域及中小企业之间的竞争与协调的理论研究开辟了一条新的途径。

第十，零散产业理论。零散产业的概念是由波特提出的。他认为零散产业是一种重要的结构环境，一般情况下由很多中小企业构成，其中许多是由私人控制的，不存在具有左右整个产业活动的市场领袖作用，是永远做不大的行业。造成零散产业的原因，既有历史因素，如由企业历史形成的资源和能力，又有经济因素，如高运输成本、高库存成本或不稳定的销售波动、多种市场需求等。零散产业主要分布在服务业、零售业、分销业、木材和金属制造业、农产品业、创造性行业等。规模经济在这些产业中很少被涉及，但随着新技术、新经营模式、新市场环境的出现，找出零散的原因并予以克服，可以引起整个产业结构的改变，使中小企业能够发展成为大企业。该理论是在市场结构理论的基础上，从中小企业的建立、生存、发展的动态过程出发，指出中小企业应该先选择零散产业，之后再逐步做大做强。因此，该理论不仅有产业选择的建议，还分析了中小企业无法壮大的原因，并提出了继续发展的一些方法。但是，该理论的基本前提令人质疑。因为现实中中小企业所在的许多领域往往都存在1个及以上的影响力较大的企业，而且该理论对中小企业自身特点的把握不够，没有从企业本身去寻求零散的原因以及克服零散的办法。

7.3.2 中小企业行业定位理论演变评述

中小企业行业定位理论演变发展的轨迹为市场结构理论、进入壁垒理论和规模经济理论，是产业组织理论的基本研究方法在中小企业产业定位领域的应用，并为其他理论提供了基本的研究方法与框架。例如，斯蒂格勒在规模经济理论的基础上对最佳规模的测量方法作出了具体的改进，提出了“生存技术理论”。但是，这些理论忽视了对中小企业本身的特点和竞争优势的研究，尤其是对中小企业不断适应现代经济发展的动态发展趋势及其成因的研究不够。施太莱、莫斯、太田一郎、波特等人则以社会分工为前提，从不同的角度出发，较深入地考察了中小企业本身的特点和竞争优势，对适合于中小企业进入的行业或产业进行了具体的筛选，分别提出了中小企业竞争优势理论、集中分散型部门理论、零散产业理论和都市型产业理论。对产业组织间和内部关系研究的重视、关于规模经济和范围经济研究的进一步深入，以及对中小企业在社会经济中的地位和作用的重新认识，兴起了产业关联定位理论和竞争簇群理论。

以上理论的形成与发展都是同历次科技革命的变迁、经济理论和管理理论的发展和变革、中小企业的发展息息相关的。其中，科技革命所引起的社会分工、专业化协作的发展深化和生产社会化程度的不断提高是社会生产对企业规模要求不断演变的基本因素。科技革命使蒸汽机、电力代替了人力，机械代替了手工，分工和专业化协作代替了个体独立的生产活动。随着企业的技术结构不断提高、企业规模不断扩张以及工业化的推进，制造业的工资成本不断上升和规模化生产导致产品价格不断降低，这种双向挤压的结果使中小企业的生存空间不断缩小，最终被挤出市场。因为中小企业在规模经济门槛较高的行业中生存和发展的空间极为有限，所以在这一时期主要从产业组织的规模经济出发，以产业特征研究中小企业的行业和市场定位。当代的科技革命和信息化表现为：一是通信技术和网络技术的应用改变了人们的时空观；二是社会分工、专业化协作由企业外部渗入企业内部而产生柔性生产方式，社会生产呈现社会化和个性化的两极发展趋势；三是随着高新技术的发展，中小企业在技术创新上的优势以及对现代经济的适应性得以充分体现；四是产业聚集、企业集群的形成和发展更新了人们对规模经济的传统认识。伴随这些变化，企业规模呈现两极化的发展趋势，中小企业的生存和发展空间豁然开阔，除了传统的生存空间外，中小企业在高新技术产业、与城市化进程密切相关的现代服务业中获得了前所未有的发展。因此，我们主要从企业组织的适应性，以及从中小企业的特征和竞争优势出发研究中小企业的行业和市场定位。但是，需要指出的是，中小企业毕竟不同于大企业，其规模既是一种优势，也是一种劣势，因此中小企业与大企业之间仍然存在科学定位与合理分工的问题。中小企业在那些资本技术构成高、资本投入大、大批量生产的行业中仍然不具备优势，除非作为以大企业为核心的、系列化生产的成员，与大企业共生共荣。另外，由于中小企业资源综合利用能力较低，易导致污染源分散、治理成本高且治理能力低下，因此中小企业在进入那些单位产品耗费资源较高，尤其是能耗较高的行业以及高污染行业时，一定要慎之又慎。这也反过来证明，中小企业通过聚集形成集群，将会进一步拓展自己的生存空间。上述理论无疑为中小企业在激烈的市场竞争中如何较科学地选择适应自身特点和优势的行业进入、如何合理进行市场定位提供了依据；反过来，又进一步强化了中小企业在社会经济中的影响和作用。

中小企业行业定位理论仍处在不断发展的过程之中，在很多方面需要进一步完善。第一，上述各个理论只从某一个侧面，如行业特征、中小企业自身特点来研究中小企业的行业分布和市场定位问题，尚未形成一个较为系统、全面的理论体系，难以满足目前中小企业的迫切需要。第二，大多数理论局限于静态分析或比较静态分析，缺乏动态研究，容易忽视对行业所处的生命周期、宏观经济、行业背景、科技变革，以及影响中小企业竞争力的各种因素的分析，因而对实践中的中小企业的行业分布和市场定位的指导意义未能充分体现。第三，缺乏足够的实证研究予以支持。在我国，中小企业的行业分布和市场定位问题至今仍未受到重视。在很多竞争性行业中，存在技术装备较高的企业挡不住技术装备较低的企业对其冲击的现象，主要是一些高技术水平的大企业经营竞争效率较低，不能对技术水平较低但经营效率很高的中小企业形成阻断其进入的竞争性门槛。社科院经济研究所宏观经济课题组对我国工业中的中小企业的行业分布状况进行了实证研究，结果发现：一是在一些进入壁垒较高、资本密集型、规模经济要求很高的行业，仍有大量中小企业不断进入，与大企业争资源、争市场，甚至不惜采取许多不正当竞争手段；二是在许多适合中小企业各种特性、能充分体现其竞争优势的较低进入壁垒的行业中，中小企业却未被充分利用，尤其是一些与居民生活服务相关的、产品个性化日益显著的行业；三是在中小企业总量中占比最大的几个行业，绝大多数属于中等进入壁垒的行业，但这些行业中的中小企业多沿用传统的生产方式和产业组织形式，布局分散，过度竞争，污染严重，生存和发展的空间不断收缩；四是成长性中小企业比重偏低，如果从行业分布角度来看，在进入壁垒较高的行业中，中小企业的成长性较低，而在进入壁垒中等和较低的行业中，有的中小企业的成长性较高，有的中小企业的成长性则较低，一般与行业内中小企业的数量有关，企业数量越多成长性越差。

7.4 小微企业的营销渠道

7.4.1 营销渠道的重要性

企业营销渠道非常重要，具体如下：

（1）营销渠道保证企业产品的变现。

企业产品生产出来后需要以有效而快速的方式将企业的产品送达目标顾客并促成购买，这就是营销渠道。成功的企业都具有完善的营销渠道，目标顾客可以通过不同的方式接触并购买到企业的产品，企业在扩大目标市场占有率的同时，可以快速回笼资金，有利于企业的产品升级、新品开发、生产规模扩大等，这样整个企业才能继续运转。

（2）营销渠道是企业的重要资源。

在产品同质化日趋严重的今天，企业所拥有的营销渠道也可作为一种极具竞争力的优势。营销渠道的多样化、扁平化使得企业对渠道参与者、目标顾客的把控更加有力，同时能够快速地将顾客的需求落实到公司战略和产品上。营销渠道的良好运行可以为企业带来持续发展的动力。

（3）营销渠道是企业把握市场主动权的关键。

企业通过营销渠道可以掌握竞争对手、目标顾客对于产品的反应、市场价格变动的情况、新品及替代产品的情况等。企业通过对这些信息进行甄别、过滤、加工，提升了信息的可靠性和可用性。企业利用加工处理后的信息，可以清楚地了解竞争市场、产品等方面的信息，并用于指导企业相关策略的制定，甚至可以作为公司整体战略的重要参考信息。企业先于竞争者掌握目标市场的相关情况，通过采取适当的措施抢占市场，即对产品、技术、价格、渠道以及企业整体运营等作出提前安排以适应市场环境的变化。在不断变化的市场环境中，如果企业一直能率先应对，那么企业的绝对和相对竞争优势会在这一过程中不断得到加强。

（4）营销渠道的建立有利于其他营销策略的使用。

为应对复杂的营销环境，营销策略既不能单独使用，也不能简单地组合使用，必须结合企业自身发展的情况进行动态组合、合理运用。营销渠道的建设在营销策略组合中起着基础性的作用。企业产品策略、价格策略、促销策略的实施都是围绕营销渠道开展的。产品策略最终的结果是产品要被目标顾客接受和购买，缺少营销渠道，再好的产品也只能停留在图纸上或保存在仓库中。价格策略和促销策略在一定程度上能够促进产品被目标顾客接受，其基础是产品首先要被目标客户了解和接触到，而这正是营销渠道的作用所在。营销渠道的建立及完善与否直接关系到其他营销策略实施效果的好坏。

7.4.2 小微企业营销渠道的特点

小微企业根据自身的特点，在营销渠道上也有一些不同的特点。

（1）营销渠道具有临时性、不稳定性。

小微企业没有规划营销渠道。小微企业的营销渠道大多都是通过借鉴、模仿而来的，在短时间内能缓解企业对市场开拓的需要，但是其弊端在于营销渠道的建设没有结合自身的情况进行合理的、全局性的安排，这在很大程度上影响了企业的后续发展。

（2）营销渠道建设缺乏专业人才储备。

小微企业有先天的优势，但也有不足之处。小微企业的创立基本上是基于创建者所拥有的资源或相关的优势。同时，由于小微企业受创建者思维、融资等方面的局限，导致了企业所拥有的专业人才较少。在市场竞争日趋激烈的环境下，如果还寄希望于企业创建者能做个多面手带领小微企业走得更远，企业必定会失败。营销渠道的建设不只是对市场的开拓，还有许多专业性工作需要拥有相关知识和掌握相关技能的专业人才来完成。小微企业在营销渠道建设上的误区和企业自身的先天劣势，导致在专业人才储备方面几乎是没有的。

（3）营销渠道建设成本居高不下。

企业营销渠道的建设需要投入相当多的费用，一部分是渠道开发人员的工资、差旅费等费用，另一部分是渠道费用，包括广告宣传、促销、物流等费用。这些费用的投入几乎是硬性的，每个企业都要考量费用投入与产出的关系。对小微企业来说，快速、高效地建立营销渠道是可以在一定程度上控制费用的，同时通过营销渠道运行所带来的收益来弥补费用，保证利润。但是，由于小微企业所掌握的资源相对不多，要建立完善、高效的营销渠道则需要投入更多的费用。

（4）营销渠道质量不高、整体运行效益差。

小微企业的营销渠道质量普遍不高、整体运行效益差，主要集中在：一是企业对渠道成员的选择标准过低，导致大量不能产生长期效益的渠道成员存在；二是渠道网络建设的随机性，对渠道网络的建设没有科学的规划和详细的布局，网点的开拓具有随机性，导致渠道网络不具规模和呈点状分布；三是渠道成员持续产生效益的能力较弱，渠道成员更替频繁；四是营销渠道的管理质量较差。这些问题将伴随企业很长一段时间，直到小微企业成长为中小企业后，才可能会进一步思考解决问题的方法。其实，这些问题涉及了企业的经营哲学，大多数企业会选择先生存下来再调整。

（5）忽视营销渠道的管理，渠道控制力差、营销渠道单一。

由于小微企业在观念、规划、专业人才等方面的欠缺，必然导致在营销渠道管理方面出现问题。小微企业对于营销渠道管理的认识普遍具有局限性、片面性，在具体执行策略上只重视新客户的开发，忽视老客户的维护和发展，只注重单一渠道的发展。渠道管理工作停留于表面，而更深层、更专业的工作没有开展，这导致了小微企业缺少渠道运营的能力，企业对渠道成员的控制相对较弱。经常会出现渠道成员对企业的营销政策存在讨价还价或彻底不执行的现象，渠道成员对企业的忠诚度不高，渠道成员间冲突不断。企业营销渠道单一，对新兴渠道反应滞后，最明显的表现为小微企业的电商转化率极低，企业只是创建了网页、发布了相关信息，而真正利用电商渠道销售产品并盈利的企业为数不多。

7.4.3 营销渠道模式创新

（1）小微企业营销模式创新的原因。

小微企业营销模式创新的原因有外部原因和内部原因，具体如下：

首先，是外部存在的原因。在现代知识经济的影响下，分销产业链是小微企业经营管理中最为注重的渠道，因为分销商比较了解区域市场，且其客户资源比较固定，可以利用企业去开阔区域市场。在客户情况和投资环境等方面，分销商有做过详细的了解，且拥有自己的互联网销售渠道，这样既能够降低企业的交易风险、投资风险，还能够使小微企业控制销售成本。分销商的经营管理影响着小微企业的销售量，随着市场经济环境的改变，分销商的位置也随之改变，在我国传统的营销渠道中，企业和分销商具有独立的、对立的利益关系，小微企业很难接触到消费者，更不用说和消费者进行直接沟通。对此，小微企业应控制分销商的行为，对分销渠道模式进行适当的改变，创新管理模式。在激烈的市场竞争环境中，小微企业要保持与分销商密切的联系，在现代技术的不断创新下，小微企业应不断深化对分销商的要求，积极建立起互联网外销渠道，规范管理营销渠道人员。

其次，是内部存在的原因。在经济与文化的不断发展中，消费者的需求更加多元化和个性化。小微企业要发展，就必然会选择多元化的营销渠道策略，单一的分销渠道难以满足消费者的需求。传统的营销渠道模式难以覆盖分销网络，只有改变分销渠道，才能让市场更加细分化。随着市场技术的提升，小微企业需要提供可靠的技术促进分销商的发展。但是，有些分销商未能运用网络信息技术，使其难以及时处理消费者的反馈，难以加强企业之间的关系，从而制约小微企业经营管理效益的提高。

（2）小微企业营销渠道模式创新的对策。

首先，是整合营销渠道。要使营销活动高效、持续地发展下去，企业必须利用系统化的理念对营销渠道进行建设和整合，合理利用营销渠道的资源，增强营销渠道的竞争力。在新的经济时代下，小微企业需要积极创新营销渠道模式：一是运用不同的渠道来实现市场的细分，但这会出现相同的营销渠道，渠道之间存在较为严重的竞争；二是运用独立的营销渠道来实现市场的细分；三是对前两种模式进行整合，即在大规模市场上运用第一种营销渠道，在产品细分市场上运用第二种营销渠道。在整理设计营销渠道时，企业要有针对性：分析消费者的购买标准、研究消费者的购买方式，让企业的营销渠道更加符合消费者的购买标准。考虑营销渠道和产品之间是否相适应，匹配产品与营销渠道的复杂性及接触性，在营销渠道中实现双方的接触，为买卖双方提供产品服务与支持。

其次，是营销渠道的管理。企业要以消费者的满意为依据，消费者是否忠于企业取决于消费者对企业的满意度，整合营销渠道的前提条件是消费者的忠诚度。企业在制定营销渠道策略时，要审视是否符合消费者的需求，是否具有经济效率，营销渠道的表现由目标消费者来进行评价。相对于小微企业，单一的渠道策略会有束缚性，要选择多渠道的营销策略，才能保障企业的经济效益。

7.4.4 网络时代科技型小微企业的营销渠道创新

科技型小微企业网络营销渠道的建设有如下意义：

第一，可以节约成本。科技型小微企业的网络营销渠道可以有效地降低企业的采购成本，简化采购流程，为产品营销节约宝贵时间，将材料采购、产品生产、订单服务等环节通过互联网技术结合起来，为企业营销渠道的落实争取时间优势。另外，利用网络技术拓宽营销渠道，可以降低企业运营的材料损耗费用，可以方便顾客查询所购产品的信息和物流情况，有利于所有产品在网络上更快地更新，还可以对企业调研产生的各项费用进行科学合理的规划，避免浪费，节省广告投资费用，为企业向国际化营销渠道发展奠定了基础，从制度、管理、人力资源等方面为企业的长远发展保驾护航。

第二，可以拓宽企业的营销渠道。在网络上可以提供全天候的广告及服务而不需要增加开支，利用网络技术为顾客提供更快速、更直接的购买渠道。

第三，有利于企业实现全程营销目标。互联网技术的发展为企业的营销渠道提供了全新的平台，科技型小微企业可以通过在线讨论广场、电子布告栏和电子邮件等方式进行沟通，以较低的成本在营销过程中对消费者进行实时的信息收集。

第四，更有效地服务于顾客的需要。在竞争激烈的买方市场中，网络营销更能体现出顾客的思想，顾客可以拥有更大的选择空间，他们可以根据自己的特点和需求进行购买，在全球范围内不受限制地寻找自己满意的商品，且可以实时进行购买，所以对顾客来说，网络营销渠道不但满足了顾客对购物方便性的需求，而且提高了顾客的购物效率，促使总体价格趋势得到明显的下降。

科技型小微企业的营销渠道面临一些问题，典型性的问题如下：

一是招商难。科技型小微企业在营销渠道上往往表现为招商难，通常优秀的经销商在选择产品时会从产品盈利能力大小、市场未来需求情况以及厂商可提供的促销支持力度等方面来考察生产厂商是否具有雄厚的实力。而在这种情况下，科技型小微企业的产品很难成为有经验的经销商首要选择的目标，企业在招商方面往往是付出多却收获甚微，因为通过各种招商形式很难找到可以作为战略合作伙伴的理想经销商。招商困难，成为制约科技型小微企业发展的重点问题之一。

二是与零售商合作难。零售商的特点是尽量避免风险，而科技型小微企业在零售上存在一定的风险，如供货量、供货时间、库存地点等因素都对其与零售商的合作产生消极影响。在未能解决这些问题以降低零售商风险的情况下，科技型小微企业即使与网络时代结合，也很难真正打开新的营销渠道。

三是渠道控制力薄弱。考虑到成本问题，绝大部分科技型小微企业在营销模式上不会选择直销的运作方式，往往会采用销售代理商模式，而代理商从获取利益最大化的角度出发，肯定会倾向于选择可以扩大自身影响力，且能够提高自身利润的商品品牌。因此，科技型小微企业的产品一般不会成为代理商的主销商品。而在商品的市场开发、市场覆盖等方面，代理商通常也很难遵从企业的要求，科技型小微企业对此也无能为力，渠道控制力弱。

科技型小微企业建立渠道时存在一些制约因素，这些制约因素有：

一是产品因素。科技型小微企业生产的产品一般为某行业的领军产品，具有自身独特的性质，面对这类产品企业需要建立短而宽的渠道，可选择直销、商物分流等适合的渠道来运作。同时，要使渠道内的中间商的产品种类齐全，且数量多。但是，从现实情况来看，科技型小微企业的财力和管理能力与这种需求是不匹配的。

二是中间商因素。由于科技型小微企业产品自身的原因，顾客的特性表现为数量不多、购买批量小，因此科技型小微企业在中间商的选配上会存在以下问题：首先，经营规模大、分销能力强、有实力的中间商不愿意经销；其次，在中间商销售的所有产品中企业的产品一般不会是主营产品，而是加价高、销售资源配置少的只为增加利润的配销角色。此外，由于科技型小微企业的人力资源有限，对中间商的沟通和管理通常是几个部门通力合作，缺少专门的网络营销管理部门，增加了配送和库存验货的时间，对网络营销的扩大发展造成了不利影响。

三是企业因素。科技型小微企业在人力、财力、物力上的弱势是渠道建设的又一个难题，主要表现在以下方面：首先，在渠道方面，如果科技型小微企业选择与大企业相同或相似的渠道，则在激烈竞争中很难与大企业抗衡，而要想开拓出不同于大企业的全新渠道，则需要投入大量的人力、财力、物力，这是很多科技型小微企业难以承受的；其次，随着企业的发展，当科技型小微企业的初建渠道与不断扩张的销售量和顾客服务需要不相匹配时，就需要企业对原有渠道进行适当的调整或者更换，由此产生的高额的机会成本也是企业无法承受的。

网络时代科技型小微企业营销渠道的创新，具体如下：

一是利用网络资源设计营销渠道。首先，选择中间商，结合网络资源。科技型小微企业应兼顾物流、配送、库存、供货时间等因素选择合适的中间商，创新营销渠道模式，如线上订单、线下配送，定期做市场调研、地域调研，在合适位置设置库区来存放产品，在充分利用资源的同时，兼顾网络营销特点，灵活配送、灵活下单、灵活管理，使其真正实现利用网络展开、利用网络管理、利用网络维护售后服务。其次，激励中间商。在利用网络资源设计营销渠道时，要合理激励中间商，利用科技型小微企业发展特点和网络营销模式进行综合分析，为中间商设置激励政策，并积极落实执行。例如，定期对中间商开放优惠存货政策，使中间商获利的同时，调动其主动营销的积极性，为后续与中间商的长期合作打下良好基础。

二是树立新的网络营销理念。科技型小微企业要合理树立新的网络营销理念，将网络营销与其自身发展长久结合起来，充分利用网络营销的特点，创新发展模式，积极利用个别免费的拓宽营销渠道的方式、方法，解决科技型小微企业在创业初期的资金和人力不足的问题，将科技型小微企业的营销设计充分与网络时代结合，树立网络营销、网络发展的创新理念。

三是制定全面的网络营销渠道协议。为了充分落实科技型小微企业的网络营销渠道策划，需要科学合理地制定全面的科技型小微企业网络营销渠道协议，以便落实各项具体营销渠道政策。在网络营销渠道协议确定之前需要对市场、行业和企业进行充分的调研，对网络营销的受众心理进行科学分析，以确保后期网络营销发展更加顺畅。网络营销渠道协议的内容要充分利用网络营销受众面广、发布形式多样、部分发布平台费用低廉等优势，将科技型小微企业的产品卖点集中展现，以全面、科学、合理的姿态打开网络营销新市场。

四是设立专门的网络营销管理部门。科技型小微企业可以成立网络营销部门或者任命网络营销专员来处理网络营销事宜，便于网络营销与营销渠道的联系，还可以对科技型小微企业的营销效果进行及时监督、对营销渠道遇到的各类问题及时进行解决、对同行业类似产品的营销渠道进行专门的分析。因此，设立并逐步完善专门的网络营销管理部门，不仅可以及时对网络营销渠道的合理性进行全过程监督，还有利于科技型小微企业网络营销渠道的完善。

五是以网络技术处理渠道冲突。科技型小微企业应科学合理地解决网络营销渠道与其他渠道的冲突，具体可从以下方面进行分析：首先，通过处理厂家与中间商的渠道冲突，改善厂家的营销方式，合理解决中间商对厂家的依赖性，使厂家与中间商共同创新科技型小微企业的营销渠道，实现互惠共赢；其次，利用网络技术合理解决科技型小微企业的渠道营销难题，成为解决企业渠道冲突的润滑剂，缩短营销流程，将营销策略与网络技术结合，更好地实现企业营销效果；最后，利用网络技术处理渠道通路方向，加强各渠道间的通力合作，提高沟通效率，为创新发展科技型小微企业渠道方向提供新的思路和方向。

第8章

供应链金融

8.1 显中金融学

从消费者的角度来看，消费者的资金需求曲线和资金供给曲线，无论在均值还是在方差上都存在差异。比如，消费者在满足法定劳动时间之前，有资金需求（如吃、穿等基本需求和学习等高级需求）。此时，消费者的资金需求在30～40岁达到峰值，之后就开始缓慢下降，这时消费者的资金需求曲线的标准差极大，而消费者的资金供给曲线的标准差不大，资金供给一般在退休时达到峰值，之后就开始下降。

从企业的角度来看，企业生产时需要投入资金，在销售后才能获得资金，因此企业的资金需求曲线和资金供给曲线也存在差异。正是这种资金的时间差异，才使得资金具有时间价值，金融应运而生。

显中金融学正是从两种曲线的不同参数来研究金融问题的。由于本书主要涉及小微企业，且显中金融学的内容复杂，因此本章将简要介绍小微企业的显中金融学。

8.1.1 小微企业的显中金融学

多数小微企业在正常状态下并不缺少资金。其原因如下：

首先，多数小微企业技术含量低、规模小，因而资金需求不大。比如，夫妻店、早茶店等，这类小微企业技术含量普遍不高，几乎没有品牌，产品的辨识度也低，要求的环境也低，因而成本低，只要业主自身投入一定的资金就可以了。

其次，多数小微企业风险小、利润低，因而投机需求不大。比如，煎饼店的盈利不大，风险也小，因而对一些投机的需求就少。也就是说，小微企业的业主敢于投入，因为风险不大，所以损失也不会太大。

但是，有些小微企业的产品技术含量高，虽然企业的规模小，但是其资金需求大。由于这类企业的产品技术含量高，未来收益也大，因此有吸引投资的需求。本书基本是围绕这类企业展开的。

这类企业往往有两次融资需求，第一次是小微企业向中小企业过渡的时期，第二次是中小企业向股份制企业过渡的时期。本书主要关注第一次的融资需求。

对于第一次的融资，投资者和融资者需要辨别小微企业的仁值和义值。仁值就是小微企业满足一部分消费者心理需求后达到的均值。关于如何确定仁值和义值将在后续的章节中进行讨论，此处只做一般性的分析。首先，在仁值方面，对投资者和融资者来说，己所不欲，勿施于人，因此要求小微企业的业主需要自身投资，没有自身的投资，仅靠三寸不烂之舌，这个小微企业的仁值是没有的。当然，由于业主的个人特性不同（如刚刚毕业的大学生创业越来越多），自身的投资有多有少。其次，没有义值的仁值仍然是虚伪的，也是不可靠的。义值的大小是对仁值认识的程度。好多凭着一腔热血，或者几个名词概念，就试图成功的，基本上都是没有义值的。举一个实际发生的例子：有一个朋友突然请我吃饭，吃饭过程中，他说搞了个专利，是生产椭圆形轮胎的，根据他的研究，汽车安装上这个椭圆形轮胎，一旦启动就能一直运动下去，这样能节省大量的汽油。当时在座的还有国内一流高校的毕业生，他们对此赞不绝口，而我表示了反对。之后，这个朋友不再找我了，据说某地方政府以此作为高新技术项目给予支持，朋友把自己从股票市场上挣得的钱全部投入到这个产品上，生产出来的产品却不能用，国内一流高校的专家说加工设备不行，于是朋友又高价从德国进口二手设备（实在没钱了），但是进口设备加工出来的产品还是不行。朋友在北京有几处房产，听说都卖掉了，现在只能住在河北某村办公室。这个项目就是典型的有仁无义。它的仁值完全符合要求，尤其是业主本身也确信无疑。如果这个项目有义值，这个仁值还是非常高的，对当前低碳社会来说，简直就是雪中送炭。但非常可惜，它缺少义值。为什么说它没有义值？因为这种产品没有界限，即跨界了。你说它是轮胎，这是从它的特性来说的；你说它是能源，这是从它的效果来说的。那它到底是什么？其实了解永动机的人都知道，这就是一种永动机而已。

对第二次融资来说，现在有很多的理论和实践。从显中金融学角度来讲，就是大仁大义的过程。所谓大仁，就是原来的均值变大了，即服务的客户变多了。比如，已经生存下来的企业的原有客户只能是某一部分的人群，现在需要融资，扩大生产规模，因而服务的客户就扩大了。所谓大义，就是在不改变均值的情况下，产品的范围扩大了。前者主要是规模经济，后者主要是范围经济，在产品链条上进行扩大。所谓大义灭亲，就是在范围经济内不能有妇人之心，而是根据情况决断进行。仁值和义值没有改变的融资，其意义不大，有时可能带来危害。比如，裕兴电脑公司是一家非常厉害的企业，这家企业是由中国科学院的几名年轻学者创业成立的。它原来致力于学习机，服务对象和服务范围都非常固定。后来它成为内地第一家在中国香港上市的科技型企业，获得了几千万港元的融资。但是，在融资之后，企业没有在仁值和义值上有所改变。作为学习机，市场就那么大，学习机的产品链也已经成熟，因而范围经济的多元化再无法进行。正好健力宝企业要融资，于是裕兴电脑公司投资1亿元，后来发现这是一个坑。由此可见，在第二次融资时一定要有大仁或者大义的出现。

8.1.2 小微企业的融资渠道

首先，当小微企业面临生死关口时，融资就是其顺利通关的关键。在小微企业初创期，产品的选择还没有完全定型，因此其仁值和义值均可能发生变化，融资渠道比较狭窄。

自有资金是小微企业的首要资金来源，也是其他资金投资的关键。很多投资者投资失败都是由于听信谣言，而没有看到企业自有资金的投入而造成的。如果小微企业自身都不愿意投入一定的资金，则说明他对产品或项目也不信任。

其次，小微企业需要借助风险投资资金。在网络时代，这种投资主要是通过互联网进行的，因此又被称为互联网金融。互联网金融的范围很广，但是在多数情况下，仍然是小微企业或者个体商户的主要融资渠道。其原因是它的成本比较低，且小微企业或者个人的抵押物品不多，可以借助虚拟的互联网来进行放贷。

再次，小微企业的主要社会关系就是产业链上的相关利益方，因此供应链金融是其融资渠道之一。对于小微企业的产品，只有上下游的企业才能有所了解，所以借助供应链上的相关企业进行融资是小微企业很好的融资渠道。

最后，国家或者地方政府积极支持小微企业的发展，各个平台或者公益组织也愿意支持小微企业的发展，因此小微企业在融资时需要关注宏观政策和区域差异等。

本书正是基于以上的分析，分别从供应链金融、互联网金融、小微企业的宏观风险和区域差异等方面进行分析。

8.2 供应链金融的含义

所谓供应链金融，是指银行对一个产业供应链中的单个企业或上下游多个企业提供全面金融服务，以促进供应链核心企业及上下游配套企业“产-供-销”链条的稳固和流转顺畅，并通过金融资本与实业经济协作，构筑银行、企业和商品供应链互利共存、持续发展、良性互动的产业生态。

供应链金融最初源于1999年，由深圳发展银行某分行在开展业务时为了突破资本金不足、主要市场份额被四大国有银行把控而进行的探索与尝试，主要从核心企业入手研判整个供应链，将资金有效注入处于相对弱势的上下游配套小微企业，以解决小微企业融资难的问题。

供应链金融以供应链上下游企业之间真实的交易项中的资金流、物流和信息流为依托，以交易项下的未来现金回笼为还款保障，由银行向企业提供金融支持，满足企业的综合金融服务需求。这种融资模式在银行内部被称为“1+N”供应链金融模式，所谓“1”，就是供应链上的核心企业；所谓“N”，就是供应链上的小微企业。供应链金融的特点是抓住大型优质企业稳定的产业供应链，围绕供应链上下游经营规范、资信良好、有稳定销售渠道和回款资金来源的企业进行产品设计，借助于核心企业的实力和信誉，为上下游的小微企业提供金融服务。这种模式突破了银行传统的评级授信要求，无须提供抵押和质押担保，为小微企业的融资提供了新渠道。

供应链金融是一种包含了金融服务功能的供应链服务，它的产生结合了物流行业和金融行业两大领域。

具有可靠性的小微企业主体在财务方面的特点和在同一行业中的地位不再是供应链金融业务所单方面强调的，信贷的最终决策也不再根据对这些主体的片面评估而得出，而是通过银行这个中间机构，对同一条供应链上的单个或多个小微企业提供完整的金融服务，以此来保持核心企业以及小微企业在“生产商-供应商-分销商”这条完整供应链上的稳定持续发展，通过实体交易的经济活动与金融资本的良好配合，形成一条“银行-企业-商品”三者互利共存、优良循环、可持续发展的绿色供应链条。概括来说，供应链金融就是一种“1+N”的模式，在整条供应链中，寻找出一个大的核心企业并把它作为出发点，为整条供应链提供良好的金融支持，实现整条供应链的巨大价值。

8.2.1 供应链金融的起源

供应链金融的产生有其深厚的历史背景和市场需求，最早可以追溯到19世纪早期的荷兰银行运行的仓储质押融资业务。20世纪80年代，世界顶尖公司为了使全球性业务外包的成本最小化，提出了供应链管理的概念。全球性外包业务的劣势是供应链整体融资成本变得极高，而且一方资金流的问题可能带来供应链上一系列的、连续性的消极影响，事实上根本没有利用分工带来的效率优势和接包企业劳动力所带来的最终成本节约优势。因此，核心企业慢慢对供应链管理的价值进行探索研究，业务创新活动也开始在银行业中进行，通过这一系列的探索来满足这种需求。把目光转向国内，供应链金融最早起源于20世纪末，由深圳发展银行某分行在当地开展业务时为了探索和尝试突破资金短缺以及主要市场份额被四大国有银行控制的局面，通过核心企业来对整个供应链进行研究，在相对实力较弱的小微企业中融入有效的流动资金，以此使小微企业融资难的问题得到解决。所以，供应链金融的产生是金融行业一项显著而伟大的创新。

8.2.2 供应链金融的特点

供应链金融具有以下特点：

（1）以核心企业为切入点研究整个供应链。

一方面，在相对实力较弱的小微企业中融入有效的流动资金，使供应链失衡的问题得到缓解；另一方面，在小微企业的购销行为中融入银行的信用，更大程度上提升小微企业的信用等级，并提高其在商务谈判中的地位，使供应链上各企业的合作更加平等互利，有利于小微企业之间建立长时间的合作关系，使整条供应链的竞争能力得到提升，同时有助于整个供应链的发展趋向稳定的良性循环，供应链上企业的经营和发展也越来越成功。

（2）以全新的角度评价小微企业的信用风险。

在供应链金融理念的基础上，银行等金融机构将关注点放在对整个供应链及其交易的评估上，而不是只考虑对小微企业本身信用风险的评估，这样不仅对小微企业经济业务的风险进行了真实评价，而且使得小微企业进入银行的服务范围越来越广，使其在金融市场上更加有立足之地。

8.2.3 供应链金融对小微企业的意义

供应链金融对小微企业具有以下意义：

（1）解决银行与小微企业信息不对称的问题。

在同一条供应链上，企业与企业之间相互交流信息，相互进行经济活动，银行可以将小微企业放入整条供应链中进行考察分析。在同一条供应链上，各小微企业之间的信息交流较畅通，能够比较便捷地了解交易双方的资金实力、信誉程度以及盈利状况等。供应链金融的特征之一是企业之间的信息可以相互分享，在此种融资模式下，银行信息来源的对象不再仅限于单个小微企业，而是针对整条供应链，通过小微企业之间信息的共享，极大地减少了小微企业融资中的风险问题。在供应链中，小微企业处于一个顺畅的运营环境中，同时拥有了一个稳定的企业经济活动交际圈，而银行获得企业信息不再艰难，反而更加便捷，并且能更好地把握小微企业的发展方向。因此，银行对小微企业信贷风险的评估、分析、监控更为便捷，使银行和小微企业之间的信息交流不对称的问题得到了有效的缓解，同时银行对小微企业提供贷款的积极性得到了激发，小微企业融资难的困境也得到缓解。

（2）小微企业与核心企业信用捆绑，提高信用度。

小微企业的信用等级偏低是一种普遍现象，它们拥有较少的可抵押资产，财务体系与大企业相比较不健全，所以在传统的授信方式下，银行为其融资的可能性极小。而在供应链金融中，小微企业则是银行提供贷款融资的重要目标对象，小微企业与核心企业的信用相互联系在一起，并且在小微企业的信用中导入核心企业的信用优势。银行侧重于对整条供应链的信用风险进行评估，而不是单纯对小微企业的信用进行评估，其风险由单一的小微企业向整条供应链转移，一定程度上为银行发现小微企业的核心价值提供了有利的途径，提高了小微企业的信贷评级，为小微企业获取融资提供便利，降低了银行的信贷风险，并且为小微企业成为与核心大企业风险相当但收益更高的市场经济群体提供了一个宝贵的机遇。

（3）有效盘活小微企业的动产。

大多数小微企业的资本实力有限，可以作为抵押品的不动产极少，其主导资产是动产，且存货占比最大。供应链金融打破了传统抵押的旧格局，小微企业的资产状态刚好符合供应链金融业务产品的分类，分别为应收类资产、预付类资产和存货类资产。其中，存货类资产是小微企业可以用来融资的主要对象。在小微企业的生产经营中，原材料、在途物资等流动产品会经常受到经营周期的影响而占用大量的流动资金，如果通过供应链金融的服务，就可以将货物的所有权暂时抵押给银行来获取贷款，并驱动经济业务的顺利进行，有效解决小微企业现有的融资问题，使动产有效盘活，把有限的流动资金用于产品在市场中的开发与推广，从而减少资金的占用率。在供应链金融模式下，小微企业可以向银行质押所交易产品的动产或货物的所有权，银行以一种独特且全新的方式为小微企业提供了整体融资方案，盘活了企业的定性资金，有效提高了资金利用率，解决了小微企业融资的理念问题和技术瓶颈，并且使小微企业在信贷市场上不再望尘莫及。

（4）弱化银行对小微企业资金实力的限制，满足小微企业资金需求。

在供应链金融模式下，银行的关注点不再局限于评估单个小微企业的经营状况，也不再局限于关注它的财务状况和信贷准入门槛，而是侧重于小微企业每笔具体的交易业务。银行在评估信用风险方面，直接将对小微企业静态财务数据的评估转变为对整个供应链动态风险的评估。在整个供应链融资的过程中，银行侧重于考察贷款企业的真实经济交易背景以及企业历史信用度的具体情况，其贷款风险主要通过资金链的连续运作和确保每笔经济业务发生后的资金回笼来进行控制，这就为没有达到特定财务标准而无法得到银行贷款支持的小微企业提供了有利条件。也就是说，小微企业现在可以通过真实的单笔交易业务来申请银行贷款，以满足小微企业对流动资金的需求。

（5）降低小微企业的融资成本，提高其资金周转率。

在供应链上，核心企业获得金融服务的方式是各异的，可以利用各银行之间的竞争，将其自身的融资成本降到最低。如果供应链中的核心企业可以作为供应链上小微企业的代表，与银行进行一系列的协商合作，那么供应链上小微企业的态度肯定是积极乐观的。因为供应链上的核心企业可以借助其自身的企业规模、资金实力和信誉优势为小微企业获得极为实惠的融资条件，从而降低小微企业的融资成本，提高小微企业流动资金的周转效率，缓解小微企业的财务压力和融资窘境。

8.3 供应链金融对小微企业的作用机理

8.3.1 小微企业的融资约束

一般而言，融资约束主要源自企业内外部融资成本的差异，即信息不对称和交易成本差异。研究表明，内外部融资约束与代理问题有关，即投资者为避免因委托代理问题带来的损失，通过风险溢价的方式进行风险补偿，从而提高了融资成本。国内一项研究发现信息不对称对内外部融资约束的影响存在明显差异，可以显著缓解融资约束程度较高的企业的内部融资约束，但对其外部融资约束的影响不显著①。

主流的融资约束度量模型有两种：一是投资-现金流敏感度模型，采用投资对现金流的敏感性系数来衡量企业的融资约束程度②；二是现金-现金流敏感度模型，采用现金对现金流的敏感性系数来衡量企业的融资约束程度③。

企业内部融资约束与外部融资约束存在差异，且受融资环境和委托

---

① 李勇，胡非凡. 信息不对称一定导致融资约束吗？——基于中国上市公司的实证分析[J]. 金融经济学研究，2016(1)：96-105.

② 顾群. 供应链金融缓解融资约束效应研究——来自科技型中小企业的经验证据[J]. 财经论丛，2016(5)：28-34.

③ ALMEIDA H，CAMPELLO M，WEISBACH M S. The cash flow sensitivity of cash[J]. Journal of Finance，2004，59(4)：1777-1804.

代理的影响，还会出现投资不足的情形。因此，企业的现金流、投资机会、融资环境之间的关系对企业融资约束程度起到决定性作用。现金-现金流敏感度模型能够更好地反映此种差异：存在融资约束的企业，尤其是存在严重融资约束的企业，很难通过各种传统的融资渠道获得资金，从而使其不得不从自身的现金流中提取资金，并进行累积以满足自身的资金需求（或支持未来的投资），此时企业存在现金-现金流敏感度；不存在融资约束的企业，很少会出现资金不足的情况，它可以随时获得自身发展所需的资金，因此持有现金的企业不会产生任何收益，这种情况下不存在现金-现金流敏感度问题。

8.3.2 信息不对称影响科技型中小企业融资效率

由于信息不对称，企业的外部资金提供者处于劣势地位，并产生策略上的逆向选择问题，从而不利于企业融资。与大企业相比，中小企业拥有更多私人信息，其典型表现为银行与企业之间的信息不对称。其中，银行是主要外部资金的提供者，因而不得不设置更多的外部监管，从而提高了中小企业的融资成本。一些研究证据也表明，改善信息不对称现象有助于提高科技型中小企业的融资效率。例如，信息披露质量、资本投入增长率与资本产出增长率之间的灵敏度存在显著的正相关关系时，可促进资本向高效率领域配置①。

有些学者②将证券分析师对每股收益预测的标准差作为信息不对称程度，还按照样本企业信息不对称程度高低，对样本企业进行排序，并选择信息不对称程度较低的899家企业和信息不对称程度较高的899家企业进行比较研究，以考察信息不对称程度与融资约束之间的关系，以及信息不对称程度与供应链金融之间的关系。研究发现，高信息不对称

---

① 李海凤，史燕平．信息披露质量影响资本配置效率实证检验[J]．重庆大学学报(社会科学版)，2015(2)：42-47．

② 姚王信，夏娟，孙婷婷．供应链金融视角下科技型中小企业融资约束及其缓解研究[J]．科技进步与对策，2017，34(4)：105-110．

组的现金-现金流敏感度系数为0.1775，高于低信息不对称组（差值为0.0704），表明信息不对称程度不同的科技型中小企业之间的融资约束存在明显差异，低信息不对称组的融资约束低于高信息不对称组的融资约束，即高信息不对称组的科技型中小企业面临更大的融资约束。

8.3.3 供应链金融对信息不对称的作用机理

首先，必须讨论核心企业在解决信息不对称中的作用。

在供应链中，核心企业具有资产规模大、盈利能力强、可持续发展能力强和企业声誉良好等优势。该优势在协同效应和扩散机制作用下，会向供应链中的中小企业传导。

利用供应链上核心企业的信息资源优势，中小企业可以缓解自身信用记录不足及信息不对称的窘境，从而解决企业融资难的问题。另外，金融发展和金融创新能够显著缓解中小企业融资约束。在一项更加精细的分析研究中，特别考虑了全球供应链结构对企业定价和估值（信息不对称的作用对象）的影响，阐释了核心企业缓解信息不对称的机理：通过部门间的利润激励和调整进一步提高供应链整体的效率，再通过核心企业的资源集中效应解决信息不对称问题。

其次，需要探索第三方物流对信息不对称的缓解作用。

作为一种金融创新模式，供应链金融离不开第三方物流（充当科技型中小企业和银行的中间介质）的支持。第三方物流能够减轻银行与企业之间信息不对称的程度，有助于满足科技型中小企业的融资需求，对供应链金融形成保障。第三方物流的作用：一是能够帮助银行了解科技型中小企业提供的抵押物。二是利用自身收入或现金流的稳定性建立与银企的长期合作关系。三是协助企业改进信息披露质量①，提高中小企业的信息透明度。其中，物流外包作为一个特例，采用正式的外包物流

① 周雪敏，徐鹏，邓哲锋．信息不对称下委托模式融通仓银行对第三方物流的激励和监督[J]．西南师范大学学报（自然科学版），2015(5)：82-87．

供应商和企业之间的合同，有助于解决具有信息不对称的特定资产融资问题。

有些学者[①]以（t年短期借款+t年应付票据）/t年年末公司总资产的公式，作为对供应链金融发展程度的衡量标准，对样本进行具体分析，发现全样本中现金流与供应链发展水平指标的交乘项系数为-0.5819，并在1%水平上显著，表明供应链融资的发展能够有效缓解科技型中小企业面临的融资约束问题。低信息不对称组中交乘项系数为-0.1069，高信息不对称组中交乘项系数为-0.2593，二者存在较大差异，说明发展供应链金融对科技型中小企业（与银行之间存在较高程度的信息不对称）融资约束的缓解效应更明显，即供应链金融可以有效缓解科技型中小企业所面临的融资约束，且因信息不对称程度的不同，供应链金融发挥的缓解作用也明显不同。

8.4 供应链金融的作用和价值

供应链金融在小微企业和银行之间起到了独特的作用和价值，具体表现为以下方面：

一是降低融资成本。核心企业由于与供应链上下游中小企业有长期的贸易往来关系，不仅对供应链上中小企业的经营状况、信用状况、管理水平等方面有较为全面的了解，而且通过订单和销售渠道选择控制着中小企业的未来生存与发展。银行通过核心企业的担保将对中小企业的授信转化为对核心企业的授信，破解信息不对称问题，极大限度地盘活资金，让中小企业能够以相对较低的成本获得融资。

二是降低融资门槛。在供应链金融模式下，为了应对中小企业资信普遍偏低的特点，银行可以只关注每笔具体的业务交易，适当淡化对企

① 姚王信，夏娟，孙婷婷．供应链金融视角下科技型中小企业融资约束及其缓解研究[J]．科技进步与对策，2017，34(4)：105-110.

业的财务分析和贷款准入控制。在融资过程中，银行重点考察申贷企业单笔贸易真实背景及企业历史信誉情况，通过资金的封闭式运作，利用贸易自偿性来控制贷款风险，从而使一些因财务指标不达标而导致贷款被拒的中小企业，可以凭借单笔业务交易背景的真实性来获取贷款融资。

三是降低融资风险。通过对物权单据的控制和融资款项的封闭运作，银行可以对资金流和物流进行控制，使风险监控直接渗透到企业生产和贸易的过程中，有利于对风险的动态管控。同时，供应链金融在一定程度上实现了银行授信与融资主体风险的隔离。银行更注重企业交易背景的真实性和连续性，通过对企业的全面审查，确定企业的销售收入作为其融资的还款财源，同时限定融资期限与贸易周期相匹配，使资金不能被随意动用，以降低银行发放贷款的风险，从而鼓励银行拓宽中小企业融资业务的范围，这在一定程度上缓解了惜贷、拒贷的问题。

第9章

互联网金融

随着余额宝、比特币等互联网金融货币的流行，以及“互联网+”行动计划的提出，互联网金融对人们的生活产生了巨大影响。作为传统金融行业的中流砥柱——商业银行，势必会受到互联网金融的冲击，尤其是在存贷款业务和中间业务等方面会受到较大影响。而互联网技术也为商业银行提供了新的思路。“互联网+金融”“互联网+银行”便是其中的结合。

从政府不断出台的金融、财税改革政策中不难看出，扶持中小企业发展已然成为主旋律，占中国企业总数98%以上的中小企业对中国经济发展的重要性可见一斑。而从互联网金融的轻应用、碎片化、及时性理财的属性来看，相比传统的金融机构和渠道，更易受到中小企业的青睐，也更符合其发展模式和刚性需求。

9.1　小微企业与网络金融

小微企业的发展越来越需要金融的支持，而传统的金融模式很难较好地服务于小微企业，因此互联网金融应运而生。

互联网金融以传统金融不愿服务的小额、分散性需求为突破口，目标客户是“二八定律”中80%的“长尾”小微客户，通过提供异质化和个性化的服务，以小利润争得大市场，成为实现长尾效应最好的平台，补上传统金融的短板。

9.1.1　网络金融的理论依据

一般来说，广义金融的理论首先是信息不对称理论，其次是长尾理论。当然，最基本的金融理论还是金融中介理论。

所谓信息不对称理论，是指在市场的经济活动中相关人员对相关的信息有不同的理解，掌握有利信息的人往往处于有利的地位，而信息匮乏者则处于不利的地位。这种理论认为，市场上的卖家比买家对商品有更好的了解。一个有更多信息的政党可以通过向穷人传递可靠信息而受益于市场。假如一方所知的信息很少，就会试图从另一方获取更多的信息。市场信号在一定程度上可以弥补信息的不对称。

长尾理论是网络时代兴起的一种新理论。由于成本和效率的因素，当商品储存、流通、展示的场地和渠道足够宽广，商品生产成本急剧下降以至于个人都可以进行生产，并且商品的销售成本急剧降低时，几乎任何以前看似需求极低的产品，只要有卖，都会有人买。这些需求和销量不高的产品所占据的共同市场份额，可以和主流产品的市场份额相当，甚至更大。也就是说，企业的销售量并不是传统需求曲线上“畅销”的头，而是被遗忘的“长尾”。例如，一家大型书店通常有10万册图书，但亚马逊网上书店的图书销量有1/4来自前10万册。这些“冷门”书籍的销量正以很高的速度增长，预计未来将占到图书市场的一半。这意味着消费者面临无限的选择，他们真正想要的和他们想要实现的渠道有了很大的变化，同时出现了一套新的商业模式。简而言之，长尾效应需要更多的人，当有需求的时候，更多的人会意识到，所以冷门产品不再是冷门。

金融中介理论可以分为新理论和旧理论。新理论主要是对信息经济学与交易成本经济学并行发展的回应。也就是说，随着信息经济学和交易成本经济学的发展，金融中介理论将信息经济学和交易成本经济学作为一种分析工具。新理论为金融中介机构提供的各种转型服务提供了更详细的识别和分析，更深入地探讨了金融中介该如何利用资源获取有用的信息，克服交易成本，通过改变风险和收益的比例来实现这些转换。在新理论中，第一代和第二代金融发展理论有不同的观点。前者认为，金融中介机构利用贷款规模经济的优势来投资和管理初级证券的成本，只相当于大多数个人借款人的单位成本的一小部分，交易成本、信息成本和不可分离性等因素是金融中介存在的原因。后者认为，信息获取和交易监管的比较优势使金融中介机构得以形成，各方的流动性偏好和流动性约束导致了金融中介的形成。金融中介发展至今已经突破了交易成本、信息不对称的约束，开始强调风险管理、成本和价值增加，金融中介理论正在从消极的角度（中介将储蓄转化为投资）向积极的角度（在转换资产的过程中提供附加价值，中介作为最终储户和投资者）转变。

9.1.2 网络金融

一般来说，网络金融结合了网络技术和金融服务，在互联网或移动互联网上产品的交互环境下进行的相关金融业务，主要包括银行、证券、保险和其他金融机构与实体媒介，互联网在线服务和各种各样的互联网在线服务平台，直接或间接地向客户提供第三方金融服务。

互联网金融的主要业务模式有第三方支付结算业务、网络融资业务、渠道业务和虚拟货币业务。相对于商业银行，互联网金融的优势在于快捷、便利的支付平台，快速归集小额支付类资金，高流动性产品，收益稳定等。

而互联网金融对商业银行风险行为的影响可以概括为：

一是互联网金融应用“大数据”为商业银行打破时空限制，解决了不对称问题，提升了风险管理的质量；二是互联网金融凭借信息处理优势，优化了服务模式，蚕食了商业银行的利润，加大商业银行的破产风险。

互联网金融在资金规模上未必会对传统金融行业造成打击，但其所体现的“鲶鱼效应”对商业银行的收益造成强烈触动，并推动了利率市场化进程。互联网金融蓬勃发展带来了金融产品的数量激增，加剧了金融市场的竞争，遏制了不合理利率的出现，最终使名义利率无限接近实际利率。

选用银行破产风险指数Z值来衡量各个银行的相对风险，Z值最早由Roy提出，该指标衡量了银行的偿付能力和破产风险，计算公式为

Z=（ROA+CAR）/σ（ROA）。其中，ROA为资产收益率（净利润/总资产），CAR为资本资产比率（股东权益/总资产），σ（ROA）为资产收益率的标准差，即银行破产风险指数Z值等于资本收益率与资本资产比之和除以资产收益率的标准差。用各个上市的商业银行报表来计算ROA和CAR，并以此得到相应的Z值，并作出不同年度Z值的变化曲线。Z值越大，银行系统越稳定，银行承担的风险越小，具有良好的实证研究意义，用以量化分析商业银行承受的风险。

互联网金融发展程度的量化采用2014—2015年北京大学的全网互联网金融发展指数作为指标。该指数包括互联网投资发展指数、互联网货币基金发展指数、互联网支付发展指数、互联网保险发展指数、互联网信贷发展指数和互联网征信发展指数，对描述互联网金融总体发展程度有良好的代表作用。通过以上数据进行列表作图，观察并分析互联网金融发展指数与银行风险的代理变量Z值的变动关系。

9.2 我国互联网金融发展模式

9.2.1 互联网金融的概念及发展历程

（1）互联网金融的概念。

互联网金融是互联网技术和金融功能的结合，依靠大数据和云计算在开放的互联网平台上形成功能性金融形式及其服务体系，包括基于网络平台的金融市场体系、金融服务体系、金融组织体系制度、金融产品和金融监管系统等。

互联网金融是传统的金融机构和企业利用互联网实现融资、支付、投资和信息中介服务的新型金融业务模式。互联网与金融的深度融合是必然趋势，对金融产品、企业、组织和服务的影响更加深远。互联网金融在促进小微企业发展、扩大就业方面发挥了积极作用，为大众创业、万众创新打开了大门。互联网金融促进了互联网金融健康发展，提高了金融服务质量和效率，深化了金融改革，推进了金融创新和发展，扩大了金融行业内部对外开放，构建了多层次金融体系，作为一种新事物，互联网金融既需要市场驱动，也需要创新，更需要政策的支持。

（2）互联网金融的发展历程。

互联网金融出现在20世纪90年代中期，以美国1995年出现的安全第一网络银行为标志。互联网金融的诞生开启了金融发展的新纪元，此后它在世界各地迅速发展起来。我国的互联网金融发展主要经历了以下阶段：

第一阶段：萌芽阶段（2005年以前）。

这一时期真正意义上的互联网金融形态尚未出现，主要是传统的金融机构简单地把金融业务搬到互联网上，利用互联网开展业务。1993年，电子商务作为一种全新的商务运作模式应运而生，人类的商务活动被互联网带入全面的电子化时代。银行等传统金融机构为了在未来的竞争中胜出，开始探索金融创新，转变传统的经营观念、支付方式和运营模式以迎合金融业网络化的发展趋势。

自此，网上转账、网上证券、网上保险等互联网金融业务相继出现，种种变革给传统金融模式带来了巨大冲击，也预示着互联网金融时代的到来。

第二阶段：起步阶段（2005—2012年）。

2005—2012年是我国互联网金融发展的起步阶段，金融和互联网的结合从早期的技术层面逐步深入到业务领域，第三方支付、P2P网贷、众筹等真正的互联网金融业务形态相继出现。为了解决电子商务与货款支付不同步而导致的信用问题，作为信用中介的第三方支付平台应运而生，并迅速发展。随着移动通信的快速普及，第三方支付的应用范围逐步拓展到了生活服务领域。

此时，互联网金融的另一个标志性业务形态——P2P网贷得到了发展。P2P网贷于2007年在我国开始出现，由于利率市场化及金融脱媒趋势的加速，在2010年以后，P2P网贷呈现快速增长的态势。

由于监管步伐没能跟上，大量劣质的P2P网贷公司出现在市场中，导致各种违规、跑路事件不断出现，严重损害了消费者利益。市场自发淘汰了一批不正规的、竞争力弱的劣质企业，促使互联网金融行业进行整合。

第三阶段：高速发展期（2013年至今）。

2013年被称为互联网金融发展元年，以“余额宝”上线为代表，我国互联网金融开启了高速发展模式。

第三方支付逐步走向成熟化，P2P网贷呈爆发式增长，众筹平台开始起步，互联网保险和互联网银行相继获批运营，同时，券商、基金、信托等也开始利用互联网开展业务，网络金融超市和金融搜索等应运而生，为客户提供整合式服务，我国互联网金融进入高速发展期。

9.2.2 我国互联网金融发展模式与小微企业融资

我国互联网金融发展模式有以下7种：

（1）众筹。

众筹是指以团购预购形式向互联网用户募集项目资金的模式。其目的是利用互联网和SNS的传播特性，让初创公司、艺术家或个人公开展示他们的想法和项目，赢得所有人的关注和支持，以及获得援助所需的资金。根据网贷之家联合盈灿咨询发布的《2016年全国众筹行业半年报》，截至2016年上半年，国内正常经营的众筹平台有370家，历史累计的成功筹资规模超218亿元。经济发达的长三角地区在众筹平台上成功筹资的规模位于全国前列。无人机、电动车、智能硬件等小微企业的高科技产品是投资人参与和支持的热点项目，如“小牛电动M1智能锂电踏板车”项目以8 138万元的募集金额，刷新了国内奖励众筹最高成功筹资金额纪录。众筹行业作为一种全新的互联网金融业态，激活了民间资本的活力，改善了融投资双方信息不对称的现状，对于拓宽科技型小微企业的融资渠道产生了积极意义。

（2）P2P网贷。

P2P网贷是网络信贷的简称，包括个体网络借贷和商业网络借贷。P2P网贷是指个体和个体之间通过互联网平台实现的直接借贷。它是互联网金融（ITFIN）行业中的子类。P2P网络信贷产业链如图9-1所示。

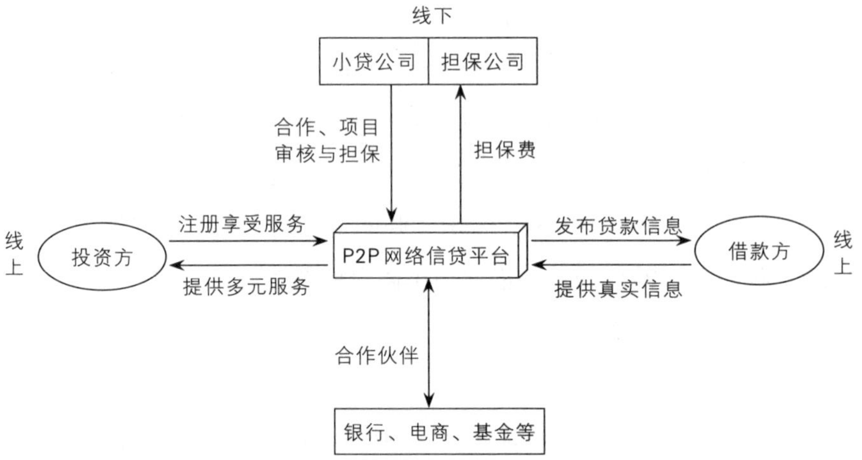

图9-1　P2P网络信贷产业链

网络信贷有两种运营模式：一种是纯粹的在线模式，其特点是基金借贷活动是在网上进行的，没有线下审核环节，即通过视频认证、银行对账单、身份证明等方式来检查借款人的资格；另一种是与网络模式的结合，借款人通过城市中介网上申请借贷，采取住户调查方式对借款人的资信度、还款能力等进行审核。

截至2016年上半年，国内正常经营的P2P网络信贷平台共计2 349家，累计成交量已达22 075.06亿元。在民营经济发达的长三角地区，融投资需求旺盛，小微企业融资对民间借贷的依赖度较高，因此P2P网络信贷平台的数量位于全国前列。近年来，各方资本纷纷大举进入P2P网络信贷市场，由于行业发展时间短、征信体系还未建立等现实情况，国内P2P网络信贷平台的四种基本运作模式为信息中介模式、平台合作模式、债权转让模式和担保抵押模式（见表9-1），有效填补了传统融资模式的空白，丰富了科技型小微企业的融资渠道，提高了互联网金融的普惠程度。

表9-1　　P2P网络信贷运作模式分类

基本模式	运作方式	优势	不足	代表平台
信息中介模式	借助大数据和自建信用体系，线上撮合投资方和借款方，平台不参与借贷过程	有利于积累数据，无地域限制；平台独立	需要充足的客户基础；运营难度大	拍拍贷
平台合作模式	与小贷公司或担保公司合作，合作方开发借款需求，协助平台审核风险	充分发挥分工合作优势；成本低，见效快	需要与小贷公司或担保公司共分利益	易九金融
债权转让模式	将借款需求和投资打散组合，先将资金借给借款方，再将债权转售	交易规模发展迅速	受地域限制；信息不透明；易触碰监管红线	宜人贷
担保抵押模式	线上撮合，引进保险公司、担保公司进行担保，或要求借款方提供资产抵押，由平台自身担保	资金安全得到有效保障	业务流程多，关联方多；要求平台对小贷公司、担保公司有较好的管理能力	红岭创投 有利网

此外，科技型小微企业主要从事高新技术产品的研发和生产，迫切需要资金周转，但是企业行为难以预测，财务真实信息难以获取，产品

技术含量难以评估，又难以提供高质量的抵押物和担保，常被银行等传统金融机构排斥在信贷市场之外。P2P网络信贷平台是将互联网与民间金融相融合，是民间借贷阳光化、网络化的创新模式，它是以中低收入人群和小微企业为主要放贷对象的直接融资模式，不以银行、证券公司和交易所等金融机构为中介，具有贷款审查成本低、借贷透明程度高、资金匹配期限短和借款门槛低等独特优势，并对借款企业的资信进行评估和选择，化解了交易双方信息非对称的难题，在一定程度上缓解了科技型小微企业融资难的现状。

（3）第三方支付。

第三方支付在狭义上是指具备一定实力和信誉保障的非银行机构，借助通信、计算机和信息安全技术，采用与银行签署的方式，在用户与银行支付结算系统间建立连接的电子支付模式。

根据央行2010年在《非金融机构支付服务管理方法》中给出的非金融支付服务的定义，从广义上来说，第三方支付是指非金融机构作为收、付款人的支付中介所提供的网络支付、预付卡、银行卡收单以及中国人民银行确定的其他支付服务。第三方支付不再局限于最初的互联网支付，而是成为线上线下全面覆盖、应用场景更为丰富的综合支付工具。

（4）数字货币。

除去蓬勃发展的第三方支付、P2P贷款模式、小额贷款模式、众筹融资模式和余额宝模式等，以比特币和其他数字货币为代表的互联网货币也开始爆发。

数字货币在某种程度上比任何其他形式的互联网金融都更具颠覆性。2013年8月19日，德国政府正式承认比特币的合法“货币”地位，比特币可用于缴税和其他合法用途，德国也成为全球首个认可比特币的国家。这意味着比特币正进入大众的视线，也许它能够催生出一个真正的互联网金融帝国。

比特币炒得火热，也跌得惨烈。无论怎样，这场似乎曾经离我们很遥远的互联网淘金盛宴已经慢慢走进我们的视线，它让人们看到了互联网金融最终极的形态就是互联网货币。所有的互联网金融只是对现有的商业银行、证券公司提出挑战，将来发展到互联网货币的形态就是对央行的挑战。也许比特币会颠覆传统金融成长为首个全球货币，也许它会最终走向崩盘，但不管怎样，可以肯定的是，比特币会给人类留下一笔永恒的遗产。

（5）大数据金融。

大数据金融是指集合海量非结构化数据，通过对其进行实时分析，可以为互联网金融机构提供客户全方位信息，使金融机构和金融服务平台有针对性地进行营销和风险控制。基于大数据的金融服务平台，主要是指电子商务企业对海量数据进行的金融服务。从某种程度上来说，大数据是数据分析的前沿技术，即从各种各样类型的数据中，快速获得有价值信息的能力，就是大数据技术。因此，大数据的信息处理往往基于云计算（如图9-2所示）。

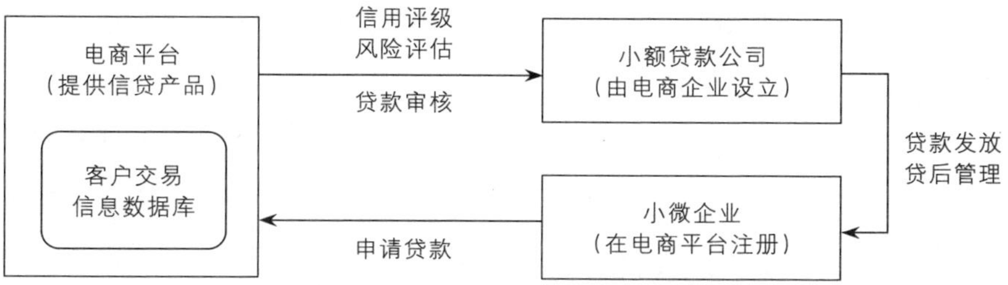

图9-2　电商大数据金融模式

与传统金融需要担保抵押登记和贷后管理的金融模式不同，电商大数据金融对平台长期积累下的客户信用数据、历史行为、交易数据、资金流、物流、投诉纠纷和供应商资源库等商业生态元素进行分析评估，确定贷款的评价标准，最大限度地减少坏账损失，缩短融资链条，为小微企业提供了较为精准的金融服务。该模式在市场调研、贷款审查与发放等多方面进行创新，有利于控制信贷风险，降低企业运营成本，提高信贷资金与小微企业融资需求的匹配度，使小微企业和电商平台达到双赢。

在互联网金融不断细分化的趋势下，小微企业的电商贷款需求越来越旺盛，阿里巴巴、京东、苏宁等电子商务企业纷纷布局，发展各具特色的电商大数据金融模式。其中，在长三角地区以阿里巴巴旗下的蚂蚁微贷为代表的“电商”模式最具代表性。蚂蚁微贷以淘宝、天猫等电商平台上有融资需求的小微企业为目标客户，运用云计算、大数据等技术将金融机构的抵押贷款模式转变成信用贷款模式，为其提供互联网化、批量化和数据化的额度一般不超过100万元的融资服务。蚂蚁微贷作为互联网金融的新兴势力，已涉足银行等金融机构的“贷款业务”功能，成为传统融资渠道的重要补充。蚂蚁微贷借助互联网新兴技术和电商平台的优势，设计了融资业务的标准化网上操作流水线，减少了与小微企业之间的信息不对称问题，面向小微企业主要有订单贷款和信用贷款等产品服务。订单贷款是指卖家凭借未经买家确认的交易订单和未来可靠的现金流入申请短期资金融资，蚂蚁微贷综合评估卖家信用，并给出授信额度。所有流程均在线自动完成，从申请到获贷的时间不超过3分钟，日利率为0.05%，订单贷款较传统信贷模式，大大节约了贷款成本并提高了资金利用率，比较适合拥有核心技术，但产能跟不上订单规模的小微科技型企业。信用贷款是指客户在申请贷款时，不需要提供抵押和担保，蚂蚁微贷借助大数据与云计算的技术，对电商平台上积累的客户信用数据、历史交易数据和经营数据等信息进行专业化处理，在评估客户的信贷资格后进行授信，向其提供“金额小、期限短”的纯信用小额融资服务，最低日利率为0.038%，该模式让企业信用产生价值，能较好满足缺乏抵押物的科技型小微企业对流动资金的需求。

（6）信息化金融机构。

信息化金融机构是指在互联网金融时代，通过广泛运用以互联网为代表的信息技术，对传统运营流程、服务产品进行改造或重构，实现经营、管理全面信息化的银行、证券和保险等金融机构。金融信息化是金融业发展的趋势之一，信息化金融机构是金融创新的产物。

我国金融业的信息化建设和应用水平一直领先于国内其他行业，不仅有国际领先的金融信息技术平台，还有由自助银行、电话银行、手机银行和网络银行组成的电子银行服务体系。除了基于互联网创新的金融服务，还成立了“门户”，如网上银行、金融产品超市、电气承办商等，拓宽了金融电子商务的创新服务模式。

（7）互联网金融门户。

互联网金融门户是指利用互联网销售金融产品，为金融产品销售提供第三方服务的平台。它是“搜索词”模型的核心，采用了金融产品纵向比较的方式，将不同金融机构的产品放在平台上，用户通过比较选择合适的理财产品。

互联网金融门户的多元化创新发展，形成了提供高端理财投资服务和理财产品的第三方理财机构，提供保险产品咨询、比价、购买服务的保险门户网站等。我国互联网金融的特点如下：

（1）互联网企业和金融机构相互融合。

互联网金融是由不同要素主体组成的，包括银行、保险公司、证券公司等金融机构，也包括由第三方支付平台、电子商务企业、搜索引擎企业等组成的互联网企业。互联网企业和金融机构的各要素主体之间呈现相互竞争、彼此融合、共同发展的趋势。

互联网金融的兴起给传统的金融机构造成一定压力的同时，也带来了新的活力与冲击。一方面，互联网企业通过对非结构化信息的挖掘和处理，降低了信息不对称程度和交易成本，逐步蚕食了金融机构的核心业务领域。例如，在支付宝上购物结算、在淘宝网上购买基金、在人人贷上获得贷款、利用众筹融资模式募集投资项目股本金，在便捷性上胜过传统金融机构，给银行业、证券业等的传统金融机构造成竞争压力。另一方面，传统金融机构也纷纷完善电子银行和电商平台等互联网金融业态，线上交易和线下金融对接融合，对互联网企业形成竞争态势。

金融机构与互联网企业相互融合、共同发展。一方面，在现行体制下，各个机构间的资金划拨和结算最终都需要借助银行平台来完成。互联网企业从事金融业务，依然需要传统金融机构的配合。另一方面，金融机构和互联网企业各具优势，通过共设子公司等形式，共享牌照、平台、技术、数据积累方面的优势。比如，2013年2月，阿里巴巴、中国平安、腾讯等9家公司合作筹建众安在线，开展专业网络财险公司，为金融机构和互联网企业的合作提供了范例。

（2）互联网金融的模式多样化。

从各个组成要素分析，互联网金融系统既包括金融机构互联网化，又包括互联网企业涉足金融领域，因此称之为金融互联网子系统和互联网企业金融子系统。根据不同的结构和功能，互联网金融形成了各具特色的业务模式。

互联网企业金融子系统是互联网金融系统中最活跃的子系统，具有支付便捷、资金配置效率高、交易成本低等优势，已经形成了多个业态模式：一是第三方互联网支付企业，包括支付宝、财付通、银联在线、快钱、汇付天下、易宝支付、环迅支付等。2013年上半年，我国第三方支付交易规模达到了6.91万亿元，其中互联网支付达到了2.27万亿元。二是小额贷款模式，包括以阿里巴巴、苏宁为代表的独立放贷模式和以京东商城、敦煌网等为代表的银行合作模式，这类模式的特点是拥有成熟的电商平台和庞大的客户基础。三是第三方信息平台，包括P2P网贷、众筹等，纯粹作为合作平台提供服务，除了必要的手续费用外，不接触任何交易双方的资金。四是其他模式，包括信用支付业务、融资性担保业务、互联网保险业务、证券投资基金销售业务、成立网络银行等。互联网企业大多为民营企业，机制灵活、创新能力强，未来还将不断涌现出新的业务模式。

从更高的系统层次分析，互联网金融系统是金融系统的子系统。党的十八大提出，我国将进一步深化金融体制改革，健全支持实体经济发展的现代金融体系，稳步推进利率和汇率市场化改革，加快发展民营金融机构。《国务院办公厅关于金融支持经济结构调整和转型升级的指导意见》(国务院办公厅〔2013〕67号）明确要求，要更好地发挥金融对经济结构调整和转型升级的支持作用，更好地发挥市场配置资源的基础性作用。随着利率市场化的推进，联网金融能够客观地反映市场供求双方的价格偏好，有利于寻找市场均衡利率。此外，互联网企业为资金供求双方提供金融搜索平台，充当资金信息中介的角色，通过降低交易成本和信息不对称，降低了金融中介门槛，进而加剧金融脱媒。从这个意义上来分析，互联网金融的发展有利于促进金融体制改革，更好地服务实体经济。

（3）互联网金融是普惠金融。

互联网金融通过互联网、移动互联网、大数据等技术，降低了交易成本和信息不对称程度，使那些无法享受传统金融体系服务的人群获取金融服务，从而提高了金融的普惠程度。普惠金融是指能有效、全方位地为社会所有阶层和群体提供服务的金融体系。由于小微企业、个人客户等大众客户群体信用记录很少，缺乏有效的抵押品，加上交易金额小，难以实现规模经济，经营成本较高，传统金融机构无法有效满足这部分客户的金融需求，从而导致金融排斥。

在互联网金融下，交易双方通过互联网收集信息，降低了交易成本，拓展了金融服务的边界。以阿里金融为例，截至2013年6月末，阿里金融共计为超过32万家电商平台的小微企业、个人创业者提供了融资服务，投放贷款超过1 000亿元。2013年6月13日，支付宝和天弘基金联合推出余额宝，仅17天吸引用户251.56万，总计存量转入资金规模达57亿元，人均投资额仅为1 912.67元，远低于传统基金户均7万元～8万元，满足了普通老百姓碎片化的理财需求，市场参与者均为大众，收益也更加普惠于普通老百姓。

9.3 互联网金融对传统商业银行的影响机理

互联网金融是传统金融机构与互联网企业利用互联网技术和信息通信技术实现资金融通、支付、投资和信息中介服务的新型金融业务模式。互联网金融对商业银行的传导机理，如图9-3所示。

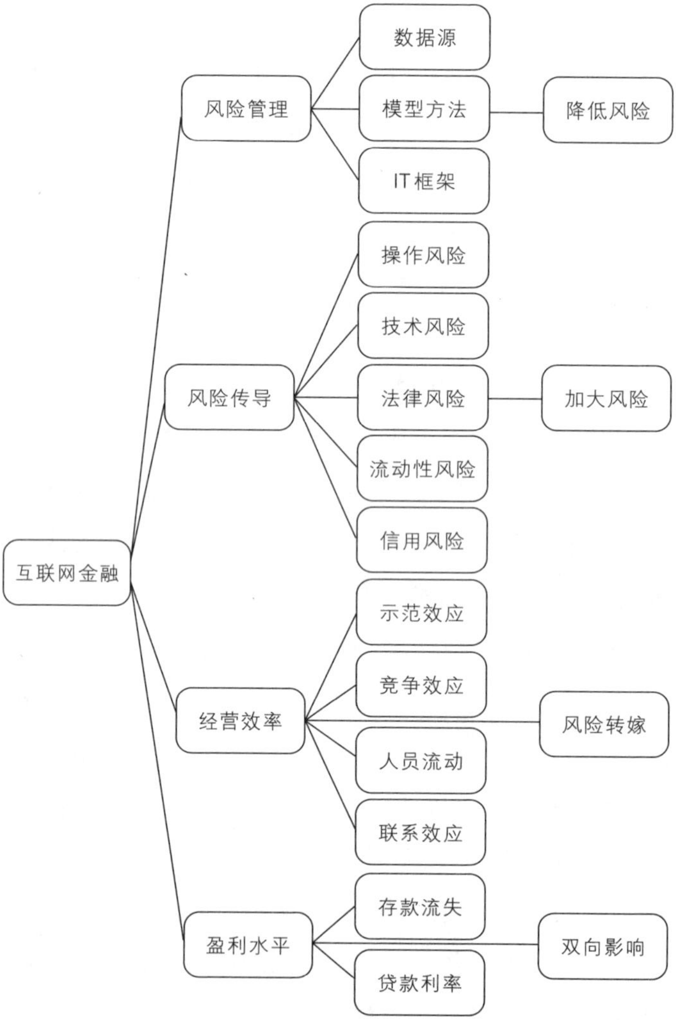

图9-3 互联网金融对商业银行的传导机理

9.3.1 风险管理

（1）互联网金融可以扩容商业银行风险数据源。互联网金融的大数据技术可以打破传统商业银行的数据结构，丰富数据维度，细化数据粒度，拓宽数据延展面，提升数据的准确性和客户甄别度。

（2）互联网金融可以变革商业银行风险管理的风险方法。互联网“大数据+云计算”技术可以增加商业银行的风险管理数据变量及观测视角，升级和优化商业银行内部评级体系，提升模型精准度。

（3）互联网金融可以检查和整顿商业银行IT框架。互联网金融通过IT实现数据治理、分类、共享及整合，打造商业银行风险管理流程。互联网金融打破了传统商业银行信息孤立、部门推诿的现状，打通信息平台的前后环节，建立简化规范的风险流程管理，提升风险管理效率，商业银行在数据源扩容的基础上，信息不对称问题得到缓解，风险管理水平得到提升，从而使破产风险降低。

9.3.2 风险传导

商业银行与互联网金融相融合，在经营效率和风险管理提升的同时，不可避免地暴露在互联网金融特有的风险之下。在操作风险方面，商业银行引入互联网交易系统，系统的安全性与稳定性，数据更改导致的风险偏频，都会诱发和产生操作风险，且其所具有的时效性与迅捷性等特征，又为操作失误带来更为巨大的损失；在技术风险方面，商业银行与互联网金融结合，打造互联网平台，由于大数据技术不够成熟，其安全性受到病毒、黑客等的威胁，公众信息被截留、篡改及盗用，引发公众恐慌；在法律风险方面，互联网融资业务与非法集资的界限不易区分，消费者对隐私保护的要求及银行与互联网企业合作时违规承担的法律责任不易规避；在信用风险方面，互联网金融服务的客户群体作为银行的借贷群体，风险较大，再加上只凭借线上数据的估测，没有线下的接触及考察，信息数据的真实性和准确性受到质疑；在流动性风险方面，互联网金融大多具有T+0的特点，容易出现挤兑和大规模资金被转移的情况，且会迅速传导给银行体系。商业银行在积极与互联网金融相融合并加以开拓创新的同时，不可避免地融合了互联网金融自身特有的风险。这样，互联网金融可以通过风险传导，将自身特有的风险转移给合作银行，增加了商业银行的风险。

9.3.3 经营效率

互联网金融可以通过示范效应，将其先进的技术和服务理念传递给传统商业银行，使其能够推陈出新，改变经营模式，提升技术和效率；互联网金融的迅速崛起，给处于长期行业垄断中的商业银行猛烈一击，通过竞争效应，迫使银行升级技术和服务；互联网金融企业与传统商业银行员工的双向流动会带动商业银行内控机制的优化；商业银行为互联网企业提供线下资源及清算结算支持，互联网企业为商业银行提供线上数据及客户流，实现资源共享与业务互补，进而改进商业银行的效率。

9.3.4 盈利水平

互联网金融凭借信息优势、渠道优势、客户优势、资金优势分流商业银行赖以生存的存款，打破商业银行垄断竞争格局，推高了商业银行资金成本，降低了以贷利差为主要收入来源的商业银行利润，降低了商业银行的盈利能力。一方面，按照“高风险、高收益”的逻辑，具备高盈利能力的代价是承担高风险，相反盈利能力差的银行趋于保守，承担的风险降低；另一方面，当银行盈利能力不好时，为提高盈利水平，有可能去追求高风险的项目，这样盈利能力越差的银行，其承担的风险越大。互联网金融间接推高了贷款利率，贷款利率的提高会促进逆向选择，即企业家选取更高风险的项目，提高了商业银行坏账率，从而增大了商业银行的破产风险。

基于以上四种互联网金融对商业银行承担风险的作用渠道，可知风险管理可以降低风险，风险传导将加大风险，而经营效率和盈利能力对风险承担的效果二者皆有。综合这四种机理，互联网金融的发展对传统商业银行的风险承担有负向作用，即互联网金融的发展降低了商业银行的风险。

9.4 实证分析

9.4.1 研究样本与数据来源说明

本节选取了中国建设银行、中国工商银行、交通银行、招商银行、中信银行和平安银行6家银行的财务数据，这些数据均来自上述银行2014—2015年的年报（见表9-2）。

表9-2　　2014—2015年互联网金融发展指数

日期	互联网金融发展指数	日期	互联网金融发展指数
2014年1月	100.00	2015年1月	190.28
2014年2月	109.54	2015年2月	182.87
2014年3月	129.03	2015年3月	214.28
2014年4月	126.70	2015年4月	233.33
2014年5月	130.71	2015年5月	267.50
2014年6月	131.91	2015年6月	279.88
2014年7月	135.77	2015年7月	289.66
2014年8月	138.10	2015年8月	299.29
2014年9月	149.95	2015年9月	316.34
2014年10月	154.07	2015年10月	326.60
2014年11月	181.95	2015年11月	390.15
2014年12月	181.70	2015年12月	385.99

资料来源：北京大学数字金融研究中心。

选用这6家银行的财务数据的原因是，这6家银行中既有国有银行，又有股份制银行。国有银行可控制的社会资金数量占全社会资金总量的比重最高，并享受国家各类政策；而股份制银行可提供一站式的综合金融产品服务。这6家银行的信息披露制度规范、数据来源可靠、银行产业规模庞大且结构完善，具有较好的实证分析意义。

互联网金融发展指数来自北京大学互联网金融研究中心，这组数据基于蚂蚁金服及其他代表性的互联网金融企业的大量数据，并结合北京大学和上海新金融研究院的学术和专业优势，通过编制互联网金融的全国总指数，以及分属性、分业务、分地区指数，揭示了我国互联网金融发展的现状和趋势，具有较好的实证分析意义，用以量化我国互联网金融的发展程度。

表9-2中的数据以2014年1月为基期，并将当时的全国互联网金融发展指数设定为100，计算得到的全国互联网金融发展指数。由表9-2可知，全国互联网金融发展指数在2015年11月上升到390.15，而在2015年12月略有下降，为385.99。

9.4.2 变量解释及模型建立

本节选取了银行破产风险Z值作为被解释变量，解释变量为净资产收益率、资本资产比率、资产收益率，变量解释及表示方法见表9-3。

表9-3 变量解释及表示方法

变量类型	变量指标	定义与测度	符号表示
被解释变量	银行破产风险	资本资产比率与资产收益率的和与资产收益率的标准差之比	Z
解释变量	净资产收益率	税后利润与所有者权益之比	ROE
	资本资产比率	资本与总资产之比	CAR
	资产收益率	净利润与总资产之比	ROA

银行风险管理变量指标：

$$Z = (ROA + CAR) / \sigma(ROA) \tag{9-1}$$

银行盈利能力指标：

ROE=税后利润/所有者权益 （9-2）

ROA = 银行净利润/总资产 （9-3）

建立线性回归模型，回归方程可表示为 $y = a + bx + \varepsilon$。其中，y为被解释变量，a为截距项，x为回归变量，ε为误差项，$E(\varepsilon)=0$。

9.4.3 实证分析

互联网金融发展对商业银行的Z值回归分析。表9-4是2014—2015年报告期6家银行的Z值。

表9-4 2014—2015年报告期6家银行的Z值

日期	中国建设银行	交通银行	招商银行	中国工商银行	中信银行	平安银行
2014年3月	20.28	27.55	21.09	19.10	23.55	22.26
2014年6月	21.02	27.29	19.58	19.49	22.86	23.39
2014年9月	22.55	29.34	22.93	21.53	26.32	25.34
2014年12月	23.85	30.78	24.38	23.08	27.37	26.30
2015年3月	21.35	27.59	22.12	20.74	23.98	23.56
2015年6月	21.39	26.54	21.78	20.57	25.26	24.11
2015年9月	23.06	28.47	23.71	22.65	26.51	25.67
2015年12月	24.61	30.20	23.81	24.49	26.42	27.90

由于商业银行的数据报表为每季度公布，因此将每3个月的互联网金融发展指数加以平均，得出该季度的平均互联网金融发展指数，用以对应分析。

根据这6家银行的破产风险与互联网金融指数的线性回归分析，可以得出它们的R平方值分别为0.4451、0.2752、0.4883、0.5961、0.4944和0.6151，平均值为0.4857。从模型拟合的效果来看，拟合的判断系数中等，回归的程度较中等；从得到的拟合结果来看，随着互联网金融的发展，这6家商业银行的破产风险在2年间同期上升，从Z值的变动和波动情况来看，这6家银行的破产风险在各季度同比呈上升趋势，由于Z值代表了银行破产概率的倒数，Z值越大表明银行的风险越小，这说明互联网金融的发展降低了商业银行的风险，假设成立。另外，Z值受到明显的顺周期影响，在第4季度Z值明显高于当年其他季度的数值，而在年初又回到低位，但总体趋势上升。

根据前面所述，商业银行受到的影响主要由风险管理、风险传导、经营效率和盈利水平四个方面决定。而互联网金融发展指数的影响因素有贷款余额、人均国内生产总值、人口密度、第三产业比重、贸易开放度、区域和城市因素等。从回归分析得到的结果来看，在第4季度中Z值明显上升，表明商业银行的风险值在第4季度较小。这是因为在第4季度，各项业务发展速度较快，特别是互联网保险的主营业务“运费险”等深受“双十一”“双十二”等网购节日的影响。同时，“双十一”“双十二”等网购节日大大增加了资金的流动，人均国内生产总值大幅度提升，贷款余额发生变动。商业银行为互联网电商提供的线下资源以及清算支持，不仅提升了银行经营效率，还获得了互联网数据及客户流，实现了资源共享与业务互补，正是这种互补的合作关系，使得商业银行的风险降低。这也是第4季度Z值上升的重要原因。

由表9-5中的全国互联网金融发展指数可以看出，互联网支付发展指数和互联网保险发展指数的变动情况与Z值相符，在第4季度达到峰值，随后出现小幅度下降；而互联网货币基金发展指数和互联网投资发展指数基本保持持续上升。因此，Z值的顺周期波动主要是因为互联网支付发展指数和互联网保险发展指数的变动导致的，而Z值的大体趋势性升高是由于互联网货币基金发展指数和互联网投资发展指数决定的。

表9-5　　全国互联网金融发展指数（分业务）

日期	互联网支付发展指数	互联网货币基金发展指数	互联网保险发展指数	互联网投资发展指数
2014年1月	100.00	100.00	100.00	100.00
2014年2月	100.49	110.35	169.23	85.11
2014年3月	115.49	132.77	186.44	103.64
2014年4月	115.71	120.31	195.63	108.36
2014年5月	119.05	119.41	212.54	111.56
2014年6月	122.02	117.92	202.90	122.25
2014年7月	124.59	119.79	198.49	135.91
2014年8月	127.27	119.80	185.20	140.28
2014年9月	132.28	125.14	211.20	163.57
2014年10月	139.41	128.61	197.12	172.43
2014年11月	151.26	146.26	301.52	188.44
2014年12月	151.89	150.93	238.86	230.27
2015年1月	147.99	152.77	219.66	262.32
2015年2月	138.87	168.85	174.36	242.52
2015年3月	151.45	174.85	242.01	305.20
2015年4月	159.49	174.75	233.85	327.68
2015年5月	165.24	181.11	248.09	345.06
2015年6月	166.85	180.79	240.55	366.10
2015年7月	170.16	180.52	266.33	371.75

续表

日期	互联网支付发展指数	互联网货币基金发展指数	互联网保险发展指数	互联网投资发展指数
2015年8月	174.94	181.28	294.29	383.44
2015年9月	183.11	185.91	312.21	366.31
2015年10月	192.75	186.64	322.47	320.54
2015年11月	208.62	206.56	517.05	354.15
2015年12月	208.70	209.33	441.45	385.58

互联网支付发展指数影响了商业银行的经营水平，但也伴随着风险传导。随着互联网支付技术的不断发展，商业银行也被驱使着不断更新进步，提高营业效率。支付宝、微信支付等第三方互联网支付企业几乎完全改善了人们的支付手段，商业银行在与其合作的同时，也不断地进步与发展，这种示范效应和竞争效应大大提升了传统商业银行的经营水平，但也将互联网企业自身的特有风险转嫁给了商业银行。因此，互联网企业在第4季度出现风险水平波动时，商业银行的Z值也相应受到影响。

互联网货币基金发展指数影响了商业银行的盈利水平。随着各种互联网金融产品的诞生，商业银行以存贷款利差为主要收益的产品被蚕食，丰富的互联网金融衍生品吸引了大量的用户，并为其带来了更高的收益，这降低了商业银行的利差收益。但更高收益的背后意味着更高的风险，互联网金融产品也一直因为高风险被人们所诟病，这部分风险被互联网企业所承担，商业银行的风险因此有所降低。货币基金发展指数对商业银行的影响是双面的，但从Z值的趋势性上升可以看出，风险降低的一面占据了主导地位，因此商业银行的风险随着互联网金融的发展而下降。

第10章

收入差距：小微企业货币需求的宏观风险

10.1 文献综述

10.1.1 收入差距与M2/GDP的推动关系

William A.Barnett 和 Bayan Tang（2016）①提到，收入差距的扩大是推动我国 M2/GDP 长期上升的一个不可忽视的重要因素。这意味着在收入差距过大的现状不能变动的情况下，我国高 M2/GDP 比率还会继续。在这种情况下，即使通过金融改革增加居民投资渠道以控制这一比例暂时下降，但是这些改革带来的资产结构调整效应在发挥完之后，M2/GDP 也会在新的均衡基础上重拾升势。

何二龙（2017）②认为改革开放以来，我国的收入差距呈现先下降后上升的趋势，拐点是2011年前后。虽然收入差距有所改善，但问题依然严峻。M2的扩张会明显地导致泰尔指数回升，即M2扩张会导致城乡收入差距的拉大。扩张M2刺激经济的政策约束越来越大，城镇化率越高，城乡收入差距越大，即城乡二元结构是造成我国城乡收入差距拉大的重要影响因素。劳动份额的回升会改善城乡收入差距。2011年以来，我国的劳动份额开始逐渐回升，这成为我国城乡收入差距改善的积极要素。资本回报率越高，城乡收入差距越大，所以资本回报率过高尽管有助于吸引资金，但是由此导致的城乡收入差距恶化的情况不容忽视。固定资产投资会改善收入差距，因而扩张M2刺激固定资产投资是改善收入差距的积极因素。股票交易量和国内生产总值的增长率对于收

---

① WILLIAM A, BARNETT BAYAN TANG. Chinese divisia monetary indexand GDP nowcasting[J]. Open Economies Review, 2016, 27(5): 825-849.

② 何二龙. M2扩张与收入差距关系实证分析[J]. 现代管理科学, 2017(6).

入差距的作用并不明显，单纯地追求高速的经济增长并不会改善收入差距问题。

10.1.2 改善我国M2/GDP的相关政策建议

王磊和张太辉（2017）[①]从季度研究中指出我国以M2/GDP权衡的货币化率呈现出规律的锯齿状季度波动，并在经典货币需求函数的基础上，建议提出深化投资体制改革，明确要求企业投资名目，除关系国家安全和生态和谐、涉及全国重大生产力规划、战略性资源开发和较大公共利益的项目外，一律由企业依法依规自主决策，政府不再审批。现在的关键是如何落实这项决议。

周丽香（2015）[②]提到收入调配是一个重大的社会问题，是影响经济发展和社会稳定的重要因素，不能简略地将其视为是自由竞争和经济均衡的正常结果。作为人们一直关注的热点问题，适度的收入差距能够有效地提高人们的劳动积极性，从而促进经济高速增长。但是，近年来，我国的收入差距问题越来越严重，甚至出现了“两极分化”的现象，这将给社会和经济的发展带来不利影响，甚至造成社会的恶性竞争。目前，我国收入差距持续恶化问题引起了社会各界人士的广泛关注。本章利用27个国家的面板数据对影响收入差距的宏观经济因素进行了实证分析，收入差距使用基尼系数衡量，选取的宏观经济因素有经济增长、金融发展、市场化、贸易开放度和税收。

戴强华（2009）[③]通过对多个渠道的分析来探讨M2/GDP畸高的原因，并在此基础上提出一些抑制M2/GDP畸高的政策，如努力扩大内需，进一步完善中国汇率形成的市场机制等。

---

① 王磊，张太辉．中国M2/GDP的季度波动问题研究[J]．中央财经大学学报，2017(5)．

② 周丽香．经济增长与收入分配关系的理论研究[J]．现代经济信息，2015(22)．

③ 戴强华．中国M2/GDP畸高原因探析[J]．经济纵横，2009(5)．

10.1.3 其他因素影响

江春、江晶晶和单超（2009）[①]从总需求结构深入分析了我国高M2/GDP比率的原因，结果发现：导致我国高M2/GDP比率的原因是中国的高投资和高净出口，而问题的根源又在于中国现行的经济增长模式。因此，要解决中国高M2/GDP比率的问题，关键并不是紧缩货币供给量，而是真正改变我国现行的主要依靠投资和出口刺激经济增长的模式，使我国的经济增长主要依靠国内的消费需求来推动，同时真正进行市场化（特别是要素的市场化及投资体制）改革。

王美君（2011）[②]认为，在保证不引起通货膨胀率大幅度变动的情况下，适量的货币投放量是国家政策的重点。而我国M2/GDP的高速增长，却未引起严重的通货膨胀，甚至有紧缩的迹象。陈华良（2015）[③]从货币沉淀的角度分析了高M2/GDP比率的原因。M2/GDP比率持续上升的原因是金融改革和深化过程中的金融配置效率低下。资金转换渠道不畅通，银行系统货币量大；股票市场和房地产市场的资金配置效率较低，货币周转速度较慢；收入分配差距越大，边际消费下降导致高收入阶层收入越高，利率和汇率机制缺乏有效弹性。中央银行被迫发行多余的资金以维持市场秩序，而无组织的金融规模增长使得资本流出正式的金融体系，这可能导致金融体系在市场上“脱媒”。基于上述原因，以稳定为目的的中央银行货币供应体系被动地释放了过多的资金，为经济运行提供了宽松的货币环境。

郭琳（2015）[④]指出造成我国货币化比率畸高的原因是多方面的，

---

① 江春，江晶晶，单超．基于总需求结构的中国“高M2/GDP之谜”解析[J]．广东金融学院学报，2009(5)．

② 王美君．我国M2/GDP偏高——基于收入分配的一个解释[D]．北京：中国人民大学，2008．

③ 陈华良．中国的M2/GDP：货币沉淀角度的再观察[EB/OL]．[2019-04-30]．https:www.doc 88.com/p-6083858679440.html.

④ 郭琳．我国M2/GDP比率攀升的原因及控制对策研究[D]．保定：河北大学，2015．

我们无法从我国较高的货币化比率中得出我国的金融深化程度已经处于较高水平的结论，相反这种较高的货币化比率却说明了我国的金融发展存在深层次的问题。

王磊和朱太辉（2017）[①]在季度波动性研究方面发现固定资产投资的季度波动是导致M2/GDP季度波动的主要原因，而固定资产投资季度波动的原因则包括自然的季节性因素和我国的投资审批管理制度。

陈溪和靳大力（2013）[②]全面地研讨了M2/GDP偏高的起因，经过引入信贷变量，构造了一个能够反映货币结构、存款货币资产化、货币乘数和国内生产总值/货代变动的系统性分析框架，证明了国内生产总值/货款值的下降是造成M2/GDP偏高的一个重要因素。

张晓峰（2012）[③]突破了大部分已有研究的总量思维，进入到对我国M2/GDP的结构研究中，从区域经济差异角度对我国偏高的M2/GDP指标进行了重新理解，建立了区域经济差异影响整体M2/GDP的理论模型。

M2/GDP比率作为衡量货币化与金融发展程度的重要指标，近年来在我国急剧上升，引起了国内学者的广泛关注和研究。同时，收入差距也是一国经济持续增长过程中需要考虑的重要因素。

10.2 我国M2/GDP与收入差距的现状分析

10.2.1 我国M2/GDP的现状分析

据国家统计局网站消息，2016年全年社会融资规模增量17.8万亿元，比上年多2.4万亿元。年末全部金融机构本外币各项存款余额155.5

① 王磊，朱太辉．我国M2/GDP的季度波动问题研究[J]．中央财经大学学报，2017(5)．

② 陈溪，靳大力．中国M2/GDP偏高深层原因的实证分析[J]．西安财经学院学报，2013(5)．

③ 张晓峰．对中国M2/GDP问题的思考——从区域经济差异的角度分析[D].济南：山东大学，2012．

万亿元，比年初增加15.7万亿元。其中，人民币各项存款余额150.6万亿元，增加14.9万亿元。全部金融机构本外币各项贷款余额112.1万亿元，增加12.7万亿元。其中，人民币各项贷款余额106.6万亿元，增加12.6万亿元。

2016年年末主要农村金融机构（如农村信用社、农村合作银行、农村商业银行等）人民币贷款余额134 219亿元，比年初增加13 895亿元。金融机构境内住户人民币消费贷款余额250 472亿元，增加60 998亿元。其中，短期消费贷款余额49 313亿元，增加8 347亿元；中长期消费贷款余额201 159亿元，增加52 651亿元。

2016年全年上市公司通过境内市场累计筹资23 342亿元，比上年增加5 088亿元。其中，首次公开发行A股248只，筹资1 634亿元；A股现金再融资（包括公开增发、定向增发、配股、优先股）13 387亿元，增加4 618亿元；上市公司通过沪深交易所发行公司债、可转债筹资8 321亿元，增加414亿元。全年全国中小企业股份转让系统新增挂牌公司5 034家，筹资1 391亿元，增长率为14.4%。

2018年1月，人民银行完善货币供应量中货币市场基金部分的统计方法，用非存款机构部门持有的货币市场基金取代货币市场基金存款（含存单）。完善后，本期M2余额扩大1.15万亿元，去年同期M2余额扩大8 249亿元；本期M2余额同比增长8.6%，2017年年末M2余额同比增长8.1%。按完善前的方法统计，2018年1月末M2增速为8.5%。

初步核算，2017年国内生产总值827 122亿元，比上年增长6.9%。其中，第一产业增加值65 468亿元，增长3.9%；第二产业增加值334 623亿元，增长6.1%；第三产业增加值427 032亿元，增长8.0%。第一产业增加值占国内生产总值的比重为7.9%，第二产业增加值占国内生产总值的比重为40.5%，第三产业增加值占国内生产总值的比重为51.6%。全年最终消费支出对国内生产总值增长的贡献率为58.8%，资本形成总额贡献率为32.1%，货物和服务净出口贡献率为9.1%。全年人均国内生产总值59 660亿元，比上年增长6.3%。图10-1展示了2013—2017国内生产总值及增长速度。

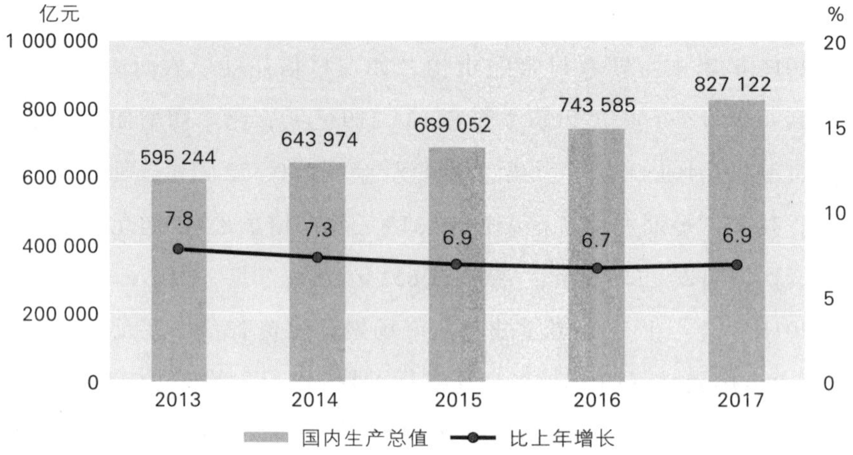

图10-1 2013—2017国内生产总值及增长速度

表10-1是M2/GDP的历史变化数据。2002—2008年M2/GDP的值趋近于1.55，从2009年开始M2/GDP的值不断攀升，到2016年M2/GDP的值达到了2.0831，2017年则稍有缓和。M2/GDP值的变化曲线如图10-2所示。

表10-1 M2/GDP的历史变化数据

年份	M2指标值（亿元）	GDP绝对额（亿元）	M2/GDP
2017年	1 676 800.00	827 100.00	2.0273
2016年	1 550 100.00	744 127.00	2.0831
2015年	1 392 300.00	676 708.00	2.0575
2014年	1 228 374.81	635 910.00	1.9317
2013年	1 106 524.98	588 018.76	1.8818
2012年	974 148.80	534 123.04	1.8238

续表

年份	M2指标值（亿元）	GDP绝对额（亿元）	M2/GDP
2011年	851 590.90	473 104.05	1.8000
2010年	725 851.79	401 512.80	1.8078
2009年	610 224.52	340 902.81	1.7900
2008年	475 166.60	314 045.40	1.5131
2007年	403 442.20	265 810.30	1.5178
2006年	345 603.60	216 314.40	1.5977
2005年	298 755.70	184 937.40	1.6154
2004年	253 207.70	159 878.30	1.5838
2003年	221 222.80	135 822.80	1.6288
2002年	185 007.00	120 332.70	1.5375

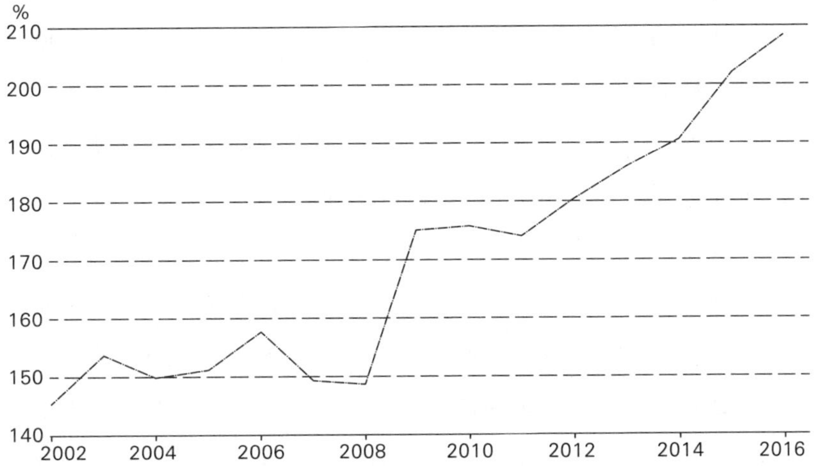

图10-2　M2/GDP值的变化曲线

10.2.2　我国M2与国内生产总值比值的变化成因

我国M2与国内生产总值比值的变化是由下面的原因造成的。

（1）经济的货币化进程不断深入导致我国M2/GDP呈上升趋势。

所谓货币化进程，是指原来那些本可以用货币进行交易但因技术条件不够而没有用货币进行交易的商品现在均以货币的形式进行买卖交易的过程。货币经济是指社会经济发展到以货币为交易媒介的时代，而非货币经济则是指小农经济的自给自足或物物交换的时代。我国实行改革开放之前，在广大的农村地区，物物交换是非常普遍的形式，随着我国实行改革开放政策，经济快速发展，经济中的制度和结构也发生了很大的变化，商品交易的领域不断扩展，货币化程度不断加深，基于此的货币交易性需求也迅速增加。

（2）国内需求不足。

自1978年实行改革开放以来，我国的经济不断向前发展，国民收入水平大大提高，先进技术被不断引进，发展热情不断上涨，但也开始出现了一个问题，即我国居民的收入差距不断扩大。由于收入水平低的居民比收入水平高的居民有着更高的边际消费倾向，在基尼系数不断上升的趋势下，我国居民的平均消费倾向呈下降趋势。2004—2008年，我国基尼系数上升得非常快，从0.473上升至0.491，这无疑成为影响我国居民消费水平的重要因素。同时，边际消费倾向的降低又使得储蓄率上升，促进了我国M2/GDP的增长，这就导致了一个不良循环状态。

（3）政府购买对我国M2/GDP的影响。

自改革开放以来，我国政府投资在经济增长中扮演着十分重要的角色。正是由于过度依靠政府投资，造成了我国国内需求不足的问题。政府投资主要关注于基础设施建设方面，对于保障性方面的投资无余，这使得居民出于谨慎性货币需求开始增加储蓄，减少了国内消费，间接地提高了M2/GDP的值。自2008年起，我国在基础设施方面的投资呈现增长趋势，但在社会保障方面的投资远远小于在基础设施方面的投资。

10.2.3 影响收入差距的指标

收入差距适度性是一个带有强烈主观价值判断色彩的范畴，因此影响收入差距的指标也应是带有价值判断的规范性指标，但事实上现行的指标多是客观评价指标。用客观指标反映主观范畴，与价值有关的因素往往会被忽略，从而使研究结论偏离希望的目标，即使指标的选择、使用都非常科学，数据的收集和整理也非常严谨和客观。

以基尼系数为例，假如有2个人A和B，收入分别为1 500元和500元，计算可得基尼系数为0.25，根据基尼系数的国际评价标准，这样的收入差距处于适度状态。那么，事实是否真的如此呢？在未对2人的其他情况进一步了解之前，是很难作出判断的。如果A和B都属于同质劳动力，而A的收入水平是B的3倍，那么按照按劳分配的原则或市场自由竞争的规则，显然这样的收入差距是不适度的；但是，如果A是接受过高等教育或专业训练的专业技术人员，从事的是复杂劳动，而B从未接受过技能训练，从事的是技术含量很低的简单劳动，由于复杂劳动是简单劳动的倍加，我们可能认为这种收入差距就是适度的，甚至还不够大。又如，根据世界银行的统计结果，我国的基尼系数早在20世纪90年代中期就已超过0.4这个警戒线，这是否就意味着我国收入差距已经不适度了呢？从我国的实情来看，无论从效率还是公平的角度来判断，当时的收入差距显然没有达到质变的程度，这一点得到了国内大多数研究结论的证实。

由此可以得出结论：即使基尼系数完全没有计算上的错误或任何误差，也只能客观地测算和反映居民收入分配结果的不均等程度，或者只能测定居民收入的相对离散程度，而对收入差距是否适度并不能作出有效的评判。正如阿特金森在对基尼系数进行评价时所指出的基尼系数小，并不能说明该社会是否平等。

10.3 收入差距与M2/GDP的定性分析

因为现金和银行存款都是经济主体自愿持有的，是其资产组合的构成部分，所以要分析收入差距对M2/GDP的影响，可从货币需求方面入手。货币主要有计值标准、交易媒介、价值储藏三大职能。不过，微观经济主体之所以愿意持有各种不同形式的货币（现金和各种存款货币），是因为这些货币具有后两种职能。换句话说，人们对货币的需求实际上是对货币的交易媒介职能和价值储藏职能的需求。这样，我们就可以将货币需求分为对货币的交易媒介功能的需求（以下简称交易性货币需求）和对货币的价值储藏功能的需求（以下简称财富储藏性货币需求）。人们之所以持有现金和可直接支付的存款，是因为其具有交易媒介功能，人们之所以持有不可直接支付的存款，是因为这些存款和其他资产一样具有价值储藏职能。因此，交易性货币需求就是对现金和可直接支付的存款的需求，财富储藏性货币需求就是对不可直接支付的存款的需求。

10.3.1 收入差距中交易性货币需求与国内生产总值之比的影响

从微观货币需求上升到宏观货币需求的过程中，简单地把微观变量改为宏观变量，会导致收入分配等影响全社会货币需求的一些宏观结构性因素被忽略。为了便于理解收入分配对宏观货币需求的影响机制，我们不妨假设全社会仅有2个人，总收入为Y，第一个人分得收入为ρY，另一个人分得收入为（1−ρ）Y，这里ρ∈［1/2，1），是收入分配参数，ρ等于1/2时就是平均分配，ρ越靠近1，表示第一个人的收入比第二个人高得越多。假设第一个人的消费倾向为λ_1，第二个人的消费倾向为λ_2，则2个人的消费分别为$\lambda_1\rho Y$和$\lambda_2(1-\rho)Y$，需要通过货币交易来完成，从而2个人的交易性货币需求与国内生产总值之比为：

$$\frac{M_T}{GDP}=\frac{1}{Y}\{f_T(\lambda_1\rho Y, \sigma, R, b)+f_T[\lambda_2(1-\rho)Y, \sigma, R, b]\} \quad (10\text{-}1)$$

为了方便分析，不妨将交易性货币需求$f_T(Y, \sigma, R, b)$写成$g(\sigma, R, b)Y^{\alpha}$，这里$g(\sigma, R, b)>0$，α是大于0的参数。这样，式（10−1）就可写成：

$$\frac{M_T}{GDP}=Y^{\alpha-1}g(\sigma, R, b)\{(\lambda_1\rho)^{\alpha}+[\lambda_2(1-\rho)]^{\alpha}\} \quad (10\text{-}2)$$

对ρ求导数就有：

$$\frac{d\left(\frac{M_T}{GDP}\right)}{d\rho}=\alpha Y^{\alpha-1}g（\sigma，R，b）[\lambda_1^{\alpha}\rho-\lambda_2^{\alpha}（1-\rho）^{\alpha-1}] \tag{10-3}$$

因为g（σT，R，b）和α都大于0，所以式（10-3）的值大于0还是小于0就取决于$\lambda_1^{\alpha}\rho-\lambda_2^{\alpha}（1-\rho）^{\alpha-1}$大于0还是小于0，即式子$（\lambda_1/\lambda_2）^{\alpha}-[（1-\rho）/\rho]^{\alpha-1}$为正还是为负。如果式子$（\lambda_1/\lambda_2）^{\alpha}-[（1-\rho）/\rho]^{\alpha-1}$为正，则式（10-3）的值大于0，说明交易性货币需求与产出之比（即M_T/GDP）是收入分配差距ρ的增函数；如果式子$（\lambda_1/\lambda_2）^{\alpha}-[（1-\rho）/\rho]^{\alpha-1}$为负，则式（10-3）的值小于0，说明$M_T$/GDP是收入分配差距ρ的减函数；如果式子$（\lambda_1/\lambda_2）^{\alpha}-[（1-\rho）/\rho]^{\alpha-1}$等于0，则$M_T$/GDP与收入分配无关。因为第一个人收入份额ρ高于第二个人的收入份额（1-ρ）。一般来说，高收入者的消费量要大于低收入者，即$\lambda_1\rho Y>\lambda_2（1-\rho）Y$，同时边际消费倾向是递减的，即$1>\lambda_2>\lambda_1>0$，所以有$1>（\lambda_1/\lambda_2）>[（1-\rho）/\rho]>0$。在这些条件下通过解不等式$\lambda\alpha_1\rho^{\alpha-1}-\lambda_2^{\alpha}（1-\rho）^{\alpha-1}>0$（或<0），进一步可以推导出：

①当$0<\alpha<\ln[\rho/（1-\rho）]/\ln\{\lambda_1\rho/[\lambda_2（1-\rho）]\}$时，就有$（\lambda_1/\lambda_2）^{\alpha}-[（1-\rho）/\rho]^{\alpha-1}<0$。此时，随着收入差距的拉大，交易性货币需求与国内生产总值之比会降低。

②当$\alpha=\ln[\rho/（1-\rho）]/\ln\{\lambda_1\rho/[\lambda_2（1-\rho）]\}$时，就有$（\lambda_1/\lambda_2）^{\alpha}-[（1-\rho）/\rho]^{\alpha-1}=0$。此时，收入差距对交易性货币需求与国内生产总值之比无影响。

③当$\alpha>\ln[\rho/（1-\rho）]/\ln\{\lambda_1\rho/[\lambda_2（1-\rho）]\}$时，就有$（\lambda_1/\lambda_2）^{\alpha}-[（1-\rho）/\rho]^{\alpha-1}>0$。此时，随着收入差距拉大，交易性货币需求与国内生产总值之比反而会上升。

以上分析说明，收入差距可能会影响交易性货币需求，进而影响交易性货币需求与总收入之比，但是收入差距拉大到底是使得交易性货币需求与总收入之比升高还是降低，还取决于参数α的取值。

10.3.2 收入差距对财富贮藏性货币需求与国内生产总值之比的影响

在分析交易性货币之后，分析财富储藏性货币需求与收入差距的关系。在上面的例子中，假设2个人之前没有财富，当期2个人的储蓄分别为（$1-\lambda_1$）ρY和（$1-\lambda_2$）（$1-\rho$）Y。他们总是会将储蓄的一定比例以定期存款或储蓄存款的形式持有，这一比例取决于这些存款的实际利率和替代资产的预期收益率，这样我们把财富储藏性货币需求写成$M_S^{pd}=h(r, R, \pi)W$。于是，这2个人的财富储藏性货币需求与国内生产总值之比就为：

$$\frac{M_S}{GDP}=h(r, R, \pi)[(1-\lambda_1)\rho+(1-\lambda_2)(1-\rho)] \quad (10\text{-}4)$$

注意到$h(r, R, \pi)>0$，$1>\lambda_2>\lambda_1>0$，所以$d(M_S/GDP)/d\rho=h(r, R, \pi)(\lambda_2-\lambda_1)>0$。也就是说，财富储藏性货币需求与国内生产总值之比是收入差距的增函数，在其他条件不变的情况下，收入差距的扩大会导致财富储藏性货币需求增长。这里的经济机制就在于，由于边际消费倾向递减规律的客观存在，收入差距越大，全社会的消费率就越低、储蓄率就越高，从而积累的财富与国内生产总值之比也就越高，由此产生的货币需求（即财富储藏性货币需求）与国内生产总值之比也就越高。

10.3.3 收入差距对M2与GDP之比的影响

M2包括交易性货币和财富储藏性货币。经济主体持有现金和可用于支付的活期存款的目的是交易，对应着交易性货币需求；经济主体持有定期存款和储蓄存款的目的主要是以这些存款储藏其财富，对应着财富储藏性货币需求。

（1）只要$\alpha\geqslant\ln[\rho/(1-\rho)]/\ln\{\lambda_1\rho/[\lambda_2(1-\rho)]$，M2/GDP必定会随着收入差距的扩大而上升。

（2）如果$\alpha<\ln[\rho/(1-\rho)]/\ln\{\lambda_1\rho/[\lambda_2(1-\rho)]$，只要交易性货币需求与国内生产总值之比下降的幅度小于财富储藏性货币需求与国内

生产总值之比的上升幅度，则M2/GDP还是会随着收入差距的扩大而上升。

10.4 收入差距扩大导致高M2/GDP的实证分析

在情形（Ⅰ）和（Ⅱ）的条件下，收入差距扩大会导致M2/GDP升高。观察我国的货币量与国内生产总值之比和反映收入差距的基尼系数，可以发现，自1980年以来我国M2/GDP与基尼系数也确实表现出了共同的长期上升趋势，而且二者相关系数高达0.92。据此可以推测，我国M2/GDP升高可能与收入差距扩大有直接的关系。

10.4.1 模型与指标选取

我国除了银行存款以外，公众主要投资于股票和房产，所以对于机会成本变量，可以考虑股票的实际投资收益率、房产投资收益率、实际存款利率和通货膨胀率。通货膨胀率我们记为Pi。股票交易金额等于交易数量乘以交易价格，是一个综合指标，既含有交易量信息，又含有价格信息，基本能够反映股票市场对货币需求的影响。考虑到样本观测值数量有限，回归方程中变量太多会减少自由度，我们进一步把股票交易金额与商品房交易金额合并除以国内生产总值，记为Asset，以此反映公众在存款以外的资产选择。我们用一年期实际存款利率作为定期存款实际收益率的代表，这个利率对持有现金和活期存款来说是机会成本，对持有定期存款来说是收益。因为我国央行对存款利率有不定期的调整，有的年份从年初到年末利率没有变化，有的年份则有一次或几次调整，对于年内有过调整的年份我们按时间来加权计算这一年的利率。将加权名义利率进一步减去通货膨胀率就得到一年期存款的实际利率，记为Rwdir。由于货币收支的不确定性和现金转化成本很难度量，一般在货币需求的计量模型中都不予以考虑，因此回归方程也不考虑这两个变量。表10-2整理了模型变量的定义与测度。

表 10-2　　　　　　　　　模型变量的定义与测度

变量名称	定义与测度
Asset	（股票交易金额+商品房交易金额）/国内生产总值
Pi	年通货膨胀率
Gini	年基尼系数
Rwdir	（央行存款利率-通货膨胀率）

企业参与股票和房地产太多，非消费者单位（非住户部门）参与房地产和股票过多，因为可能使用的是名义国内生产总值，所以通货膨胀率会包含在内。

因为研究分析的是收入差距与M2/GDP的关系，所以对于衡量收入差距，首先建立一个基础模型：

$$\frac{M2}{GDP}=C+\beta Gini \tag{10-5}$$

通常，我们通过基尼系数来判断收入差距的大小，因此可以通过分析基础模型中Gini系数与M2/GDP之间的关系，得到相应的结论。

然后，选取指标，对基础模型进行拓展：

$$\frac{M2}{GDP}=\beta_1 Gini+\beta_2 Asset+\beta_3 Pi+\beta_4 Rwdir+C \tag{10-6}$$

本书所采用的数据大多来源于世界银行、国家统计局和中国人民银行官网。通过计算2008—2017年的数据，得到表10-3。

表 10-3　　　　　　　　　实证模型指标的运算结果

年份	Asset	Pi	Gini	Rwdir
2008年	0.079	5.90%	0.490	0.71%
2009年	0.129	-0.70%	0.490	6.10%
2010年	0.130	3.30%	0.481	2.40%
2011年	0.124	5.40%	0.477	1.20%

续表

年份	Asset	Pi	Gini	Rwdir
2012年	0.123	2.60%	0.474	3.60%
2013年	0.138	3.30%	0.473	2.70%
2014年	0.120	3.30%	0.469	2.70%
2015年	0.127	1.40%	0.462	3.60%
2016年	0.159	8.50%	0.465	-5.00%
2017年	0.162	7.50%	0.460	-4.50%

10.4.2 实证检验

在实证分析的过程中，主要是利用了EViews8.0软件进行最小二乘法回归分析。最小二乘法，又称最小平方法，是一种数学优化技术。它通过最小化误差的平方和寻找数据的最佳函数匹配。利用最小二乘法可以简便地求得未知的数据，并使这些求得的数据与实际数据之间误差的平方和为最小。最小二乘法还可用于曲线拟合。

首先，通过EViews8.0软件对基础模型进行数据的回归检验，回归结果显示Gini和C的P值都小于0.05，说明Gini变量对于M2/GDP有显著影响。基础模型参数回归结果见表10-4。

表10-4　　基础模型参数回归结果

解释变量	正相关/负相关	系数绝对值
Gini	+	14.08831

整理后可得以下模型表达式：

$$\frac{M2}{GDP}=14.08831Gini+8.550867 \tag{10-7}$$

然后，对拓展模型做同样的回归分析，回归结果显示Gini和Asset

与Pi的P-value小于0.05，说明这3个变量对M2/GDP有显著的影响作用。对Rwdir来说，它的P-value较大，因此对M2/GDP的影响不显著。

考虑到多元函数模型直接做最小二乘法会忽视各指标变量之间的共线问题，所以对拓展模型进行了逐步多元回归，并使用EViews8.0软件中的STEPLS方法进行验算。逐步多元回归是将每个变量指标依次进行叠加最小二乘法线性回归检测，若上一个指标的P-value值大于0.05，则去除该指标，继续将下一个指标回归，直到每一个参与回归的指标都检测完成后，最后将得到的指标进行分析。

由于第一次的结果与基础模型的回归验证结果相同，因此省略了第一步回归验证，将Gini与Asset变量同时进行回归检验，回归结果显示，将Asset指标加入之后，Gini与Asset的P-value值均小于0.05，说明这两个变量之间不存在共线问题，且同时对M2/GDP的值有显著的影响作用。然后，将第三个变量Pi带入进行回归，回归结果显示，Pi的P-value值稍大于0.05，将其去除，表明该变量对M2/GDP的影响不显著。最后，加入Rwdir变量进行回归，回归结果显示，Rwdir的P-value值大于0.1，将其去除，表明该变量对M2/GDP的影响不显著。

当P-value值控制在0.1时，Pi变量就被添加到显著指标变量中，这更加确定了之前做的逐步最小二乘法回归的准确性。

综上所述，EViews8.0软件的检验和逐次最小二乘法回归的结果大体相同，说明对M2/GDP有显著影响的主要有Gini和Asset变量，以及可以接受的Pi变量（虽然P-value大于0.05，但是小于可接受范围0.1）。我们将所得的结果进行整理可得表10-5。

虽然有两个变量不够完美，但是为了说明问题，还是将其纳入模型中，可以得到以下模型表达式：

$$\frac{M2}{GDP}=9.049279Gini+3.464630Asset+1.202703Pi-0.982752Rwdir+6.320199 \tag{10-8}$$

表 10-5　　　　　　　　　　模型参数回归结果

解释变量	正相关/负相关	系数绝对值
Gini*	+	9.049279
Asset*	+	3.464630
Pi**	+	1.202703
Rwdir	−	0.982752

注：*说明在5%的显著水平下通过显著性检验；**说明在10%的显著水平下通过显著性检验；未标记的，则表示该变量未通过显著性检验。

10.4.3 实证结果分析

在模型中，M2/GDP为被解释变量，Gini的系数为正，大体上表明了收入差距越大，M2/GDP的值就越高。

之前学者（1990—2007）的研究发现Asset变量在系数统计上不显著，说明股票和房产交易金额对货币需求的影响并不显著。股票和房产等资产市场交易金额越大，一方面会导致对交易性货币的需求增加，另一方面也反映了公众用股票和房产这些非货币资产替代货币资产的意愿，这当然会导致对具有财富储藏性质的存款货币（主要是定期存款）需求的减少。前后两种效应相抵消，可能造成Asset变量对M2/GDP的影响在统计上不显著。

之后的数据（本书数据）显示Asset变量对M2/GDP的影响逐渐加深，Asset的系数为正，说明它与M2/GDP呈正相关关系。正如我国当前国情，企业参与股票和房地产太多，非消费者单位（非住户部门）参与房地产和股票过多，而中国股票市场对经济增长的作用是有限的，从而使得居民消费倾向相对于平均分配必定是低的。

Pi的系数为正，说明通货膨胀率越高，M2/GDP的值就越高。货币流通速度的加快会使得货币流通过剩，整个社会的通胀压力加大。其实，从理论上来讲，通货膨胀率这一指标对M2/GDP是应该有显著作用的，但因为本书参考的国内生产总值数据是名义的国内生产总值，即包含了通货膨胀率，所以得出的回归结论P-value的值小于0.05。

一年期定期存款的实际利率（Rwdir）为负，因为定期存款利率越高，公众持有定期存款的意愿就越强，这会推动M2/GDP上升。但应注意的是，M2中定期存款（单位和个人的）的占比小于活期存款和现金的占比，而对持有现金和活期存款而言，Rwdir的值越高，就意味着机会成本越大，所以只要定期存款利率上升对公众增加定期存款的激励小于对公众减少活期存款的激励，那么在对M2/GDP的回归方程中Rwdir的系数就会为负。

第11章 小微企业的环境：区域与产业差异

11.1 引言

中国经济经过几十年的高速发展进入了转型的新时期，社会矛盾逐渐突出。党的十九大报告指出，中国特色社会主义进入新时代，我国社会主要矛盾已经转化为人民日益增长的美好生活需要和不平衡不充分的发展之间的矛盾。对这一新的主要矛盾的陈述，是党中央统揽全局，面对改革发展作出的基础性判断。

事实上，作为世界上最大的发展中国家，区域经济差异是我国经济发展中的突出问题。由于地理位置以及资源禀赋的影响，中国区域经济发展差异十分显著。例如，北京市2017年人均国内生产总值已经基本达到发达国家水平，而河北省同年的人均国内生产总值（GDP）低于一些发展中国家的平均水平。因此，从河北省流入北京市的人口越来越多，北京市的交通、房地产等产业的发展出现了畸形。

我国社会主要矛盾的改变使得具体描述和分析区域经济发展的不平衡不充分成为当务之急。如果描述和分析还是从供给的理论进行供给侧的分析，这只能是细节化差异，而不能给出差异的原因，更不要说提出解决主要矛盾的措施和建议了。我们以马克思主义关于人的需求理论为指导，以区域经济发展的不平衡不充分为实践内容，以再造的需求层次理论为模型，从需求的视野来分析区域经济发展的不平衡不充分，得出了满足人民群众的尊重需求和自我实现需求是解决新时期区域经济发展不平衡不充分问题的钥匙。

11.2 研究综述

11.2.1 区域发展差异的研究综述

国外学者对中国的地区经济差异进行了考察。Demurger（2002）和Jones（2003）认为中国地区自身地理条件的限制以及政府的地区倾斜政策，使得中西部地区的发展明显落后于东部地区。国内专家学者在研究角度和内容上较为系统，根据吴爱芝等（2011）对前人的总结，区域经济差异研究中多采用人均国民收入、人均国内生产总值、人均消费水平等人均指标。

对于区域差异的研究方法，国外专家作出了很大贡献。Akita和Miyata（2010）提出了人口加权变异系数的二重分解方法，使得区域发展不平衡的空间分解与收入来源分解得到了统一[①]。国内大多数学者在借鉴国外经验的基础上，增加了空间人口等相关因素。比如，覃成林等（2011）利用人口加权变异系数分析了我国区域发展不平衡的变化过程[②]。

11.2.2 区域协调发展的研究综述

在区域协调发展研究方面，范振锐（2017）对区域协调发展的研究主要采用主成分分析法，从经济、社会、自然资源等角度来建立衡量区域间经济协调发展的综合评价指标体系[③]。覃成林（2011）使用Moran's I系数测度区际经济联系状态，从测度区域间经济增长、经济联系和经济

---

① AKITA T, MIYATA S. The bi-dimensional decomposition of regional inequality based on the weighted coefficient of variation[J]. Letters in Spatial and Resource Sciences, 2010(3).

② 覃成林，张华，张技辉．中国区域发展不平衡的新趋势及成因——基于人口加权变异系数的测度及其空间和产业二重分解[J]．中国工业经济，2011(10)：37-45.

③ 范振锐．区域协调发展理论研究[J]．湖北工程学院学报，2017，37(1)：116-118.

差异入手，采用平均赋权法计算区域协调发展度[①]。

上述研究都是从区域发展的外在表现反映区域发展的不平衡。比较来看，区域差异领域的研究方法成熟，但指标体系没有建立；区域协调发展领域的研究有模型也有指标，但目的是提高协调度。在方法上，现有的分析大都以名义人均国内生产总值为主，而忽略了实际人均国内生产总值，但是价格水平差异会导致高估或低估不同地区的名义收入，因此区域发展差异的测度需要采用实际收入指标。张宏艳（2014）指出，近年来许多学者将购买力平价理论用于国内各地区间收入水平以及发展差异的比较[②]。闫梅和樊杰（2016）从购买力角度出发，对地区间的实际收入水平差异进行了测度。因此，本书将使用购买力平价理论的思想，以便更加真实合理地反映我国区域经济发展的差异。

11.3 需求层次理论模型的再造

11.3.1 马斯洛需求层次理论

马斯洛认为人类需求分为五个层次，即生理需求、安全需求、归属和爱的需求（或称社会需求）、尊重需求、自我实现需求。一般来说，当前一个需求层次得到满足之后，便会出现对后一个需求层次的需求[③]。

生理需求是最基本、最强烈和最明显的一种需求。这些需求包括对食物、饮料、住所、性交、睡眠和氧气等的需求，是人类维持自身生存的最基本要求。安全需求是指人们比较注意自身安全和稳定方面的需求，体现在社会秩序、法律法规、国家安全等方面。归属和爱的需求主要是人们精神层面的需求，追求人与人之间的和谐交往，渴望爱情、亲

① 覃成林，张华，毛超．区域经济协调发展：概念辨析、判断标准与评价方法[J]．经济体制改革，2011(4)：34-38．

② 张宏艳，姚双花．我国区际收入差距问题分析——基于购买力平价理论[J]．北京工商大学学报(社会科学版)，2014，29(3)：108-115．

③ 马斯洛．人的动机理论[M]．许金声，等译．北京：中国人民大学出版社，2013．

情、友情，它与个人性格、经历、生活区域、民族、生活习惯、宗教信仰等都有关系。尊重需求是指人们通过自己的努力得到他人的认可，获得稳定的社会地位。自我实现需求是最高层次的需求，指的是实现理想、抱负，最大程度地发挥个人能力的需求。

11.3.2 需求层次理论模型的再造机理

马克思对人的需求有很多研究，根据本章研究的目的，选取其中的三个方面作为再造需求层次理论模型的理论依据。

马克思认为，“我们首先应当确立一切人类生存的第一个前提，也就是一切历史的第一个前提，这个前提是：人们能够‘创造历史’必须能够生活。但是为了生活，首先就需要吃、喝、住、穿以及其他一些东西。因此，第一个历史活动就是生产满足这些需要的资料，即物质生活本身”[①]。从这段话可以看出，马克思认为人的需求是分层次的，即人的需求至少而且应当包括第一层次的生理需求和安全需求。同时，马克思还认为人区别于其他动物在于其社会性，因而人的需求还包括社会需求。这三个方面的需求几乎是等价的，它们和建立在它们之上的其他需求是有本质区别的。这一点与马斯洛需求层次模型不同。

人的需求是变化的，是相对的，因而用变异系数来表示区域之间的差异是非常合适的。

因为供给是由需求决定的，所以选用供给侧的投入产出数据来说明区域的需求。

11.3.3 再造的需求层次理论模型

通过对需求层次理论模型的再造机理进行分析，我们可以看到，在马克思主义指导下的需求层次理论模型，即再造的需求层次理论模型具有层次性、相对性和实践性三个特点。

---

① 中共中央马克思恩格斯列宁斯大林著作编译局．马克思恩格斯选集[M]．北京：人民出版社，1995．

层次性体现为需求可以分层，具体来说，再造的需求层次理论模型仍然可以采用马斯洛需求层次理论的五个层次，只不过前三个处于一个层次，后两个处于一个层次。相对性指的是不能绝对静态地分析人的需求，必须考虑其动态变化，人的需求只有相对分析才有价值和意义。这一点也是和马斯洛需求层次理论模型不一致的。实践性是再造的需求层次理论模型和马斯洛需求层次理论模型本质差异的地方，有了实践性，我们就可以具体研究人的需求，同时人的需求也具体体现在客观世界中。

图11-1是马斯洛需求层次理论模型，图11-2是再造的需求层次理论模型。从图11-1和图11-2中可以看出，再造的需求层次理论模型具有上述三大特点。

本书根据马克思主义再造的模型将需求分为两个层次，最下面的一层可以理解为物质方面的层次，而上面一层为精神方面的层次。在不同区域或者是同一区域所处的不同时间都会存在需求层次的差异，这一差异用△来表示，且不同需求层次的差异是由供给侧反映出来的。

假设全国有m个区域，且每个区域中仅包含一个省，则全国共有m个省。N_i表示i区域的总人口，Y_i表示i区域的地区生产总值，$\bar{Y}_i = \frac{Y_i}{N_i}$表示i区域的人均地区生产总值；$N=\sum_{i=1}^{m} N_i$表示全国总人口，$Y = \sum_{i=1}^{m} \bar{Y}_i N_i$表示全国的国内生产总值，$\bar{Y}=Y/N$表示全国的人均国内生产总值。

从需求角度来看区域之间的差异主要表现为上述五个层次之间的差异，因此i区域的地区生产总值来自k（k=1，2，3，4，5）种需求层次下的产业部门，则：

$$Y_i = Y_{i_1} + Y_{i_2} + Y_{i_3} + Y_{i_4} + Y_{i_5} \tag{11-1}$$

全国的人均国内生产总值来自k（k=1，2，3，4，5）种需求层次下的产业部门，则：

$$\bar{Y} = \bar{Y}_{*1} + \bar{Y}_{*2} + \bar{Y}_{*3} + \bar{Y}_{*4} + \bar{Y}_{*5} \quad (11-2)$$

其中，$\bar{Y}_{*k}$表示全国来自第k类需求的人均国内生产总值。

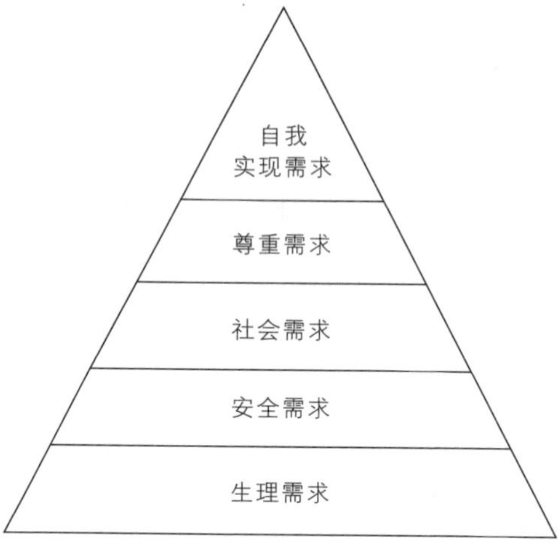

图 11-1　马斯洛需求层次理论模型

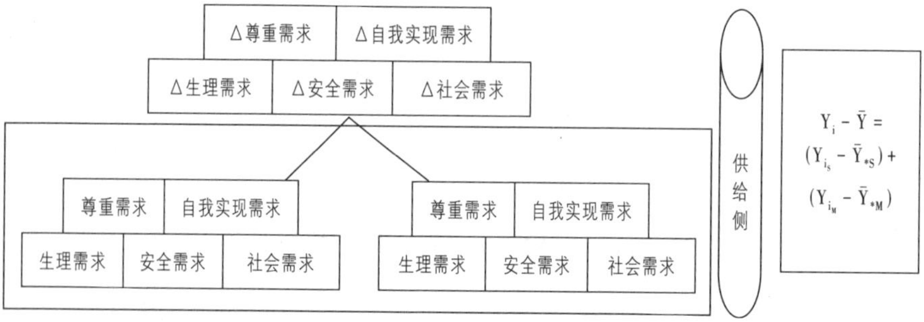

图 11-2　再造的需求层次理论模型

根据改造后的模型，我们增加物质需求层次和精神需求层次的分析，即：

$$Y_i = Y_{i_M} + Y_{i_S} \quad (11-3)$$

$$\bar{Y} = \bar{Y}_{*S} + \bar{Y}_{*M} \quad (11-4)$$

其中，Y_{i_M}、Y_{i_S}分别为i区域中来自物质需求层次和精神需求层次下产业部门的国内生产总值；$\bar{Y}_{*S}$、$\bar{Y}_{*M}$分别为全国来自物质和精神需求层次的平均国内生产总值。

那么，总差异可表示为：

$$
\begin{aligned}
Y_i - \bar{Y} &= (Y_{i_1} - \bar{Y}_{*1}) + (Y_{i_2} - \bar{Y}_{*2}) + (Y_{i_3} - \bar{Y}_{*3}) + (Y_{i_4} - \bar{Y}_{*4}) + (Y_{i_5} - \bar{Y}_{*5}) \\
&= (Y_{i_S} - \bar{Y}_{*S}) + (Y_{i_M} - \bar{Y}_{*M}) \qquad (11\text{-}5)
\end{aligned}
$$

这一差异反映在模型的右侧。

11.4 主要数据和研究方法

11.4.1 主要数据

本章主要是从需求角度研究中国区域经济发展的不平衡问题，因此选取了2002年、2007年和2012年投入产出表中第二象限的产业部门数据，同时考虑到统计口径一致及数据的可得性，将投入产出表中的产业部门细分为生理需求、安全需求、社会需求、尊重需求以及自我实现需求，以便更具体地分析各类需求层次对中国区域发展不平衡所产生的影响。

根据2017年国民经济行业分类以及马斯洛需求层次模型的分析，将产业部门进行分类。各省市人均地区生产总值、常住人口数据主要来自历年《中国统计年鉴》及各省市统计年鉴，或者通过计算所得。各省市居民消费分类数据来自历年《中国统计年鉴》《中国物价年鉴》《中国价格及城镇居民家庭收支调查统计年鉴》《中国城市（镇）生活与价格年鉴》的相关数据或计算整理所得。各省市需求层次数据均来源于“中国各地区投出产出表”或计算整理所得。

由于各省市的人均地区生产总值是以各省市的地区生产总值除以各省市人口得到的，因此本章还需要对人口数据的来源进行解释。目前，我国人口数的统计通常采用两种指标，分别是常住人口（一定时间某个区域居住的人口）和户籍人口（户口所在地计算的人口）。而本章采用的是常住人口，这是因为国内生产总值是衡量国家（或地区）的经济活动所创造的增加值总和，而常住人口这一统计口径与经济活动的参与者更相符。

11.4.2 研究方法

为了能够全面正确地反映我国区域间的经济发展差异，本章将采用变异系数来测度区域经济发展的不平衡性。变异系数是样本的标准差与平均值的比值，一般来说，变异系数越高，其差异性就越大。为了测算的简便性，本章将使用变异系数的平方来对问题进行说明。其公式为：

$$CV^2 = \frac{1}{\bar{Y}^2}\sum_{i=1}^{m}\frac{1}{N}(Y_i - \bar{Y})^2 \tag{11-6}$$

（1）人口因素。

相对于各区域的地区生产总值来说，人均地区生产总值的差异更能反映不同区域生产力的不同，从而反映出区域经济发展的不平衡性。因此，考虑到各区域人口规模的不同对模型所产生的影响，在变异系数中加入各区域的人口数量作为权数进行加权，那么全国区域发展的不平衡程度可用人口加权变异系数的平方来测度。其公式为：

$$CV^2=\frac{1}{\bar{Y}^2}\sum_{i=1}^{m}\frac{N_i}{N}(\bar{Y}_i - \bar{Y})^2 \tag{11-7}$$

学者对于变异系数分解的方法有很多研究，如王启仿（2003）、安乾（2009）[①]、覃成林（2011）等，但他们忽略了对产业之间或者区域之间协方差变异系数的分析，因此本章将对人口加权变异系数进行分解，把区域发展不平衡分解为各个需求层次所导致的不平衡以及它们的相关关系之和，进而分析每个部分对区域发展不平衡的影响。其分解过程如下：

$$CV^2=\sum_{j=1}^{k}z_{k_j}{}^2CV^2{}_{k_j} + 2\sum_{j\neq s}z_{k_j}z_{k_s}COV(k_j, k_s) \tag{11-8}$$

---

① 安乾．基于加权变异系数分解方法的河南区域经济差异研究[J]．平顶山学院学报，2009,24(2):28-34.

其中：

$$z_{k_j}=\frac{\bar{Y}_{*k_j}}{\bar{Y}}=\frac{1}{N}\sum_{i=1}^{m}N_i\bar{Y}_{ik_j}\Big/\bar{Y} \tag{11-9}$$

$$CV^2{}_{k_j}=\frac{1}{\bar{Y}_{*k_j}{}^2}\sum_{i=1}^{m}\frac{N_i}{N}(\bar{Y}_{ik_j}-\bar{Y}_{*k_j})^2 \tag{11-10}$$

$$COV(k_j,\ k_s)=\frac{1}{\bar{Y}_{*k_s}\bar{Y}_{*k_j}}\sum_{i=1}^{m}[(\bar{Y}_{ik_j}-\bar{Y}_{*k_j})(\bar{Y}_{ik_s}-\bar{Y}_{*k_s})\frac{N_i}{N}] \tag{11-11}$$

以上式中，$COV(k_j,\ k_s)$ 表示第 k_j 类需求与第 k_s 类需求的加权协方差变异系数，z_{k_j} 表示全国来自第 k_j 类需求所产生的国内生产总值占全国国内生产总值的份额，$\bar{Y}_{ik_j}$ 表示 i 区域第 k_j 类需求的人均地区生产总值，$\bar{Y}_{*k_j}$ 表示全国来自第 k_j 类需求的人均地区生产总值。

（2）物价因素。

由于我国各区域经济发展水平的不一致性，同一商品在不同区域显示出不同的价格特点，而且这种价格差异也总在变动，为了更准确地分析各区域的经济发展不平衡性，必须考虑到各区域供需产品的数量差异以及价格差异，但是本章是从需求角度去分析这种不平衡性的，由此假设供给是充足的，即各区域产品的数量不存在差异性。因此，本章仅考虑价格差异对各地区生产总值的影响，将用物价水平来修正名义地区生产总值，以便反映真实的区域不平衡。

用 $\bar{P}$ 表示全国人民币购买力指数，$\bar{P}_i$ 表示各地区人民币购买力指数，那么物价加权变异系数为：

$$CV^2=\frac{1}{(\frac{\bar{Y}}{\bar{P}})^2}\sum_{i=1}^{m}\frac{1}{N}(\frac{Y_i}{\bar{P}_i}-\frac{\bar{Y}}{\bar{P}})^2 \tag{11-12}$$

其中，$\bar{P}_i$ 反映了各地区物价水平的相对差异，即同样的购买力水平，以北京为基准地区支出 1 元，来考察地区所需支出的人民币数量。

（3）人口与物价因素相结合。

本章将人口加权变异系数与区域购买力平价因素相结合，以便真实地反映区域需求情况。这样就可以在一个系统的框架内揭示不同需求层次以及物价水平对各区域不平衡的贡献，进而分析其对全国区域发展不平衡的贡献。将购买力平价加入到人口加权变异系数中，得到：

$$CV^2=\frac{1}{(\frac{\bar{Y}}{\bar{P}})^2}\sum_{i=1}^{m}\frac{N_i}{N}(\frac{\bar{Y}_i}{\bar{P}_i}-\frac{\bar{Y}}{\bar{P}})^2 \tag{11-13}$$

$$=\frac{1}{\bar{Y}^2}\sum_{i=1}^{m}\frac{N_i}{N}(\frac{\bar{P}}{\bar{P}_i}\bar{Y}_i-\bar{Y})^2 \tag{11-14}$$

11.5 小微企业的环境：区域经济发展差异与产业发展差异的实证分析

11.5.1 五大需求层次

为了分析区域发展不平衡的成因，本章对人口加权变异系数进行分解。首先，把区域发展不平衡分解为各省市各个需求层次以及各层次之间所导致的不平衡之和，包含生理需求、安全需求、社会需求、尊重需要、自我实现需求以及两两需求层次之间的相关关系；然后，增加区域购买力平价因素，进行购买力修正；最后，根据式（11-7）至式（11-11）以及式（11-13）的计算，结果见表11-1。

表11-1　修正前后区域发展不平衡及五大需求层次分解的结果

年份	区域发展不平衡		生理需求		安全需求		社会需求		尊重需求		自我实现需求	
	前	后	前	后	前	后	前	后	前	后	前	后
2002年	0.31	0.12	0.41	0.17	0.28	0.12	0.37	0.23	0.96	1.01	1.42	0.85
2007年	0.29	0.10	0.41	0.18	0.27	0.13	0.50	0.26	2.03	1.13	3.05	1.10
2012年	0.17	0.07	0.31	0.16	0.18	0.10	0.30	0.27	1.26	1.00	1.48	0.79

资料来源：根据2002年、2007年和2012年《中国统计年鉴》《中国地区投入产出表》《中国物价年鉴》《中国价格及城镇居民家庭收支调查统计年鉴》《中国城市（镇）生活与价格年鉴》的相关数据，计算整理所得。

（1）人口加权变异系数分析。

图11-3是五大需求层次变异系数的变化。

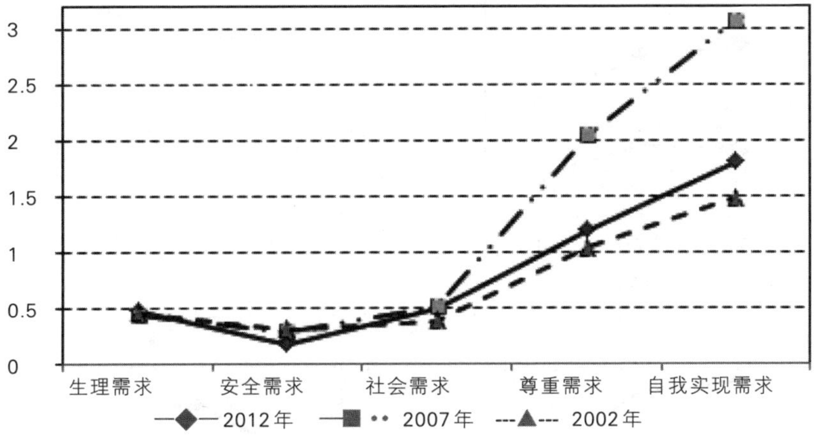

图11-3　五大需求层次变异系数的变化

从图11-3中可以看出，我国区域发展不平衡的程度呈现逐渐下降趋势，并且2007—2012年的下降幅度明显大于2002—2007年。五大需求层次发展不平衡的变动过程每年都高度一致，都呈现出先持续缓慢下降，后缓慢上升，再骤然上升的趋势。其中，在安全需求层次上出现最低点，在自我实现需求层次上出现高峰。

（2）物价人口加权变异系数分析。

图11-4是修正前后全国以及各个需求层次发展不平衡的变化。

从图11-4中看出，无论是全国还是五大需求层次的变异系数，修正之后的变化均呈现逐渐降低的趋势，说明我国区域发展的不平衡并不是很严重。一直以来，各地区的价格差异一直存在。目前，通过计算分析发现，这种差异影响了我国区域经济发展指标的测度精确性，使之无法精确反映区域经济发展、人民生活的真实状态。因此，将购买力平价运用于区域发展具有重要意义。另外，在这3年五大需求层次发展不平衡的变动过程均保持一致。

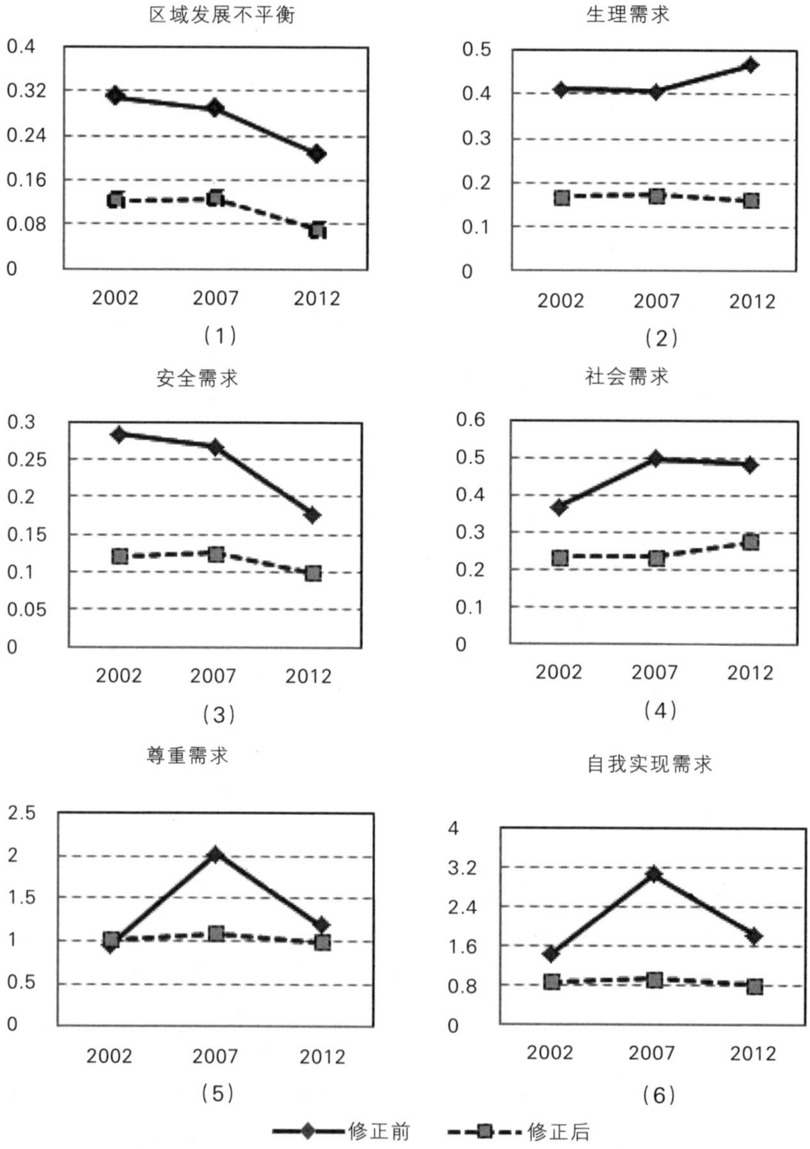

图 11-4 修正前后全国以及各个需求层次发展不平衡的变化

近年来，尊重需求的发展差异较为突出，随着中国经济的高速增长，人们的物质生活条件显著提高，越来越追求品质生活，再加上互联网技术的发展，人们追求认同感和自我优越感的需求越来越旺盛，使得人们越来越重视对尊重的需要，更加希望得到别人的肯定，但是从目前来看，中西部地区人口综合素质较低，量高质低依然是中西部地区经济发展缓慢的突出问题，人口素质的提高能够促进地区经济发展，这使得我国区域经济发展存在差异。而教育的普及、金融的发展使得各地的自我实现需求差异逐渐变小，但是相对于前三个层次来说，仍处于较高水平。

（3）相关关系分析。

表11-2、表11-3和表11-4说明了层次之间的相关关系的变化。

表11-2　　2002年两两需求层次之间的相关关系

需求层次	生理需求		安全需求		社会需求		尊重需求		自我实现需求	
	前	后	前	后	前	后	前	后	前	后
生理需求	1.00	1.00	0.19	0.05	0.21	0.04	0.36	0.17	0.23	0.05
安全需求	0.19	0.05	1.00	1.00	0.20	0.08	0.39	0.19	0.54	0.22
社会需求	0.21	0.04	0.20	0.08	1.00	1.00	0.42	0.27	0.30	0.11
尊重需求	0.36	0.17	0.39	0.19	0.42	0.27	1.00	1.00	0.84	0.59
自我实现需求	0.23	0.05	0.55	0.22	0.30	0.11	0.84	0.59	1.00	1.00

资料来源：根据2002年《中国统计年鉴》《中国地区投入产出表》的相关数据，计算整理所得。

表11-3　　2007年两两需求层次之间的相关关系

需求层次	生理需求		安全需求		社会需求		尊重需求		自我实现需求	
	前	后	前	后	前	后	前	后	前	后
生理需求	1.00	1.00	0.13	0.03	0.08	−0.03	0.64	0.24	0.29	0.06
安全需求	0.13	0.03	1.00	1.00	0.04	−0.01	0.26	0.05	0.72	0.23
社会需求	0.08	−0.03	0.04	−0.01	1.00	1.00	0.48	0.18	0.02	−0.06
尊重需求	0.64	0.24	0.26	0.05	0.48	0.18	1.00	1.00	0.99	0.37
自我实现需求	0.29	0.06	0.72	0.23	0.02	−0.06	0.99	0.37	1.00	1.00

资料来源：根据2007年《中国统计年鉴》《中国地区投入产出表》的相关数据，计算整理所得。

表 11-4　　　　　2012年两两需求层次之间的相关关系

需求层次	生理需求		安全需求		社会需求		尊重需求		自我实现需求	
	前	后	前	后	前	后	前	后	前	后
生理需求	1.00	1.00	0.16	0.04	0.02	−0.06	0.42	0.15	0.35	0.06
安全需求	0.16	0.04	1.00	1.00	0.05	0.016	0.17	0.01	0.39	0.13
社会需求	0.02	−0.06	0.05	0.016	1.00	1.00	0.27	0.12	−0.03	−0.08
尊重需求	0.42	0.15	0.17	0.01	0.27	0.12	1.00	1.00	0.63	0.31
自我实现需求	0.35	0.06	0.39	0.13	−0.03	−0.08	0.63	0.31	1.00	1.00

资料来源：根据2012年《中国统计年鉴》《中国地区投入产出表》的相关数据，计算整理所得。

从这3次我国区域发展不平衡下两两需求层次之间的相关关系中，可以发现：

一是修正之后，各需求层次之间的相关系数明显减小，相关性变弱，独立性增强，这表明采用物价修正的人口加权变异系数比没有采用物价修正的人口加权变异系数更具有合理性，更接近区域发展差异的实际水平，因而对政策建议更具有针对性。

二是修正前后，尊重需求层次与其他需求层次的相关关系都比较高，表明这一需求层次很重要。无论是修正前还是修正后，尊重需求的变异系数都很大，不平衡性比较突出。

11.5.2　物质需求层次与精神需求层次

基于改造后的模型，我们将五大需求层次又重新划分为物质需求层次和精神需求层次，并且首先进行人口加权系数的计算，然后再进行购买力修正。计算结果见表11-5。

表 11-5　修正前后区域发展不平衡及各需求层次分解的结果

年份	区域发展不平衡		物质需求		精神需求	
	前	后	前	后	前	后
2002年	0.31	0.12	0.25	0.09	0.98	0.77
2007年	0.29	0.10	0.18	0.06	1.69	0.76
2012年	0.17	0.07	0.12	0.06	0.98	0.61

资料来源：根据2002年、2007年和2012年《中国统计年鉴》《中国地区投入产出表》《中国物价年鉴》《中国价格及城镇居民家庭收支调查统计年鉴》《中国城市（镇）生活与价格年鉴》的相关数据，计算整理所得。

从表11-5中可以看出，修正前后物质需求层次的变动过程都是呈现缓慢下降的趋势，精神需求层次在修正前呈现先上升再下降的变化，而修正后则呈现缓慢下降的趋势。同时，从表11-5中可以看出，精神需求层次的差异程度要大于物质需求层次的差异程度。虽然后两个层次的差异在逐渐变小，但是相对于前三个层次来说，仍处于较高水平，这与前面的论述一致。

（1）物质需求层次。

物质需求层次上的人口加权变异系数相对较小，这与现在的社会经济条件密切相关。改革开放以来，我国经济快速发展，使得人们对于吃、穿等生理需求的追求发生了很大的变化。过去是解决“吃饱”问题，现在转为“吃好”问题，人们追求的是如何“吃得科学”“吃得安全”“吃得健康”，生理需求得到了极大满足。消费的变化体现出人类需求的变化，已经从低级向中高级转变，低级的需求基本得到了满足。

在安全需求方面，对全国各地的居民来说，差别不是很大，这得益于我国自身实力的不断增强和国家政策的有力实施。首先，维稳工作一直以来都是各级政府工作的重点，为了维护社会稳定、国家安全，维稳费用支出必不可少。根据唐皇凤（2011）的研究，2009年我国政府在公共安全上的支出增加了16%，2010年增加了8.9%，这已经超过了同年国防支出的增幅，在2011年公共安全支出总额首次超过了国防支出[①]。国家对维稳工作的重视以及强有力的支持，体现出我国社会制度的优越性。其次，公安部既受同级政府的领导，又受上级公安机关的指导，但是以垂直领导为主，这有利于破除地方保护主义，加强中央以及上级政府的宏观调控，保证整个经济社会的健康发展。最后，领导人对国家安全的高度重视，如习近平总书记的“总体国家安全观”，有助于保障国家安全，促进社会和谐发展。

随着经济社会的快速发展，人民生活水平的逐渐提高，在生理需求、安全需求得到基本满足的情况下，大多数人开始将保持身心健康、享受生活作为目标。但是，相对于前两个需求层次来说，社会需求层次的不平衡程度会高一些，因为休闲娱乐场所的修建和使用讲究集聚效应，而这类投资更多地集中在城市，带来了城乡之间娱乐享受的差距，不同区域城乡之间的差异不同。一般来说，东部差异较小，西部差异较大。因此，这类投资无论投放在东部还是西部，都会带来区域经济发展的差异。

（2）精神需求层次。

精神需求层次的人口加权变异系数较高，说明我国各区域经济发展水平差异很大。2007年，北京市人均享有的居民服务和其他服务业的产出量为2 079元，而贵州省仅为161元[②]。居民服务业的发展水平从侧面反映了一个地区经济社会的发展，此行业中极大的地区差异，与尊重需求层次的定义有关。每个人都渴望得到他人的尊重，当每个个体的尊重需求得到满足时，就表现为不同阶层之间、不同区域之间、从事不同行业的劳动者之间、各个不同民族之间的相互尊重，进而实现了社会各

---

① 唐皇凤．“中国式”维稳：困境与超越[J]．武汉大学学报（哲学社会科学版），2012，65（5）：17-25．

② 谷卓越，刘满福．我国居民服务业发展现状的实证分析[J]．科技视界，2014（32）：164-165．

个行业、各个领域、各个民族、各个地区的和谐发展[①]。

只有对自我实现需求进行正确的引导，才能使每个个体的潜能最大限度地发挥，从而为经济社会贡献自己的力量，促进社会和谐发展，这是一种创造的需要。在金融发展差异方面，2014年北京市的金融比率最高，为全国均值的2.57倍，而内蒙古自治区则处于全国均值的0.7以下[②]。相关数据显示，截至2014年10月，全国新登记市场主体为1 292.08万户，其中北京中关村新创办的科技创业企业就超过了1万家[③]，这表明在自我实现需求层次上，我国的经济水平表现出显著的区域差异性。

（3）相关关系分析。

从表11-5中可以看出，2007年的物质需求层次的变异系数小于2002年，但总体相差不大，而2007年的精神需求层次的变异系数明显高于2002年，且全国的变异系数呈下降趋势。这也说明在区域经济的发展过程中，两大需求层次之间的关系也发生了变化。表11-6说明了两大需求层次之间的相关关系。

表11-6　区域发展不平衡及两大需求层次之间的相关关系

年份	2002年		2007年		2012年	
	前	后	前	后	前	后
相关性	0.39	0.17	0.41	0.12	0.23	0.06

资料来源：根据2002年、2007年和2012年《中国统计年鉴》《中国地区投入产出表》的相关数据，计算整理所得。

① 万俊．从马斯洛需求层次理论看维护社会稳定的路径选择[J]．人民论坛，2014(34)：52-55.

② 彭宝玉，谢桂珍，魏雪燕，等．中国区域经济、金融发展差异分析[J]．地域研究与开发，2016，35(4)：1-5；11.

③ 张哲华．产业集聚，创新与区域科技创业——基于我国地级及以上城市面板数据的空间计量分析[D]．南京：东南大学，2015.

从表11-6中可以看出，修正之后，两大需求层次之间的相关系数明显减小，独立性增强，这表明采用物价修正的人口加权变异系数更加具有合理性，这与前面的结论一致。

理论上，经济发展差异是社会发展到一定阶段时必然出现的现象，适度的区域经济差异是区域间竞争与合作的基础，而且能够为落后区域提供内在的赶超动力，但区域经济发展差异过大将在很大程度上对经济社会和谐发展造成制约，尤其这种差异是在较多的人为干预下产生和形成的，那么会使得落后区域产生一种“相对剥夺感”，进而激化区域之间的矛盾，不利于社会和谐稳定。因此，政府应当重视区域经济发展的差距问题，出面处理好效率与公平问题，既保证宏观经济的快速稳定增长，又使区域经济能够协调共同发展。

区域差距的大小主要取决于国家的区域政策，说明在经济发展的过程中，市场机制的推动作用仍然十分有限，内生性的发展能力还远远不足，中西部地区尤其明显。因此，从长远来看，赋予优惠政策已经不是区域经济发展的关键，而通过政策来提高中西部地区的自生能力才是关键。实践证明，缩小地区经济差距的着眼点应是提高市场化水平，只有提高了市场化水平，中西部地区才能在经济增长机制上形成良性循环，真正缩小与东部地区的差距。

第12章

小微企业的信用评价体系

12.1　企业信用评价体系概述

企业信用评价体系是信用评价程序、信用评价指标体系、信用评价方法和信用等级含义的总称[①]。其中，信用评价程序分为评级准备阶段、实地调查阶段、等级评定阶段和事后管理阶段，这套程序是第三方评级机构的评价程序，而银行内部的评价程序是结合贷前审查阶段进行的。

信用评价指标体系又有广义和狭义之分。狭义的信用评价指标体系是指评价指标的选择及其权重的确定，而广义的信用评价指标体系则是指评价过程中所采用的评价要素、评价指标及指标权重的确定、评价指标选取的参照标准、评价模型的构成、评价等级的设定等的总称。

12.1.1　信用评价要素

信用评价要素是信用评价指标体系的出发点，后面的评价指标和权重的确定均是根据此衍生而来的。目前，国际上通行的信用评价要素为5C要素，即品德（character）、经营能力（capacity）、资本（capital）、资产抵押（collateral）、经济环境（condition）。这也是最早的专家评价方法所依据的评价因素。其他的信用评价要素如5P要素，即个人因素（personal factor）、资金用途因素（purpose factor）、还款财源因素（payment factor）、债权保障因素（protection factor）、企业前景因素（perspective factor）；5W要素分析法，即借款人（who）、借款用途（why）、还款期限（when）、担保物（what）及如何还款（how）；4F要

① 萧维. 企业资信评级[M]. 北京:中国人民出版社,2005.

素,即组织要素（organization factor）、经济要素（economic factor）、财务要素（financial factor）、管理要素（management factor）。而国内则比较重视对5性的分析，即安全性、成长性、流动性、收益性和生产性。

12.1.2 信用评价指标

信用评价指标则是从以上要素提炼出的具体可考察的项目。信用评价指标的权重则是根据具体评级对象确定信用评价指标的重要程度。评价指标的参照标准是评价指标好坏的标准，是可以具体计量的度。评价方法则是对企业信用等级确定的方法，主要有传统的信用评价方法（如专家法）、财务比率综合分析法（如沃尔比重法）、信用度量分析模型法（如线性概率模型法、Logistic模型）、信用风险度量法（如信用评估信息法）等。信用等级通常是指基于评估对象的信用、品质、偿债能力以及资本等的指标级别，即信用评级机构用既定的符号来标识主体未来偿还债务能力及偿债意愿可能性的级别结果。不同的评级机构有着不同的信用等级符号，有的用4级、5级或9级、10级表示，有的用A、B、C、D、E或特级、一、二、三、四级表示，有的用AAA、AA、A、BBB、BB、B、CCC、CC、C表示，还有的用primel、prime2、prime3表示，虽然这些符号不同，但是经过长期的发展它们之间已经具有大致的相互对应性。而国内企业信用等级一般采用“四等十级”制度，具体划分为AAA、AA、A、BBB、BB、B、CCC、CC、C、D。其中，AAA级表示企业的信用程度高、债务风险小。该类企业具有优秀的信用记录，经营状况佳，盈利能力强，发展前景广阔，不确定性因素对其经营与发展的影响极小。AA级表示企业的信用程度较高，债务风险较小。该类企业具有优良的信用记录，经营状况较好，盈利水平较高，发展前景较为广阔，不确定性因素对其经营与发展的影响很小。A级表示企业的信用程度良好，在正常情况下偿还债务没有问题。该类企业具有良好的信用记录，经营处于良性循环状态，但是可能存在一些影响其未来经营与发展的不确定因素，进而削弱盈利能力和偿还能力。BBB级表示企业的信用程度一般，偿还债务的能力一般。该类企业的信用记录正常，但其经营状况、盈利水平及未来发展易受不确定因素的影响，偿债能力有波动。BB级表示企业信用程度较差，偿还能力不足。该类企业有较多不良信用记录，未来前景不明朗，含有投机性因素。B级表示企业的信用程度差，偿债能力较弱。CCC级表示企业信用很差，几乎没有偿债能力。CC级表示企业信用程度极差，没有偿债能力。C级表示企业无信用。D级表示企业濒临破产。

12.2 信用评价方法

信用评价方法经历了从传统的信用评价方法到财务比率分析法的过程，随着数理统计技术在经济学上的应用，信用评价方法又进一步发展到信用评价分析模型，再到现代随着资本市场的迅速发展，在金融工具不断出现的情形下，信用评价方法也随之发展，出现了很多新的信用风险度量工具，如基于资本市场的期权定价型的破产模型、债券违约率模型、神经网络模型等。

12.2.1 传统的信用评价方法

传统的信用评价方法分为专家法和综合评价法。其中，专家法是由有经验的评估人员根据自身的知识、经验对影响企业信用风险的某些关键性因素进行权衡分析，得出对企业信用风险的评价结果。

综合评价法（comprehensive evaluation method）是指运用多个指标对多个参评单位进行评价的方法，称为多变量综合评价方法，或简称综合评价方法。其基本思想是将多个指标转化为一个能够反映综合情况的指标来进行评价。例如，不同国家经济实力、不同地区社会发展水平、小康生活水平达标进程、企业经济效益评价等，都可以应用这种方法。而企业信用评价中的综合评价法，是指通过专业的评估人员将可以反映借款人信用的关键要素做一个综合性的考察，对借款人的信用风险作出判断，并用简单的评级符号表示评价结果。

12.2.2 财务比率分析法

由于企业经营状况基本都反映在企业的财务报表中，企业的信用风险和企业的财务风险紧密相关，而且随着会计制度的逐步健全和规范，这种相关性更加突出。基于这种相关性，很多评级专家认为可以通过评价企业的财务指标来测度企业的信用风险，由此产生了财务比率分析法，其中比较有名的是杜邦分析法和沃尔比重评分法。

杜邦分析法利用几种主要的财务比率之间的关系来综合地分析企业的财务状况，这种分析方法最早由美国杜邦公司使用。杜邦分析法是从财务角度评价企业绩效的一种经典方法，其基本思想是将企业净资产收益率逐级分解为多项财务比率乘积，这样有助于深入分析比较企业经营业绩。

而沃尔比重评分法是指将选定的财务比率用线性关系结合起来，并分别给定各自的分数比重，然后通过与标准比率进行比较，确定各项指标的得分及总体指标的累计分数，从而对企业的信用水平作出评价的方法。

12.2.3 信用评价分析模型法

随着数理统计技术的发展，在信用评价过程中正在逐步引入数理统计技术，这样可以对企业信用风险进行更准确的判断。目前，这类方法在国际上应用广泛，而且被认为是最有效的主流方法。

信用评价分析模型概括起来有多元判别分析模型、线性概率模型、Logistic 模型和 Probit 模型。其中，多元判别分析模型和 Logistic 模型应用比较广泛。

12.2.4 新的信用风险度量工具

随着资本市场的快速发展，各种新的金融工具和金融衍生工具不断出现，信用风险变得更加复杂。原来的信用评价模型已经不能反映借款人和证券发行人在资本市场所面临的风险。于是，新的信用风险度量工具应运而生，如期权定价型的破产模型、债券违约率模型、风险敞口等值法、信用集中风险评估体系等。

（1）期权定价型的破产模型。

期权定价型的破产模型包含两种理论关系，第一种理论关系就是将股价看成是基于公司价值之上的一个看涨期权，第二种理论关系就是公司股价波动率与公司价值波动之间的关系。

（2）债券违约率模型。

阿尔特曼研究的债券违约率模型是按照标准普尔评级公司和穆迪评级公司的信用等级与债券到期年限，以及实际违约的历史数据来建立违约概率的经验值，从而对以后各类信用等级和期限债券进行违约风险衡量的技术。穆迪评级公司于1990年、标准普尔评级公司于1991年分别修正了该模型数据，并作为其常规分析工具。该模型可以应用到贷款违约风险分析中，但是由于银行无法收集足够的贷款违约历史数据，因此美国很多大型银行正致力于建立一个全国性的贷款违约和违约损失率的共享数据库。

（3）风险敞口等值法。

风险敞口等值法主要应用于对衍生工具信用风险的评价中，是衡量衍生工具信用风险的核心方法。该方法是在考虑了衍生工具的时间价值和内在价值的基础上，通过经相关方法处理的风险系数建立一系列REE计算模型，其目的是估测信用风险敞口价值。

（4）信用集中风险评估体系。

信用集中风险评估体系不是对单个项目的风险进行评估，而是对信用风险集中的群体进行的风险评估。如何评价这些资产组合的信用风险？为应对这一问题，J.P摩根在1997年推出了信用计量法，信用计量法是以风险值为核心的动态量化风险管理系统，它是从证券组合、贷款组合的角度，集管理工程、计量经济学和计算机技术于一体，全方位衡量信用风险的技术。

12.3 信用评价指标体系

12.3.1 国外的信用评价指标体系研究

Edniister（1972）建立了专门针对小企业的企业信用评价指标体系，主要的指标为常规交易中的财务指标，如流动比率、负债比率、净资产收益率和资产周转率。Altaian、Haldeman和Narayanan（1977）对Z值模型进行了改进，新的Z值模型适用于资产规模较大的上市公司，其具体的评价指标为资产报酬率、收入稳定性、累积盈利能力、偿债能力、流动比率、资本化率和规模。

12.3.2 国内的信用评价指标体系研究

毛定祥（2000）是从财务结构、偿债能力、经营能力、盈利能力和现金流5个层面遴选出的26个财务指标，建立了信用评价指标体系，其使用的评价方法主要是主成分分析、聚类分析、判别分析等数理统计方法[①]。陈雄华等（2002）对17个财务指标进行偏相关分析，遴选出营运资本/总资产、资产负债率、流动比率、速动比率、销售利润率、资产报酬率、息税前收益/总资产和销售收入/总资产8个财务指标，指出这些指标对企业的信用风险有明显的影响[②]。张玲（2003）构建了由资产净利润率、固定资产总额、每股经营现金流、主营业务收入、留成利润比率、流通股市值负债比和股本账面值/股本市值7个指标组成的信用评价体系，其使用的评价方法是Z值模型。范柏乃和朱文斌（2003）是从企业的偿债能力、经营能力、创利能力、管理能力和成长能力五个层面遴选出15个评价指标，建立了信用评价指标体系，其使用的评价方

① 毛定祥．基于多元统计分析和模糊综合评判的企业财务信用综合评价[J]．上海大学学报(自然科学版)，2000(3)：261-265．

② 陈雄华，林成德，叶武．基于神经网络的企业信用等级评估[J]．系统工程学报，2002(6)．

法是隶属度分析法、鉴别力分析法和相关分析法[①]。李小燕和钱建豪（2005）通过研究指出速动比率、资产负债率、流动资产周转率和资产报酬率是影响我国企业信用风险的主要因素，同时他们提出将群体信用风险评价指标纳入信用评价指标体系，其使用的评价方法为逐步回归分析法、单变量定量判定分析法和剖面分析法[②]。

12.4 小微企业信用评价指标变量的选取

12.4.1 小微企业信用评价指标体系

小微企业的信用评价指标体系包括55个指标变量。具体如下：

第一个大项为小微企业的合法性及正常的年检信息，具体包括经营年限、主要经营范围及受产业政策的限制程度、注册资本金的抽逃情况、是否存在媒体或者公众负面新闻及其影响程度4个指标。这个大项主要反映小微企业经营的合法性以及企业的一些正常的经营信息。选取小微企业的合法性及正常的年检信息作为第一项是因为在这里要讨论的是合法的正常运营的小微企业的指标体系，如果是非法经营，那么显然其他所选取的指标将没有参考意义。

第二个大项为企业主及其主要关系人的信用信息，具体包括企业主要股东的资信情况、主要经营者的平均年龄、主要经营者的学历结构、主要经营者的住所情况、主要经营者的户口情况、主要经营者的居住稳定情况、主要经营者的从业时间和经历7个指标。这个大项主要考虑企业主的信用状况和经营能力，作为一个小微企业。由于小微企业没有股份制企业那种对企业主的约束力，企业主有相当大的权力来决定企业的发展，因此企业主的信用状况在很大程度上可以反映这个企业的信用状

---

① 范柏乃，朱文斌．中小企业信用评价指标的理论遴选与实证分析[J]．科研管理，2003(6)．

② 李小燕，钱建豪．我国企业信用风险评价指标的有效性研究[J]．中国软件科学，2005(9)．

况，企业主的经营能力决定了企业的发展。

第三个大项为企业所在行业及其主要竞争对手的信息，具体包括企业所处行业的发展特征、企业所在行业的产业政策扶持程度及宏观政策调控的影响、企业产品的技术领先程度、主要产品市场分布、主要产品的原料来源稳定性情况5个指标。这个大项主要通过这5个指标来反映小微企业所在行业的发展情况，以及企业在这个行业中处于什么样的竞争地位。

第四个大项为企业经营管理规范方面的信息，主要包括日常管理制度建设情况及执行效果、重大决策的方式方法、近年来主营业务收入占比情况、财务制度建立和正常信息披露情况、财务报表所反映经营成果的真实性、财务经理或会计人员是否经常发生变化、是否拒绝或延迟提供与信息有关的文件资料、是否隐瞒主要信息或提供虚假信息、是否存在突然改变会计政策或核算方法现象、有无卷入合同纠纷或收到逃废债务等司法文件、财务报表是否经过审计及审计结果公信力情况、水电使用量及费用缴纳是否正常等指标。这个大项主要反映企业的日常管理是否规范，企业的日常经营是否正常。规范化的企业管理是一个成功企业必不可少的元素，这个大项是从企业内部查看企业的信用状况。

第五个大项为企业历史信用状况，主要包括企业在银行开立的基本账户和结算账户异常情况、企业银行存款增减变化或者出现异常情况、有无经常接到供货商查询核实企业银行存款的电话、有无突然出现大额资金向新交易商转移现象、历史上偿还银行贷款本息的逐笔记录情况5个指标。这个大项主要是从银行方面的信息来反映企业是否出现过信用缺失或者缺失的可能性。

第六个大项为企业的财务因素，主要包括偿债能力、盈利能力、经营能力、发展能力、履约能力五个方面。其中，资产负债率、流动比率、速动比率、利息保障倍数4个指标用来反映企业的偿债能力；毛利率、营业利润率、净资产收益率、总资产报酬率4个指标用来反映企业的盈利能力；存货周转率、应收账款周转率、总资产周转率3个指标用来反映企业的经营能力；主营业务收入增长率、净利润增长率、资本累计率3个指标用来反映企业的发展能力；企业贷款5级分类状况、银行贷款回笼率、企业抵押质押能力、或有负债情况4个指标用来反映企业的履约能力。

第七个大项是考虑额外的加减分因素，主要包括企业社会地位（如行业协会、行政组织、各种荣誉等）、主要经营者获得本科以上学历(包括后续教育、重要培训等)、资产负债率指标超过70%、财务报表经会计师事务所审计四个方面。

12.4.2 精简指标原则以及结果

这个指标体系非常详细，包括了影响小微企业信用的全方位的信息，从不同层面反映了一个企业信用状况的好坏。但是，根据指标变量选取原则，当样本确定之后如果很多数据无法得到，则需要对指标变量进行了整理和剔除。

第一次对指标变量的整理和剔除主要考虑变量与因变量之间的因果关系是否明确、变量的同构性（即几个变量之间存在很大的信息重合）和同一性（即变量值在好企业与差企业之间没有区别），以及变量数据的可获得性。其中，基于变量的同一性而剔除的变量为“企业经营是否合法”“企业主个人住房情况”“企业有无对外投资”；基于变量同构性而剔除的变量为“受宏观经济的影响程度”，这与政府政策、行业前景信息重合；基于变量数据的可获得性而剔除的变量为“抵押质押情况”，因为很多企业都没有明确的抵质押率。

经过第一次整理和剔除后，整个指标体系包括39个指标变量。具体的指标如下：工商、税务年检是否正常；企业主要负责人是否有违约记录；企业经营年限；政府政策支持度；企业所在行业前景；企业生产技术水平；企业管理水平；管理者年龄；管理者受教育水平；管理者职业技术水平；企业有无未决诉讼、合同纠纷；企业有无大额资金向新交易商转移；企业主要产品的市场分布；原材料供给情况；原材料采购方式；各项经营费用缴纳是否正常；银行账户是否正常；企业是否按时还本付息；贷款分类；企业经营稳定性；企业有无财务报表；财务报表是否真实；相关的财务指标，如实收资本、总资产、上年主营业务收入、净资产、借款余额、上年度利息支出、借款余额/净资产、资产负债率、利息保障倍数、总资产增长率、主营业务收入增长率、利润增长率、净利润、净资产收益率、应收账款周转率、资本积累率和贷款回笼率。

第二次对指标变量进行整理和剔除主要考虑到以下因素：一是样本数据所导致的变量同一性，主要有“工商、税务年检是否正常”“各项经营费用缴纳是否正常”“银行账户是否正常”“企业有无大额资金向新交易商转移”“企业有无未决诉讼、合同纠纷”“企业有无财务报表”“财务报表是否真实”。这些指标变量在样本中的取值大多数都是一样的，有些甚至完全一样，因此在现有数据的基础上它们对信用状况的评判失去了应有的意义。二是将“企业是否按时还本付息”“贷款分类”等指标，用“企业历史违约记录”“管理者、股东的信用记录”“媒体公众的负面报道”等指标代替。三是数据缺失、不完整，如“管理者年龄”这一指标数据缺失很多，因此必须剔除。四是财务指标变量的同构性，如“借款余额/净资产”与“借款余额”“净资产”存在同构性，“流比”“速比”“上年度利息支出”与“资产负债率”“利息保障倍数”存在信息交叉，把它们留在模型中会产生严重的多重共线性，因此必须剔除。

第三次剔除是考虑了共线性，这次剔除了“原材料供给情况”和“原材料采购方式”2个指标，原因是这2个指标和企业经营能力、管理水平（是一个综合性的指标）高度相关，不剔除势必会造成多重共线性问题。此外，我们把“总资产”“净利润”“借款余额”合成为2个指标，即“借款余额/总资产”“借款余额/净利润”。不仅在不减少信息量的基础上缩减了变量个数，还采用了相对值，避免了绝对值因企业规模不同带来的差异问题。

经过第三次整理和剔除，还剩下24个指标，具体如下：经营时间；地方政府政策支持度；企业所在行业前景；企业生产技术水平；企业管理水平；管理者受教育水平；管理者职业技能水平；企业主要产品的市场分布；管理者、股东的信用记录；企业历史违约记录；媒体公众的负面报道；相关财务指标，如实收资本、上年度主营业务收入、总资产增长率、主营业务收入增长率、净资产、资产负债率、利息保障倍数、净资产收益率、应收账款周转率、资本累计率、借款余额/总资产、借款余额/净利润和贷款回笼率。

12.5 小额贷款公司小微企业客户信用评价体系

根据小额贷款公司对小微企业客户所面临的信用风险状况，通过调查研究和参考相关资料，利用AHP层次分析法、德尔菲法和模糊数学分析方法构建出适合信用风险分析评价的模型，对小微企业的资信水平进行定性和定量相结合的综合评价。该评价体系由评审指标和评审模型组成。

12.5.1 小额贷款公司

近几年，由于通胀压力，央行在信贷资金方面采取紧缩性货币政策，企业和个人从银行获得贷款资金的难度增加，这在一定程度上促进了小额贷款公司业务的发展。

小额贷款公司作为有效利用民间资金的新型企业，不但可以引导和促进民间融资的规范发展，而且有助于解决小微企业的“融资难”问题。其特点是“审批手续简单，资金到位迅速”。这种特点使得各地小额贷款公司的数量及业务都呈现井喷式发展。但是，小额贷款公司所面临的企业客户多为资金实力薄弱的小微企业，而且由于小额贷款公司成立时间较短、经验不足和内部管理制度不完善等因素的存在，在实际运作中许多小额贷款公司以信贷员收集的“软信息”作为给企业客户发放贷款的依据。

12.5.2 模糊法综合评审模型

模糊法综合评审模型是将APH层次分析法与德尔菲法相结合，具体模型参考相关文献，此处就不介绍了。

第13章

某科技园小微企业概况

通过前面章节的介绍，可知小微企业的内部信息非常重要。从信号博弈理论着手，分析小微企业的内部信息，进而寻求相关信号，为小微企业获取金融支持提供帮助，这是本章及后续两章的主要内容。

小微企业的外部信息，如区域产业差异、货币需求影响等也非常重要。这些为具体分析小微企业做了铺垫。

某科技园是中关村科技园的重要组成部分，有40多家小微企业。下面是其中部分小微企业的概况及描述性统计。通过这些描述，可以大致地了解我国小微企业的现状和特点，为真正解决小微企业的融投资奠定基础。

13.1 某科技园小微企业指标筛选的过程及依据

在遵循可操作性、可靠性、可持续性、定性和定量相结合原则的基础上，我们综合考虑了各方面的因素，对企业所提供的122个指标信息进行了3次筛选。

13.1.1 重要性和完整性的排查

根据企业提供的数据，我们对企业信息的重要性和完整性进行了首次排查，发现有许多信息只是反映了企业的表面基本信息，如企业名称、注册地址等，不具有可比性和分析的必要性。另外，我们还发现可能由于统计不完全或者企业信息缺失等原因，有好多指标并没有信息，这就使得指标失去了意义。因此，在第一步中这部分指标会被筛选掉。

表13-1提供了部分企业的相关指标。例如，公司名称、注册地址和办公地址等都是基本信息，按照中国传统思想，这些名称具有一定的含义和价值，但是我们依照西方科学思想，不分析这些名称。感兴趣的读者可以探索性地分析一下，其中有一些合理成分。在历史沿革情况指

标中，由于小微企业成立时间短，这类指标基本上没有可以分析的信息，因此在筛选时都予以删除。

表 13-1　　小微企业价值部分评估指标体系的一次筛选

企业提供指标	筛选原因说明
是否成立企业	
公司名称（中文）	基本信息
公司名称（英文）	基本信息
注册地址	基本信息
现办公地址	基本信息
公司网址	
公众号名称	
变更记录	变更类型太多，有注资变更、地址变更、人员变更
历史沿革情况	无信息
估值	无信息
上市市场	无信息
上市时间	无信息
股票代码	无信息
“一带一路”沿线业务开展情况	无信息
港澳台地区设置分公司、子公司情况	无信息
京津冀和雄安新区设置分公司、子公司情况	无信息

通过本步骤，122个指标中有90个指标具有一定的价值和意义，是第二步进行的基础。

13.1.2　指标整理

根据信息的含义，我们先进行了一级指标、二级指标和三级指标的划分，再根据三级指标的标准进行排除，最后根据三级指标对二级指标和一级指标进行修正。

小微企业提供的指标都是三级指标，需要对这些指标进行分类。首先，对三级指标进行分析，将其归纳成14个二级指标；其次，对14个二级指标进行分析；最后，归纳为6个一级指标。这6个一级指标分别是管理因素、财务因素、市场因素、政策因素、过程因素和历史因素。14个二级指标分别是信用记录、员工素质、管理状况、基本财务状况、纳税状况、投资状况、财务指标、融资情况、创新能力、高新认证资质、税务招标、荣誉资质、企业规模和经营异常。

13.1.3 指标确定

在以上指标体系的基础上，我们进行了探讨以及实际操作，发现有些指标的解释性太差，需要删减，或者需要增加新指标，因此我们又对指标体系进行了调整。

根据建立的指标体系，我们利用企业的有关数据，进行了主成分分析，从分析的结果来看，指标体系可以解释90%的原始信息，证明指标体系的构建是合理的。

最终的小微企业价值评估指标体系见表13-2。

表13-2 小微企业价值评估指标体系

一级指标	二级指标
团队（7个）	经营时间
	留学人员数量
	本科人员数量
	硕士及以上人员数量
	招聘信息中本科人数
	股权集中度
	办公需求面积

续表

一级指标	二级指标
研发（7个）	实用新型数量
	外观设计数量
	软件著作权数量
	商标数量
	专利数量
	拟申报知识产权数量
	研发投入占比
经营（14个）	国高新数量
	村高新数量
	招投标数量
	税务评级
	其他业务许可资质数量
	经营异常数量
	合作客户数
	行业荣誉证书类（国际）
	行业荣誉证书类（国家）
	行业荣誉证书类（省市）
	行业荣誉会员类
	行业荣誉认证类
	行业荣誉奖励类（国家奖）
	荣誉称号
产品（2个）	产品种类
	产品应用领域

续表

一级指标	二级指标
财务（9个）	实收资本
	净资产收益率
	总资产报酬率
	资产负债率
	流动比率
	应收账款周转率
	总资产增长率
	资本积累率
	营业收入现金含量

13.2 某科技园小微企业的团队情况分析

某科技园小微企业的团队情况见表13-3。

表13-3 某科技园小微企业的团队情况

指标	留学人员数（个）	本科人员数（个）	硕士及以上人员数（个）	招聘信息中本科人员数（个）	股权集中度	办公室需求面积（平方米）
平均	0.77	6.68	0.19	26.71	0.43	128.81
众数	—	—	—	—	—	18
标准差	2.55	22.113	0.65	58.75	0.35	157.62
方差	6.51	489.023	0.43	3 451.68	0.12	24 843.29
峰度	26.06	15.29	12.94	5.19	-1.19	1.86
偏度	4.95	3.83	3.60	2.52	0.088	1.63
最小值	—	—	—	—	—	18
最大值	14	107	3	213	1	592
求和	24	207	6	828	13.26	3 993
观测数	31	31	31	31	31	31
置信度（95%）	0.934	8.11	0.24	21.55	0.13	57.81

13.2.1 某科技园小微企业的现有人员分析

从表13-3中可以看出，该科技园小微企业现有主要人员为本科人员，留学人员和硕士及以上人员的数量较少。同时，企业之间的差距较大，最多的有107个本科人员、14个留学人员，但是硕士及以上人员差异不大，说明小微企业创业的主体依然以本科人员为主。

13.2.2 某科技园小微企业的未来人员需求分析

从表13-3可以看出，该科技园小微企业对本科人员的需求非常旺盛，均值远远大于现有人员均值，最多需求值也是现有最多本科人员的近2倍，说明小微企业对人员的需求非常强烈。但是，由于企业自身主体和财力因素，需求对象依然是本科人员。

13.2.3 某科技园小微企业的其他因素分析

股权集中度是持股比例位居前列的若干个大股东持有的股权比例之和，可以衡量公司的股权分布状态，31家公司的平均股权集中度是0.428，中位数是0.51。和现有文献分析的相似，小微企业的股权结构依然是一股独大，均值为0.43，办公需求面积差异较大，最小的为18平方米，最大的为592平方米。

13.3 某科技园小微企业的研发情况分析

某科技园小微企业的研发情况见表13-4。

表13-4　　某科技园小微企业的研发情况

指标	实用新型数量（个）	外观设计数量（个）	软件著作权数量（个）	研发投入（万元）
平均	4.13	1.45	7.87	22.10
众数	—	—	—	—
标准差	16.80	6.31	16.45	102.78

续表

指标	实用新型数量（个）	外观设计数量（个）	软件著作权数量（个）	研发投入（万元）
方差	282.25	39.79	270.58	10 564.44
峰度	28.58	29.26	17.72	27.99
偏度	5.27	5.35	3.93	5.22
最小值	—	—	—	—
最大值	93.00	35.00	86.00	563.20
求和	128.00	45.00	244.00	685.20
观测数	31.00	31.00	31.00	31.00
置信度（95%）	6.16	2.31	6.03	37.70

13.3.1 专利数量

实用新型专利是三种专利类型（即发明专利、实用新型专利和外观设计专利）中的一种，实用新型是指对产品的形状、构造所提出的实用的新的技术方案。从表13-4中可以看出，在31家公司中有9家公司拥有实用新型专利。其中，最多的一家公司有93项实用新型专利，方差为282.25，说明各公司实用新型专利的数量差异较大。外观设计专利是指对产品的形状、图案、色彩或其结合所作出的富有美感并适合于工业应用的新设计。从表13-4中可以看出，在31家公司中有5家公司拥有外观设计专利，最多的一家公司有35项外观设计专利，各公司外观设计专利的数量差异较大。

13.3.2 计算机软件著作权

计算机软件著作权是指软件的开发者或者其他权利人依据有关著作权法律的规定，对软件作品所享有的各项专有权利。从表13-4中可以看出，在31家公司中最多的一家公司有86项计算机软件著作权，各公司计算机软件著作权的数量差异较大。

13.3.3 研发投入

从表13-4中可以看出，平均每家公司的投入为22.10万元，但方差很大，说明各公司对于该投入有巨大差别。其中，最多的研发投入为563.2万元，大部分公司为零投入。

13.4 某科技园小微企业的经营情况分析

表13-5是某科技园小微企业的经营情况。从表13-5中可以看出，31个样本数据均为0，说明31家公司都没有获得省市的行业荣誉证书、行业荣誉会员、行业荣誉认证，以及国家水平的行业荣誉奖励。

表13-5　　某科技园小微企业的经营情况

指标	国高新数量（家）	村高新数量（家）	招投标数量（个）	税务评级	其他业务许可资质数量（个）	合作客户数量（个）	荣誉称号数量（项）	产品种类（个）	产品应用领域（个）
平均	0.26	0.42	1.32	0.45	0.68	1.42	1.06	2.87	2.71
众数	—	—	—	—	—	—	—	1.00	1.00
标准差	0.44	0.50	6.81	0.96	1.70	4.77	2.35	3.76	2.66
方差	0.20	0.25	46.43	0.92	2.89	22.72	5.53	14.12	7.08
峰度	-0.70	-2.02	30.87	6.62	20.11	17.77	4.58	11.61	6.60
偏度	1.16	0.34	5.55	2.56	4.19	4.07	2.30	3.23	2.30
最小值	—	—	—	—	—	—	—	—	—
最大值	1.00	1.00	38.00	4.00	9.00	24.00	9.00	19.00	13.00
求和	8.00	13.00	41.00	14.00	21.00	44.00	33.00	89.00	84.00
观测数	31.00	31.00	31.00	31.00	31.00	31.00	31.00	31.00	31.00
置信度（95%）	0.16	0.18	2.50	0.35	0.62	1.75	0.86	1.38	0.98

13.4.1 国高新、村高新及荣誉情况

国高新是指国家级高新技术，村 高 新 是 指 中 关 村 级 高 新 技 术 。从表13-4中可以看出，在31家公司中国高新数量有8家公司，村高新数量有13家公司。

统计数据显示，平均每家公司应有一个荣誉称号，但实际情况是在31家公司中获得荣誉称号的仅有少数。在获得荣誉称号的7家公司中，最多的一家公司获得了9项荣誉称号。

13.4.2 产品产业情况

从表13-5中可以看出，平均每家公司有2.9个产品种类，但是多数公司产品种类单一，方差为14.12，说明数据波动是比较大的，不同公司的产品种类差别较大，最多的公司为19个产品种类。

从表13-5中可以看出，平均每家公司涉及2.7个产品应用领域，但是多数公司产品仅涉及一个产品应用领域，方差为7.08，说明31个样本的数据差异较大，不同公司的产品应用领域是有差别的。

13.4.3 其他情况

从表13-5中可以看出，平均每家公司拥有1个合作客户，方差为22.72，说明数据波动很大，最多的公司拥有合作客户数量为24个。31家公司的平均税务评级为0.45，最高为4.00，有23家公司的评级均为0。在31家公司中，总共拥有21个其他业务许可资质数量，平均每个公司拥有0.68个，最多的公司拥有其他业务许可资质数量为9个。在31家公司中，平均每个公司的招投标数量为1.32个，最多的公司拥有的招投标数量为38个，有27家公司都是没有招投标数量的。

第14章

小微企业融投资的评价指标及信号寻找

14.1 小微企业投资价值评价指标

14.1.1 模型概述

这里所谓的模型，是指为了方便投资企业辨识小微企业的投资价值而设计的，模型各项内容满足指标模型设计的各项原则，其操作所得的结果也可以得到较好的验证，因此模型适合为投资企业提供投资参考。

模型是通过筛选设计一系列的指标，先对所有指标进行综合的主成分分析，得到企业的综合打分排名，再对“团队”和“研发”进行主成分分析，得到团队和研发的打分排名，同时得到产品的标准化数据，然后利用“团队”“研发”“产品”的指标数据对“融资需求”指标进行回归分析，得到融资需求回归模型，最后根据模型计算出企业的估计融资需求。最终，我们把“团队”“研发”“产品”“估计融资需求”“企业综合主成分分析”的打分作为“风险参考指标”，把“财务指标”中的“总资产回报率”作为“投资收益参考指标”。根据上述指标，将一些满足投资条件的企业进行收益-风险的划分，为投资企业提供投资参考。

14.1.2 小微企业投资价值评价指标体系构建的原则

小微企业投资价值评价指标体系的构建过程是一个对评价对象总体数量特征认识的逐步深化、逐步求精与完善的过程。科学与适用的指标体系是做好投资价值评价工作的基础，是小微企业投资价值评价的核心、关键，也是小微企业投资价值评价工作取得良好效果的重要保证。小微企业投资价值评价指标体系的构建，就是为了建立一个综合评价系统，从多个视角和层次反映企业的投资价值状况，实现对企业投资价值状况的综合评价。在指标选取上，结合所能获得的指标数据，尽可能地采取量化指标的方法，运用合理的运算分析，直观地反映出各小微企业数据指标的优劣情况。在科学合理的前提下，力求指标体系在实际应用过程中方便、简洁，具有可操作性。

（1）目的性原则。

指标体系应是对评价对象的本质特征、结构及其构成要素的客观描述，能够支撑最高层次的评价准则，为评价结果的判定提供依据。目的性原则是设计指标体系的出发点和根本，衡量评价指标体系是否合理有效的一个重要标准是看它是否满足了评价目的。

（2）整体优化原则。

投资价值评价是一个多变量的复杂系统，评价目的也是多元化的，不能用局限性较大的单一指标进行评价，而要建立一套既有侧重又有相互联系的指标体系，全面系统地反映企业的总体业绩。既要运用系统的观点来设置指标体系和选取个体指标，又要考虑各级指标在指标体系中的合理构成，以及指标间的勾稽关系和逻辑关联度，通过指标的合理取舍实现评价系统的整体优化。

（3）定量评价和定性评价相结合的原则。

使用规范化的定量指标是衡量企业投资价值的重要方面，其最大的优势是形式上的直观性和结果的可比性。但是，定量指标还不能完全解释企业的投资价值。因为通过定量指标只能对企业的优劣进行评价，而对于企业是否具有融资需求，以及根据风险偏好对企业进行的分类，还需要进行定性分析。

（4）科学性原则。

科学性原则通过投资价值评价指标内涵的正确性、指标体系设计的完备性、评价方法的科学性、评价过程的逻辑严密性等方面体现出来。由于经营活动和投资价值评价本身受到多种因素的影响，要真实地反映企业的价值水平就必须建立一个全面反映各有关要素和各有关环节的、能综合解释企业价值的评价系统，分别设计相应的评价指标，客观地评价企业的团队情况、研发创新能力、营运能力和可持续发展能力等方面的状况，全面实现企业投资价值评价目的。

（5）可操作性原则。

评价指标体系的构建既要考虑评价研究的目的和需要，又要考虑客观条件的现实可能性。可操作性应是设计评价系统必须考虑的一项重要因素，离开了可操作性，再科学、合理、系统、全面的评价系统也是没有价值的。首先，要求评价过程中所使用的数据均可从现有的会计核算、统计核算和业务核算中获得，以这些可验证的资料为基础才能使评价结论客观准确；其次，指标体系应适用于评价的方式和方法，适用于指标使用者对指标的接受程度和理解能力，适用于评价的信息基础。因此，评价指标体系的设计应本着定义明确、简明扼要、表达方式易懂、数据易于采集、指标数量繁简适当、指标结构体系合理的原则，便于评价人员理解、填报和正确使用评价结论。

14.1.3 小微企业投资价值评价指标体系

小微企业投资价值评价指标的选取，一方面参考了一些文献，另一方面根据投资企业所能提供的原始数据进行筛选整理，得出了现有的一套指标体系。下面是对这套指标体系的来源以及算法的说明总结。

（1）团队情况。

在团队情况方面，“经营年数”是根据企业的注册时间计算得出的，以2018年8月31日作为时间节点，以“年”作为计算单位，不足1年的时间按照“天数/365”计算小数部分。对小微企业来讲，企业的经营年数越长，说明企业发展速度越慢，是一个逆向指标。

“留学人员数量”“本科人员数量”“硕士及以上人员数量”“招聘信息中的本科人员数量”“办公需求面积”等指标可以直接通过原始数据表格统计得到。这些指标与企业的价值成正比，均是正向指标。

“股权集中度”来自“股权结构图”，是用第一股权人的股份占比来表示。对小微企业来讲，第一股权人的股份占比，即股权集中度越高，就越有利于企业的发展，也是一个正向指标。

由于以上各指标的计算单位存在差异，这就需要对各指标进行标准化处理。

（2）研发能力。

在研发能力方面，挑选的指标包括“实用新型数量”“外观设计数量”“软件著作权数量”“商标数量”“专利数量”“拟申报知识产权数量”，这些指标均可以直接通过统计原始数据得到，且都为正向指标。

另外，“研发投入占比”指标的数据可以从财务报表中得到，具体算法为：研发投入的资金/主营业务收入，它是一个正向指标。

由于上述各指标也存在单位上的差异，这就需要对各指标进行标准化处理。具体标准化处理的算法与前述算法相同。

（3）产品与经营资质。

在产品方面，根据现有数据整理出了“产品种类”“产品应用领域”两个主要指标。这两个指标都来源于“创投信息表”中的“主营产品及产品应用领域”，因为在表格中并没有给出具体数值，所以需要自行归纳整理出这两个指标的具体数值。

对小微企业来讲，一个企业的产品种类越多、产品应用领域越少，企业的发展就越成熟。因此，产品种类是一个正向指标，产品应用领域是一个逆向指标。

在经营资质方面，根据原始数据整理出“国高新数量”“村高新数量”“投招标数量”“其他业务许可资质数量”“经营异常数量”“合作客户数量”“税务评级”“行业荣誉”等指标。这些指标除“经营异常数量”为逆向指标外，其他指标均为正向指标。需要说明的是，这些指标在原表中并不是量化的形式，而是列举或者描述的形式，这就需要有一个量化的过程。此外，在“税务评级”中，因为只有A级评价的缘故，所以量化数据只有0和1。如果“税务评级”中含有其他级别，可视情况增加量化数据。例如，含有A和B两级评价，就可以用0、1、2进行量化，以此类推。表14-1为小微企业投资价值评价指标体系。

表14-1 小微企业投资价值评价指标体系

一级指标	二级指标	指标分类
团队情况	经营年数	逆向指标
	留学人员数量	正向指标
	本科人员数量	正向指标
	硕士及以上人员数量	正向指标
	招聘信息中本科人数	正向指标
	股权集中度	正向指标
	办公需求面积	正向指标
研发能力	实用新型数量	正向指标
	外观设计数量	正向指标
	软件著作权数量	正向指标
	商标数量	正向指标
	专利数量	正向指标
	拟申报知识产权数量	正向指标
	研发投入占比	正向指标
产品	产品种类	正向指标
	产品应用领域	逆向指标
经营资质	国高新数量	正向指标
	村高新数量	正向指标
	招投标数量	正向指标

续表

一级指标	二级指标	指标分类
产品与经营资质	税务评级	正向指标
	其他业务许可资质数量	正向指标
	经营异常数量	逆向指标
	合作客户数	正向指标
	行业荣誉证书类（国际）	正向指标
	行业荣誉证书类（国家）	正向指标
	行业荣誉证书类（省市）	正向指标
	行业荣誉会员类	正向指标
	行业荣誉认证类	正向指标
	行业荣誉奖励类（国家奖）	正向指标
	荣誉称号	正向指标
财务指标	总资产回报率	正向指标
	融资需求	正向指标

同时，将“行业荣誉”进行了细致的划分，共分成“证书类”“会员类”“认证类”“奖励类”“荣誉称号”五类。其中，“证书类”又分成“国际证书”“国家证书”“省市证书”。这些细致的划分有助于分析出企业有价值的荣誉资质。

与前面的标准化处理方法类似，这里也需要将“产品”和“经营资质”进行标准化处理，便于后面的比较分析。

（4）财务指标。

从众多财务指标中选取“总资产回报率”作为投资收益的参考指标，为企业的收益-风险划分提供依据。回报率越高，投资所获得的收益就越大，投资风险也越小，所以这也算是一个正向指标。

（5）融资需求。

“融资需求”的数据来源于“融资情况说明”。原始数据中有许多企业没有数据，或者只是描述性分析，对于这些企业我们的融资需求都按“0”来处理。融资需求也是正向指标，企业的融资需求越高，就越要考虑它的投资价值。

14.2 小微企业投资价值评价指标的主成分分析

14.2.1 指标的正向化处理

从主成分分析中得到的排名是根据原数据的计算得到的。也就是说，某企业原数据越大，排名就越靠前。因此，对于逆向指标就需要进行正向化处理。

14.2.2 指标的主成分分析

在所有指标进行完量化、标准化和正向化处理之后，就需要对指标进行主成分分析。需要注意的是，“财务指标”主要是为投资分析提供进一步的参考依据，因此“财务指标”不计入综合主成分分析。

14.2.3 “团队”和“研发”指标的主成分分析

作为企业投资风险的参考依据，需要对“团队”和“研发”指标数据进行主成分分析，分析过程和方法如前所述。

14.3 小微企业投资价值的判断及大小

14.3.1 小微企业投资风险的判定

小微企业投资风险的判定主要是依据现有指标体系主成分分析的得分来判定的。小微企业投资风险的模型如下：

$$R=A\times F$$

其中，R表示每家企业的风险倒数，A表示主成分权重矩阵，F表示原有的指标。小微企业得分越大，说明其风险越小。

14.3.2 小微企业财务指标的选定

小微企业的财务状况包括偿债能力、运营能力、成长能力和盈利能力。考虑到小微企业的现状，应侧重于对成长能力和盈利能力的评估。但是，在现有数据中成长能力（如资本增长率、销售增长率）无法计算，只能采用总资产报酬率，用来表示投资的收益率。

14.3.3 小微企业投资选择

结合收益和风险数据，绘制企业的收益-风险分布图，如图14-1所示。

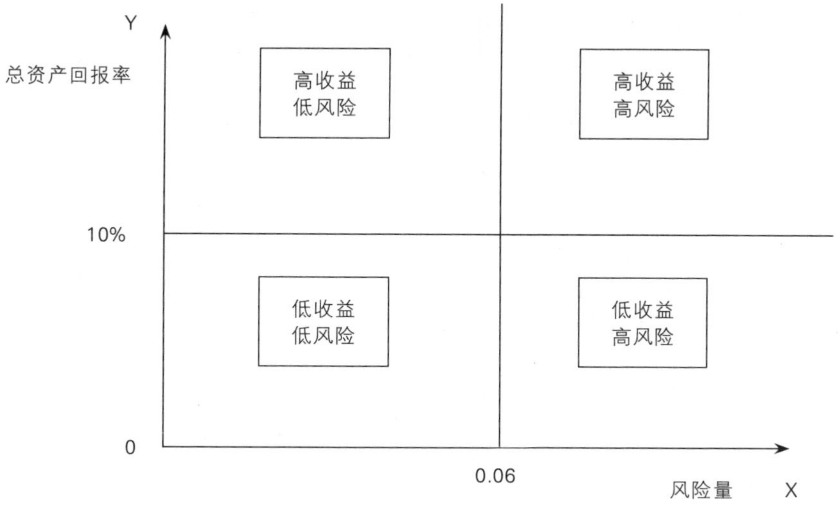

图14-1　收益-风险分布图

在进行散点图的绘制过程中剔除了异常点，有利于我们直观地看出企业在“收益-风险散点图”（如14-2图所示）中的分布。每个点的位置都代表一家企业在“风险-收益分布图”中的位置。如果我们把收益率大于0.1的企业定义为高收益企业，把风险低于0.06的企业定义为低风险企业，那么根据风险-收益的划分以及各企业在分布图中的分布，可以将企业分为四类：高收益低风险企业、高收益高风险企业、低收益低风险企业和低收益高风险企业。

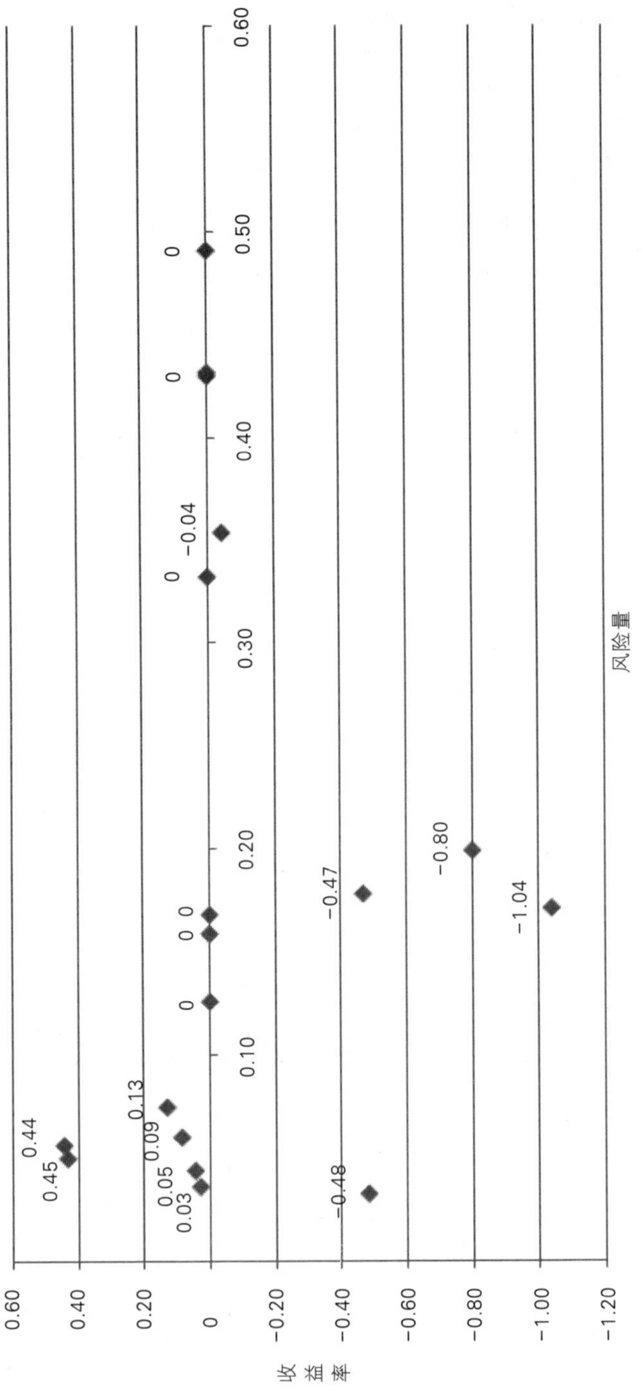

图14-2 收益-风险散点图

在图14-2中，通过观察每个点上的收益数据以及各点在风险坐标上的分布可以判断出该点所代表的企业。通过观察，收益率大于0.1，风险低于0.06，即高收益低风险的企业有2家。这2家企业分布在散点图的左上角；收益率大于0.1，风险高于0.06，即高收益高风险的企业有1家，这家企业分布在散点图的右上角；收益率小于0.1，风险高于0.06，即低收益高风险的企业有11家，这11家企业分布在散点图的右下角；收益率小于0.06，风险低于0.1，即低收益低风险的企业有4家，这4家企业分布在散点图的左下角。

根据企业分类，首先排除低收益高风险的11家企业，并推荐高收益低风险的2家企业。而对于高收益高风险的企业，要依据投资企业的风险偏好而定。也就是说，对于风险偏好投资者，可以推荐这类企业；而对于风险规避投资者，则不推荐这类企业。低收益低风险的企业可作为次要投资参考进行推荐。

14.3.4 小微企业投资额的确定

小微企业投资额的确定主要采用回归方法，先将“团队的主成分打分”“研发的主成分打分”“产品的标准化数据”与企业的“融资需求”指标进行回归，得到企业融资需求的回归模型；再将企业的团队、研发和产品数据带入回归模型，便可计算出企业的融资需求额，这样就能估算出企业的投资额。

14.3.5 小微企业投资影响因素的进一步分析

我们把企业的团队、研发、产品、融资需求和总资产回报率，以及主成分综合得分的数据列在一起，标注绿色的数据表示该数据大于该指标全部数据的平均值。我们可以进一步发现某些企业在团队上有风险；某些企业在团队和研发上都存在风险，且其融资需求不高；某些企业的产品应用领域较广，一般认为企业不太成熟；某些企业的产品应用领域也较广，且团队上存在风险；某些企业的产品种类较少。此时，我们把企业的团队指标单独列出来进行比较，可以发现企业在招聘信息中的本科人数只有2人，而其他企业可以达到16人。除此之外，企业其他指标信息都不错。在研发上，企业的“研发投入占比”“商标数量”“拟申报知识产权数量”都为0。在团队上，我们发现团队中没有硕士人员，招聘信息中也没有本科人员，办公需求面积也较小，只有50平方米。在产品上，企业的产品种类较多，包括支付、社区、旅游、场馆管理、智能卡、物联网信息、移动互联、密钥安全等软件产品，还包括设计、咨询、融资等服务，说明产品应用领域较广，涉及金融、物流、社区、教育、旅游等领域。

14.4 某科技园小微企业的信号

假设博弈过程的参与者中且仅有小微企业（A）和信贷机构（B），二者均为理性主体，都清楚在既定的条件下如何实现自身利益最大化。根据偿债能力的不同，将A分为η_1（偿债能力强）和η_2（偿债能力弱）两种类型。A与B主体间存在信息不对称问题，B仅清楚A属于偿债能力强、弱两种类型的先验概率p（η），分别为p（η_1）=α和p（η_2）=1−α。A为了顺利获得B的融资，适时、主动、有选择地向B提供流动资产、速动资产、流动负债和现金流负债比等财务信息，以及竞争优势、创新评估、市场预期和细分等非财务信息，将这些指标信息列为综合反映A的获利能力信号（β），假设β_1表示A的获利能力强，β_2表示A的获利能力弱。假设偿债能力弱的A有优化财务和非财务指标信息的行为，其过程界定为信息掩饰，掩饰成本设为D。假定A的融资金额为M，金融机构选定基准利率加点模式设定放贷利率，放贷利率为γ，（$\gamma=\gamma_0+\gamma_k$，γ_0是市场基准利率，γ_k是风险溢价点数），A向B提供的质押担保物为G（G＞M）；η_1、η_2的融资成本分别是C_1、C_2（融资成本中不仅考虑了时间价值等机会成本，还考虑了交通费用等实际消费成本）。A的获利概率为λ，假设λ_1是η_1融资获利后立刻偿还的概率，λ_2是η_2融资获利后立刻偿还的概率；融资后A的获利是R，R≥M（1+γ）；假设A及时、主动和足额地还本付息，表现为声誉和信任的额外收益（N）；假设A未及时、主动和足额地还本付息，直至违约，其结果是A不仅直接失去抵押物，而且间接造成声誉和信任的额外损失（F）。

A释放出信号传递于B后，B运用贝叶斯法对先验概率p（η）进行修正后确定A属于η_1或者η_2的后验概率p（η/β），在此前提下考虑放贷策略（1）或者不放贷策略（2）。B将面对A的四种行为：p（η_1/β_1）、p（η_1/β_2）、p（η_2/β_1）、p（η_2/β_2）分别意味着偿债能力强、获利能力强的企业；偿债能力强、获利能力弱的企业；偿债能力弱、获利能力强的企业；偿债能力弱、获利能力弱的企业。

根据上述基本假设，偿债能力强的小微企业融资后的预期收益是：$UA1=\lambda_1[R+N-M(1+\gamma)-C_1]+(1-\lambda_1)(M-G-F-C_1)$。

同理，偿债能力弱的小微企业融资后的预期收益是：$UA2=\lambda_2[R+N-M(1+\gamma)-C_2]+(1-\lambda_2)(M-G-F-C_2-D)$。

信贷机构对偿债能力强的小微企业融资后的预期收益是：$UB1=\lambda_1 M\gamma+(1-\lambda_1)(G-M)$。

网络机构对偿债能力弱的小微企业融资后的预期收益是：$UB2=\lambda_2 M\gamma+(1-\lambda_2)(G-M)$。

在信息对称条件下，信贷机构的行为是挑选偿债能力强的小微企业放贷，其预期收益是：$UB1=\lambda_1 M\gamma+(1-\lambda_1)(G-M)$，偿债能力强的小微企业融资后的预期收益是：$UA1=\lambda_1[R+N-M(1+\gamma)-C_1]+(1-\lambda_1)(M-G-F-C_1)$。

在信息不对称条件下，信贷机构无法辨别融资者的实际偿债能力，只有一种放贷行为（假设市场基准利率为γ_0），此时融资成本低于最高融资成本。所以，这两类企业为了生存无一例外地选择融资。在信息不对称条件下，偿债能力强的小微企业融资后的预期收益下降，信贷机构放贷后的预期收益也下降；相反，偿债能力弱的小微企业融资后的预期收益则可能提高。在这种模式下可以肯定信贷机构的收益低于预期。为追求利益最大化，可以预测信贷机构只能提高放贷利率。当融资成本超过小微企业中偿债能力强的一类企业时，这类企业只能无奈地选择宣布退出信贷市场，偿债能力弱的小微企业仍然活跃于信贷市场，出现劣币驱逐良币的逆向选择状态。因此，反映小微企业风险大小的信号就非常重要了。

14.5 小微企业融投资博弈的共同知识

共同知识的概念，由逻辑学家刘易斯提出，经济学家阿曼等用于博弈分析。共同知识是一个群体内，人们之间对某个事实“知道”的关系。假定一个群体由A、B2个人构成，A、B均知道某个事实f，此时f是A、B的知识，但f还不是他们的共同知识。当A、B双方都知道对方知道f，并且他们各自都知道对方知道自己知道f，此时我们才能说，f是A、B的共同知识。

在博弈中，“每个参与者都是理性的”，这是共同知识，因为这是博弈的基本假定。在具体博弈中，参与者知道对方是理性的，同时知道对方知道自己知道对方是理性的。对博弈双方来说，“参与者是理性的”是起码的共同知识。对于“支付”，不同的博弈却有所区别。在有些博弈中，双方不同策略下的支付也是共同知识。比如，“囚徒困境”博弈，或者曹操和诸葛亮在华容道上的博弈，此时各种策略下的支付是大家都知道的。在有些博弈中，各种策略下的支付不能成为共同知识。比如，在商战中相互竞争的双方不知道对方在各种产量下的利润，此时各种策略下的支付不是共同知识。

小微企业和银行之间存在博弈，因此我们首先必须认识共同知识的重要性。

14.5.1 共同知识

共同知识（common knowledge）有以下通俗的解释：共同知识是指“每个参与人知道，且每个参与人知道其他参与人都知道，每个参与人知道其他参与人都知道自己知道……”如果每个参与人都知道某个事实，且每个参与人知道其他参与人都知道，以此类推，那么在“（每个参与人知道（k（k次方））其他参与人都知道”的语句中 k=0，1，2…都是正确的，我们就称这个事实为参与人中间的共同知识。这是一个“由己及人，由人及己”的无限推理过程，是k→∞时的高阶知识（（每个人）k-1（k-1次方））。一件事一旦在某个群体中成为共同知识，则从任何个体出发，对这件事的理解都已达到了完全的统一，不再有任何层面的不确定性。

14.5.2 小微企业与银行的融资博弈

小微企业信贷市场发生逆向选择和道德风险的概率很大，企业与银行之间的融资关系是一种不对称信息下动态博弈的过程。在其他条件不变的情况下，双方合作的可能性就会随着沟通交流频率、企业质量、预期收益、违约的有效惩罚等条件改善而提高。银企之间的真诚合作完全可以实现互利共赢、共同收益最大化。

14.5.3 小微企业融资中的共同知识

从小微企业与银行之间的博弈过程中可以看出，放贷前，小微企业缺乏信息，或者说没有公共知识；放贷后，银行和小微企业都缺乏信息，或者没有形成共同知识。正如本章所述的，没有成为共同知识的知识在小微企业融资中没有体现出价值来。那么，小微企业融资中哪些信息需要成为共同知识？谁来作为传教士点名共同知识呢？

首先，分析小微企业时银行的知识应该成为共同知识。正如上面分析的道德风险一样，银行进行惩罚并收到的概率为q和银行进行惩罚措施（M）应该成为共同知识，否则就会存在寻租行为，给银行和企业都带来隐患。

其次，分析小微企业信息。对银行知识的判断要准确，因而需要对小微企业决策团队的信息共同知识化。一般而言，小微企业的决策团队学历越高、经验越多，对银行知识的判断越准确。另外，需要对小微企业的股权结构共同知识化。一般而言，小微企业股权均等，决策民主，对银行知识的判断就越准确。小微企业的研发和市场、产品等相关信息，在目前的信用评级中都要求企业提供，但是都不能称为共同知识，其中既有企业秘密要求的存在，也有企业信息变化的可能。

小微企业和贷款机构的共同信息需要一个中介机构来传递，这个机构应该是科技园。

第15章

中小板企业套期保值比率及其影响因素分析

15.1 引言

15.1.1 研究背景

中小板企业在国民经济中处于主导地位，因此目前在我国中小板企业的地位处于绝对的优势。其中，小微企业数量达到了企业总量的76.57%。截至2020年，中小企业占全国企业总数的99.7%，在城市中小企业提供了80%以上的就业，占国内生产总值的60%，包括利润和税收的50%，发明专利数量占65%，企业技术创新占75%以上，新产品开发占80%以上。

虽然我国已有许多关于中小板企业套期保值的研究文献，但这些研究仅限于理论上的研究，并没有更为深入的实证研究，因此本章将对中小板企业在期货市场上的主要投资手段——套期保值的实证分析进行相关研究。

15.1.2 研究意义

本章围绕中小板企业的套期保值决策与企业现状的关系，着重讨论了套期保值对于企业现状的影响，以套期保值的决策因素作为切入点，进行了相应的实证分析，在实证分析中加入了套期保值比率的概念，通过现货收益率的因变量和期货收益率的自变量，做OLS模型或GARCH模型的回归分析，来探究套期保值的周期和对应的最优套期保值比率。除此之外，本章还通过对三种不同期货商品的实证分析，来分析不同行业的最优套期保值比率和周期。

（1）理论意义与价值。

中小板企业利用期货市场进行套期保值是中小板企业的投资渠道之一。对中小板企业套期保值进行深入剖析研究，有助于丰富中小板企业从投资到期货市场套期保值，再到企业进一步发展这条理论链条。除此之外，针对中小板企业套期保值决策进行定量研究，可为中小板企业的套期保值决策的相关意见和对策提供证据支持。

（2）实践意义与价值。

目前，我国提出了一些为保护中小板企业而开启的新政策。本章通过研究套期保值对中小板企业现状发展的影响，以实证分析的结果为中小板企业套期保值的相关决策提供建议，希望能对中小板企业在当今艰难的背景之下努力发展有所帮助。此外，还有助于企业进行投资方面的决策，在实现经济稳定的基础上得到进一步的发展。

15.1.3 研究内容与目标

（1）研究流程图（如图15-1所示）。

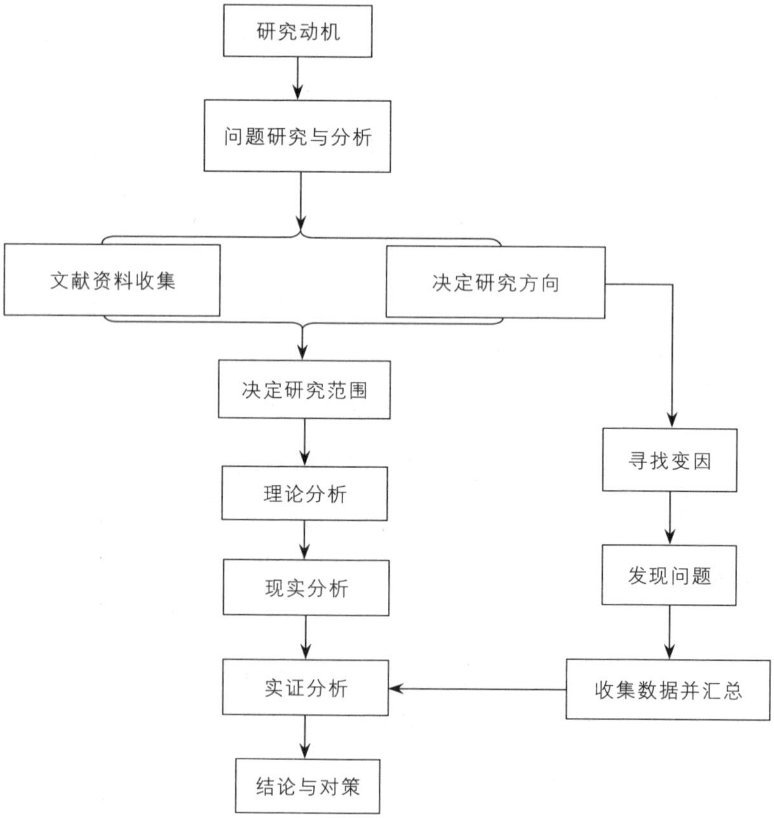

图15-1　研究流程图

（2）研究目标。

关于中小板企业套期保值的文献有很多且很全面，但是大多数是从理论的角度进行分析的，几乎没有从定量的角度进行实证研究的文献。本章将以中小板企业在不同行业、不同时间段得到的套期保值比率为研究对象，尝试从多行业、多周期的角度，更为全面地对中小板企业套期保值的相关因素进行研究考察，在套期保值理论研究的基础上提出现实中小板企业套期保值的相关对策。

（3）研究重点与难点。

研究的难点之处在于，一是对中小板企业来说，对应的期货价格是否与主营业务产品价格有相关性，这还需要进行检验；二是在2004年中小板板块才成立，只有少部分企业有足够的数据，因此不太清楚在数据方面的研究是否和普通上市公司一样准确。虽然关于中小板企业投资这个问题已经有了许多相关文献，但是很少有针对期货市场套期保值的深入分析和研究，其中实证分析更是几乎没有，因此需要在原有研究的基础上加入带有中小企业相关的特点。

15.2 文献综述

15.2.1 国外文献综述

国外一些文献对企业规避风险有深入的研究。有的学者提出通过激发工作记忆使受试者承受负荷，会显著增加其对风险的规避行为，并且这些发现都与决策的双系统理论以及漂移扩散模型相关。还有的学者提出可将套期保值问题看作无摩擦套期保值策略的成本最优跟踪问题，最优政策不是朝着当前目标位置发展，而是针对预期未来目标位置的加权平均值进行交易。在这些无流动市场中，无摩擦策略仅限于扩散。通过使用凸分析方法而不是更常见的动态规划方法，可以考虑使用一般可预测的参考策略。Zhipeng等（2017）提出了Bekk-Garch模型，使参数能够根据市场政权状态而定，结果表明高波动率制度具有较低的状态概率，而低波动率制度具有较高的状态概率，似然值表明政权切换对角线Bekk-Garch模型更好地拟合了样本。

15.2.2 国内文献综述

国内学者对不同行业板块的中小企业风险规避的相关内容进行了研究。邱淑芬（2015）从财务风险相关的概念以及中小企业财务风险的现状出发，指出中小企业财务风险成因在于管理者财务风险意识薄弱、财务决策科学性缺失、内部财务监督机制不健全等，并提出建立财务风险规避制度、开拓筹资渠道并降低筹资成本等相应对策。张魁伟和许可（2014）提出中小企业专利质押融资风险的主要原因在于专利的评估方法不同、市场模式的不同、管理制度的缺失，相应对策包括有关部门建设专利价值评价标准体系、对专利质押融资交易市场的标准进行规范等。林枚（2007）提出了中小企业人力资源外包面临的风险，包括外包项目的风险、企业经营管理的风险，并提出相应策略，如转变人力资源职能、培养管理人员、完善人力资源外包流程等。

在不同的制度和政策下，对于套期保值所面临的问题，我国许多文献进行了相关研究。么娆（2015）提出了我国套期保值在实务操作中面临的问题及相应的应对措施。

15.2.3 文献综述总结

本章通过整理和比较国内外文献，发现国外的文献大多基于科学实验及对比进行分析，基本是对普通企业的分析，而国内的文献大多是基于某一类别或某一方式的风险规避提出针对性建议，对中小板企业也有针对性的相关分析。对国内外文献整理后发现存在一些问题：一是对于中小企业套期保值的分析很少有基于具体数据的分析；二是对于套期保值比率的分析都是对模型的确定而不是确定企业套期保值策略；三是几乎没有利用套期保值绩效对套期保值选取期货类型及期货周期的建议，而更多的是模型之间的对比。

本章在对套期保值和企业投资相关的文献综述进行大量查阅及深入分析理解之后，将以三种不同期货的套期保值比率作为研究对象，通过建立OLS模型或GARCH模型所得到的相关系数计算套期保值比率，再通过套期保值绩效衡量。通过对套期保值绩效结果进行分析，对中小板企业套期保值的产品和周期的选择提出相应的建议，从而使中小板企业投资压力有所减小，促进中小板企业发展。

15.3 相关概念界定与理论分析

15.3.1 中小板企业套期保值方式划分及策略的实施和制定

中小板企业的套期保值方式可根据投资者在开设头寸时所设置的期货头寸的不同，分为套期保值卖出和套期保值购买。

第一，套期保值卖出是为了避免现货价格交割时的下跌风险，是在期货市场上首先卖出相当于现货数量的合约的一种交易方式。例如，矿主防止采矿后价格下跌，贸易商或加工商采取一种保持价值的方法，以防止货物买卖时价格下跌。

第二，套期保值购买是指交易者首先在期货市场上购买期货的一种套期保值方法。也就是说，当交易者将来在现货市场购买现货时，不会因价格上涨而使自己造成经济损失。这种利用期货市场收益对冲现货市场损失的做法，可以将远期价格固定在一个预期水平。买入套期保值是需要现货原料但担心涨价的投资者常用的套期保值方法。

关于套期保值策略的制定和实施，在实际操作中，套期保值者投资期货市场不仅是为了降低风险，也是为了增加自身的利润。如果企业认为套期保值是最好的行动方式，那么它应该进行对冲，即套期保值。如果企业认为部分对冲就足够了，那么它只能针对部分风险采取对冲行动。在一定情况下，如果企业对未来价格走势的判断有信心，可以采取风险投资的形式，而不采取任何套保措施。

具体而言，投资者是进行套期保值卖出还是进行套期保值买入，应根据其现货市场头寸来决定。根据金融期货套期保值的基本原则，投资者必须在期货市场上建立现货市场头寸。因此，如果投资者在现货市场持有空头头寸，则应选择套期保值买入；相反，如果投资者在现货市场持有多头头寸，则应选择套期保值卖出。现货市场产生空头意味着投资者准备在未来购买某种金融工具。套期保值卖出和套期保值买入是最基本的套期保值策略。在金融期货的实际套期保值中，投资者也可以根据自己的需要选择其他多种更为复杂的套期保值策略。在短期利率期货套期保值中，投资者可以根据具体情况选择持续套期保值或直接套期保值等策略。虽然这些策略只是一些特殊形式的套期保值卖出或套期保值买入，但恰恰是这些特殊形式的套期保值策略可以在一些特殊场合应用，以解决一些特殊问题。

此外，在上述套期保值策略的选择上，我们事实上已假设，投资者一旦决定对其现货进行套期保值，总能找到与其现货金融工具目标完全相同的期货合约。但是在实际套期保值中，如果作为套期保值对象的现货金融工具没有相应的期货合约可供选择，那么投资者必须选择与价格相关的金融工具期货合约，以便与其他金融工具实施交叉套保。

15.3.2 套期保值的特点及动机

套期保值的基本特征是现货市场和期货市场都对同一类商品进行等量但方向相反的买卖活动。一段时间后，当价格变动带来现货交易的亏损时，可通过期货交易的盈利来弥补。因此，建立了近期和远期对冲机制，以最大限度地降低价格风险。

套期保值的动机有：一是为了产生纳税收入。套期保值降低了企业税负的预期支出，企业税收功能的函数越呈现凸的形态，企业套期保值工具使用越多。二是缓解投资不足问题。套期保值降低了企业现金流的波动性，增加了企业现金流的期望值，提高了企业内部融资能力，从而缓解了投资不足问题。三是为了解决财务成本高的问题。套期保值可以降低财务成本，增加企业价值。四是避免外部融资。由于资本市场的不完备和信息的不对称，与内部融资相比，外部融资的成本极高，因此套期保值可以避免昂贵的外部融资。

这种投资方式比较适合中小板企业，门槛既没有股票和债券那样高，在效率上也比内部投资要快。因此，本章将利用实证分析得到的结果，针对于中小板企业进行套期保值决策提出建议。

15.3.3 相关理论分析

（1）分离定理。

分离定理是指投资者在选择可以自由借贷的投资组合时，会选择无风险的资产和风险投资组合的最优组合，并以无风险的利率自由借贷。投资者对待风险的态度只会影响资金的投入量，但不会影响最优组合。分离定理可以在不知道投资者对风险和收益偏好的情况下，确定风险资产的最优组合，也可以断言最佳风险资产组合的确定与投资者的风险偏好无关，仅取决于预期收益率和各种可能风险组合的标准差。

个人投资行为可分为两个阶段：第一阶段是利用建立模型等来计算确定最佳风险资产组合；第二阶段是考虑无风险资产和最佳风险资产组合的理想组合。只有第二阶段受投资者风险规避程度的影响，而第一阶段是在不受投资者风险规避影响的情况下确定最佳风险资产组合。

本章将利用分离定理在套期保值最优比例和最佳周期时排除投资者心理这个影响因素。

（2）套期保值理论。

套期保值理论的基础是现货市场和期货市场的走势相同，因此期货市场的利润可以弥补现货市场的损失。套期保值的基本特征包括买入或卖出实物商品，同时在期货市场上卖出或买入等量的期货。一段时间后，当价格变动造成现货交易损益时，可以使用期货进行交易损益弥补。因此，建立了现货和期货之间的近期或远期套期保值机制，可以最大限度地降低价格风险。套期保值的交易原则有经营方向相反原则、同类商品原则、商品等量原则和同月或近似月开始原则。

套期保值在企业生产经营中的作用包括：一是套期保值可以确定购买成本和销售价格，保证企业利润。二是确保公司预算不超标和足够的营业利润。三是工业原料上游企业保证生产盈利。四是避免外贸企业的汇兑损失。五是调整库存。如果在原材料价格合理的条件下需要增加库存，则期货可以用来代替现货库存。杠杆原理可以提高企业资本利用率，保证企业现金流量。当原材料价格下跌，造成企业存货因生产或其他因素下跌时，应抛售期货，以免价格贬值，给企业造成损失。

(3) 凯恩斯投资理论。

在凯恩斯看来，资本主义经济危机和随之而来的非自愿失业是由有效需求不足造成的。有效需求由投资需求和消费需求构成。前者是由边际消费倾向的下降趋势引起的，后者是由资本边际效率下降规律和流动性偏好规律决定的。

增加有效需求是增加就业的根本途径。然而，由于消费倾向在短期内变化不大，最有效的方法是增加投资。投资增长不仅可以直接增加总需求，而且可以通过收入的变化增加消费乘数，进一步加强了投资在增加就业和国民收入方面的决定性作用。

总之，在凯恩斯看来，投资不仅具有巨大的经济意义，而且具有深刻的社会意义。增加投资的途径是实行投资社会化、管理私人投资以限制波动、利用公共投资来弥补缺乏的私人投资，其重点是实施公共投资。公共投资是通过税收或债务融资获得的，但税收融资的使用可能会使公共支出挤压私人投资，而有效的社会需求却没有增加。因此，凯恩斯更倾向于利用债务为公共项目筹集资金。

(4) 凯恩斯选美理论。

凯恩斯选美理论是建立在对大众心理进行思辨的基础之上的。凯恩斯应用选美比赛的规则和熟悉的现象，研究了金融市场的不确定性，解释了股票市场波动的规律，认为金融投资就像一场选美比赛，投资者购买最有价值的股票并不是必不可少的。他认为，只有预测其他投资者可能采取的行动才能确保投机市场的成功，并使用类似击鼓传花的游戏来描述股票投资的风险。

通过该理论，在选择期货样本时，本书从活跃合约中选择了3种合约。

15.4 相关期货分析

15.4.1 铝期货分析

铝已成为世界上使用最广泛的金属之一。特别是近年来，铝作为一种节能降耗的环保材料，其应用范围和消耗量都在进一步扩大。建筑行业、运输行业和包装行业的铝消耗量一般占当年总消耗量的60%左右。

影响上海铝期货价格变动的主要因素有：一是供求关系直接影响产品的市场价格。当市场供求关系暂时平衡时，产品的市场价格会在区域内波动；当供求关系不平衡时，有时价格会剧烈波动。二是汽车制造、建筑工程和电线电缆等主要行业的铝锭使用及其变化对铝价产生了重大影响。三是近年来，我国电解铝生产规模的不断扩大，使国内氧化铝需求不断增长。目前，约2/3的进口氧化铝必须从现货市场购买。我国在国际市场上大量购买氧化铝，直接使国际上的氧化铝价格大幅度上涨。

铝期货合约，见表15-1。

表15-1 铝期货合约

交易品种	铝
交易单位	5吨/手
报价单位	元（人民币）/吨
最小变动价位	5元/吨

续表

涨跌停板幅度	上一交易日结算价的±3%
合约月份	1—12月
交易时间	上午9：00—11：30，下午1：30—3：00和交易所规定的其他交易时间
最后交易日	合约月份的15日（遇国家法定节假日顺延，春节月份等的最后交易日交易所可另行调整）
交割日期	最后交易日后连续5个工作日
交割品级	标准品：铝锭，符合国标GB/T1196—2008AL规定，其中铝含量不低于99.70% 替代品：1.铝锭，符合国标GB/T1196—20089AL9.85、AL99.90规定；2.铝锭，符合P1020A标准
交割地点	交易所指定交割仓库
最低交易保证金	合约价值的51%
交割方式	实物交割
交割单位	25吨
交割代码	AL
上市交易所	上海期货交易所

15.4.2 PVC期货分析

聚氯乙烯(PVC)是合成树脂的重要品种。从世界消费量来看，PVC消费量仅次于聚乙烯，在五种通用树脂中排名第二。在我国，PVC的消费量在五种通用树脂中排名第一，大于聚乙烯的消耗量。

影响PVC期货价格的主要因素有：一是供需变化。它是影响PVC期货市场价格变化的最主要因素。二是加工行业生产的原材料和产品的变化。下游行业的低门槛导致大量过剩的加工能力、旺季的淡化以及生产周期的延长和提前。三是国际原油价格波动。原油是PVC的主要原料之一。油价相对稳定或略有波动，对PVC市场影响不大。四是宏观经济形势。如果宏观经济形势良好，PVC的需求和消费就会良好，市场价格就会上涨。五是原材料价格的变化将直接影响PVC生产商的现货成本。

PVC期货合约，见表15-2。

表15-2　　PVC期货合约

交易品种	聚氯乙烯（PVC）
交易单位	5吨/手
报价单位	元（人民币）/吨
最小变动价位	5元/吨
涨跌停板幅度	上一交易日结算价的±4%
合约月份	1—12月
交易时间	每周一至周五上午9：00—11：30，下午1：30—3：00
最后交易日	合约月份第10个交易日
交割日期	最后交易日后第2个交易日
交割品级	符合《悬浮法通用型聚氯乙烯树脂（GB/T 5761—2006）》规定的SG5型一等品和优等品
交割地点	大连商品交易所指定交割仓库
最低交易保证金	合约价值的5%
交易手续费	不超过6元/手
交割方式	实物交割
交割代码	V
上市交易所	大连商品交易所、广东塑料交易所

15.4.3　棉花期货分析

20世纪50年代末，陆地棉成为我国的主要品种，其次是长绒棉，它的纤维较长，在新疆有一定产量。由于棉纤维具有优良的经济性能，已成为纺织工业最重要的原料。

影响棉花价格的主要因素有：一是Cotlook指数的报价。它代表世界主要港口在国际棉花贸易中的报价。二是国内棉花供需状况。因为国内棉花产量远低于需求，国内棉花供需对国内棉花价格产生重大影响。三是贸易政策。近年来，中、美、欧三方纺织品贸易摩擦加剧，对国内纺织业的生产经营产生了严重的影响，这样的因素会长期存在。四是汇率因素。人民币升值导致美棉进口成本骤降，在一定程度上刺激了美棉进口。汇率波动的长期存在，将对国内棉花价格产生深远影响。此外，国内经济形势、宏观调控和棉花产业政策也对国内棉花价格产生影响。

棉花期货合约，见表15-3。

表15-3　　棉花期货合约

交易品种	棉花
交易单位	10吨/手
报价单位	元（人民币）/吨
最小变动价位	5元/吨
最大波动限制	上一交易日结算价的±4%，或依据《郑州商品交易所期货交易风险控制管理办法》的相关规定
合约月份	1月、3月、5月、7月、9月、11月
交易时间	每周一至周五（北京时间，法定节假日除外）
最后交易日	合约交割月份的第10个交易日
最后交割日	合约交割月份的第12个交易日
交割品级	基准交割品：符合GB1103.1—2012《棉花第1部分：锯齿加工细绒棉》规定的3128B级，且长度整齐度为U3档，断裂比强度为S3档，轧工质量为P2档的国产棉花。替代品详见交易所交割细则。替代品升贴水见交易所公告
交割地点	交易所指定棉花交割仓库
最低交易保证金	合约价值的5%
交割方式	实物交割
交易代码	CF
上市交易所	郑州商品交易所

15.4.4 相关实证模型分析

（1）OLS模型。

OLS模型是最基本的回归模型，OLS是Ordinary Least Square的简称，意思是普通最小二乘法。普通最小二乘估计就是寻找参数β_1、β_2…的估计值，使上式的离差平方和达到极小。

在创建OLS模型之前，必须对时间序列进行单位根检验以保证序列平稳，从操作上来讲就是要进行单位根检验。如果变量时间序列不能通过单位根检验，就需要对其进行差分或滞后处理，使其能够保证平稳性。在建立OLS模型之后，要对系数进行显著性检验，对残差进行怀特检验，在必要时对模型进行修正，使模型更加完整准确。

OLS模型是其他模型的基础，不论是之后的修正模型还是GARCH模型都是在此基础上进行的完善。

（2）ARCH模型和GARCH模型。

ARCH模型全称“自回归条件异方差模型”，解决了方差恒定所引起的问题。ARCH模型能比OLS模型等更为精确地模拟时间序列变量的波动性变化，使人们能得到更为准确的风险从而把握风险。

ARCH模型表示为：

$$\sigma_t^2=\alpha_0+\alpha_1\varepsilon_{t-1}^2+\cdots\alpha_p\varepsilon_{t-p}^2 \tag{15-1}$$

其中，ε_t表示收益，假设$\varepsilon_t=\sigma_t\zeta_t$，$\zeta_t\sim N$（0，1）（标准正态分布）。

假如方差能够利用ARMA模型表示，则通过对ARCH模型变形能够得到GARCH模型，GARCH（p，q）的公式为：

$$\sigma_t^2=\alpha_0+\alpha_1\varepsilon_{t-1}^2+\cdots\alpha_p\varepsilon_{t-p}^2+\beta_1\sigma_{t-1}^2+\cdots\beta_p\sigma_{t-p}^2 \tag{15-2}$$

15.5 中小板企业套期保值的现状分析及套期保值比率分析

15.5.1 中小板企业套期保值现状分析

（1）我国中小板企业发展概况。

从数量的变化来看，根据2020—2024年中国中小企业深入调研和战略规划报告，中国投资产业研究所公布截至2019年年底，我国中小企业有36.4万家，比2018年减少4 883家，企业数量连续2年下降，占指定规模以上所有工业企业的97.8%。其中，中型企业43 000家，占中小企业数量的11.8%；小型企业321 000家，占中小企业数量的88.2%。

从营业收入来看，2019年中小板企业实现营业收入60万亿元，占受监管企业营业收入的56.7%，同比增长4.4个百分点，增长率比同期规上企业增速高0.3个百分点，比大型企业增速高0.6个百分点。

未来社会将更倾向于通过技术创新来带动中小企业的成功。资本和人才匮乏的中小型企业会发现，在创新方面取得突破更加困难。因此，我国中小企业面临的主要问题是整个商业模式发生了变化，中小企业要更加开放，形成优势互补的群体。

（2）中小板企业投资的综合分析。

从企业投资角度来看，第一，中小板企业因自身抗风险能力较低导致在经营过程中容易受到宏观经济环境的影响，在我国经济受到如新型冠状病毒疫情等影响时，中小板企业面临的压力增大，融资能力以及财务可承受能力降低。第二，由于我国银行金融体系覆盖的广度不够，针对中小板企业的贷款服务比较少，并且中小板企业在贷款时往往比大型企业面临更为复杂的审批过程，导致中小板企业压力的增大以及投资的减少。第三，目前我国股权投资偏重大中型企业，针对中小板企业的较少。同时，创业投资、天使轮等投资尚不充分、债券市场产品较为单一，缺乏针对中小板企业的评级体系。

投资的主要问题在于：第一，治理方式不妥、损失重大。其主要原因在于不科学的投资管理方式，形势发展与管理措施和办法的发展不一致，缺少风险控制分析、市场应急措施、激励约束机制和责任追究机制等对应的措施和方法。第二，缺乏市场调研意识。其主要原因在于市场调查的方法不适当，甚至不做市场调查，对企业管理者的相关理论或决策产生误导。第三，投资风险大。其主要原因在于企业人员素质低，没有规避及正确利用投资风险的能力。第四，决策缺乏创新。其主要原因在于经济环境的变化导致企业生存发展环境发生改变，如果管理者不能未雨绸缪进行规划，则在进行重大投资决策时将带有盲目性。第五，决策程序混乱。

对于以上问题可采取的对策有：一是实施先进的管理方式；二是进行深入的市场调查；三是努力降低投资风险；四是强化决策创新重要性意识；五是采用科学的投资决策程序。

（3）我国中小板企业套期保值投资分析。

中小板企业要开展套期保值业务，首先必须考察中小板企业在产业链中的地位，然后根据中小板企业所面临的不同价格风险、风险承受能力的强弱以及在产业链中转移价格风险的能力，找出适合企业的套期保值需求，最后需要建立相应的企业实施平台，企业应设立相应的机构、人员和规章制度。同时，中小型目录企业的覆盖范围和具体运营决策将涉及企业的生产、经营和贸易的计划分析、风险分析和承受力分析，以及未来价格趋势预测，保证金管理和市场环境变化的相关应对和期货市场的具体操作，这些因素共同决定了中小板企业在套期保值过程中可能出现的新风险。

中小板企业进行套期保值可能存在的风险有：第一，市场结构方面的风险，包括市场流动性风险、政策变化带来的风险、法规及制度变化带来的风险、代理机构带来的风险等；第二，中小板企业参与期货市场套保时自身的风险，包括杠杆交易的风险、无效保值的风险、基差运用的风险、β值运用的风险、风险管理制度设计与执行中的风险等。

为了更好地套期保值，在进行交易时有以下四种策略：一是坚持期货市场要交易的商品和现货市场要交易的商品必须是同类型或相对数量一致的，并在两个市场上采取相反的买卖行为；二是应选择具有一定风险的现货交易进行套期保值；三是比较净风险和套期保值成本，最后确定是否应进行套期保值；四是根据短期价格趋势的预测，计算基数的预期变化，并在此基础上制订进出期货市场的时间计划，并加以实施。

15.5.2 中小板企业套期保值比率分析

（1）套期保值比率相关概念。

套期保值比率是指套期保值者为规避固定收益债券的现货市场风险，通过建立交易头寸确定的期货合约总值与套期保值现货合约总值的比率。确定合适的套期保值比率是降低交叉套期保值风险，达到最佳套期保值效果的关键。套期保值比率可以反映要套期保值的现货资产数量与现货资产总数之间的比率。套期保值比率是指用于套期保值的期货合约头寸与被套期保值资产头寸之间的比率。

（2）最优套期保值比率的确定。

在查阅大量文献之后，总结得出最为常用的最优套期保值的估计方法有以下三种：一是OLS估计法。套期保值比率的研究一般是在方差最小的条件下进行的，假设在进行多头套期保值时，现货的持有数量为1，t期的现货收益率为Y_t，期货收益率为X_t，那么将得到$Y_t=\beta_0+\beta_1 X_t+\varepsilon_t$中系数的值，最优套期比率就是通过公式计算得到的结果。二是VAR估计法，即向量自回归模型。采用此方法可得到最优套期保值比率为Cov（$\varepsilon_{s,t}$，$\varepsilon_{f,t}$）/Var（$\varepsilon_{f,t}$）。三是ECM估计法。基差可以反映期货和现货之间的关系，可以通过协整来呈现这一关系，因此使用ECM模型进行估计。

本章选择了OLS模型分析方法作为最优套期保值比率的估计方法，具体操作步骤在第4章中体现。

15.6 中小板企业套期保值比率的实证分析

15.6.1 相关性检验

本节对中小板企业主要产品的商品价格和期货市场中对应期货的现

货价格进行相关性检验。由于中小板企业数据比较少，因此我们对3个不同产业的产品进行了相关性检验。其中，新野纺织主要生产纱线、苏泊尔主要生产炊具、鸿达兴业主要生产PCV，分别和期货市场中的棉花、铝和PCV相对应，得到了3个相关性系数见表15-4。

表15-4　　相关性检验

棉花现货价格和产品价格相关系数	铝现货价格和产品价格相关系数	PCV现货价格和产品价格相关系数
0.7285	0.9174	0.9460

从表15-4中可以看出，3个相关系数值均接近1，属于相关性强的系数。

（1）检验步骤综述。

为了计算这3家企业套期保值的最优比例，可以利用最优套期保值比率求得。通过前面的内容可知套期保值比率的计算模型确定为OLS模型。其具体步骤为：

步骤一：通过从Wind数据库中查到的期货价格A_t和现货收盘价B_t，利用下列公式求得期货收益率X_t和现货收益率Y_t：

$$X_t=\frac{A_t}{A_t-1}-1 \tag{15-3}$$

$$Y_t=\frac{B_t}{B_t-1}-1 \tag{15-4}$$

步骤二：首先，对数据进行描述性统计，得到与收益率相关的具体数据。然后，根据OLS模型的基本要求，对数据进行单位根检验。若通过检验，则代表数据平稳，直接使用原数据；若未通过检验，则对该数据进行修正，即取对数或者差分，直至数据能够通过检验。在此基础上，通过OLS模型建立回归方程，即：

$$Y_t=\beta_0+\beta_1 X_t+\varepsilon_t \tag{15-5}$$

步骤三：对该方程进行ARCH效应检验和异方差检验（怀特检验）。如果数据残差项不存在异方差性，且数据之间没有ARCH效应，则用OLS模型得出的相关系数通过公式计算得到最优套期保值比率；如果数据残差项存在异方差性，则用广义最小二乘法对其进行修复；如果数据存在ARCH效应，则用GARCH（p，q）模型得出相关系数，再计算出最优套期保值比率，这里仅用到GARCH（1，1）模型。

利用GARCH（1，1）模型建立方程：

$$GARCH=\beta_2+\beta_3RESID(-1)\hat{}2+\beta_4GARCH(-1) \tag{15-6}$$

步骤四：对方程进行可靠性评估。如果在OLS模型或GARCH模型结果中，调整的R^2值大于等于0.5，且p值小于等于0.05，则方程可靠性较高。通过OLS模型或者GARCH模型得到的相关系数β_1以及现货标准差σs和期货标准差σf可以得到套期保值比率：

$$P=\frac{\sigma s}{\beta_1\sigma f} \tag{15-7}$$

（2）描述性统计。

从表15-5中可以看出，这些数据均有着较大的标准差，表明数据波动较大，在进行投资时需谨慎。

从数据总体来看，棉花的平均值相对较低，表明价格相对较低，PVC的标准差是最低的，表明价格波动较低。将数据分为收盘价和现货价，从中可以看出，3组数据中现货价的均值都高于收盘价的均值，表明可以用套期保值获利。除描述性统计以外，接下来的各项检验均按产品类别两两一组分别计算。

按照期货周期对不同的产品进行对比，可以看出日度数据均值最小，周度数据均值其次，月度数据均值最大，因此周期越长，收盘价和现货价越高；同样，随着期货周期的增长，收盘价和现货价的标准差也会变大。

峰度是表征概率密度分布曲线在平均值处峰值高低的特征数，表15-5中大多数数据的峰度都较高，代表着尖峰更陡，相应具有厚尾现象。偏度是统计数据分布偏斜方向和程度的度量，是统计数据分布非对称程度的数字特征。由此可以看出，铝的收盘价分布最接近标准正态分布。若偏度值小于0，则左偏；若偏度值大于0，则右偏。

表15-5　　描述性统计

变量	N	平均值	标准差	最小	最大	偏态	峰度
棉花现货价（月度）	120	82 657.0	32 972.7	41 697.5	195 288.8	1.41	1.46
棉花收盘价（月度）	120	81 330.5	36 790.6	42 331.0	195 425.0	1.52	1.53
PVC现货价（月度）	120	260 274.1	44 932.31	154 880.0	399 580.0	0.29	0.20
PVC收盘价（月度）	120	286 942.0	42 361.44	183 660.0	425 580.0	0.36	0.60
铝现货价（月度）	120	570 840.0	49 017.07	461 800.0	720 200.0	1.05	1.73
铝收盘价（月度）	120	580 481.3	46 427.91	478 040.0	717 640.00	0.93	1.25
棉花现货价（周度）	120	57 797.7	12 027.43	11 470.0	80 965.00	−1.15	2.93
棉花收盘价（周度）	120	56 314.5	9 731.31	21 950.0	78 300.0	−0.64	1.85
PVC现货价（周度）	120	34 703.2	5 990.97	20 650.7	53 277.3	0.29	0.20
PVC收盘价（周度）	120	38 258.9	5 648.19	24 488.0	56 744.0	0.36	0.60
铝现货价（周度）	120	29 831.1	7 331.57	17 693.5	51 247.0	1.03	0.53
铝收盘价（周度）	120	30 978.9	6 997.26	19 907.0	50 617.0	0.97	0.46
棉花现货价（日度）	120	9 510.3	1 707.98	2 218.5	13 384.2	−1.28	3.95
棉花收盘价（日度）	120	9 183.8	1 774.32	1 716.0	11 703.0	−1.72	4.35
PVC现货价（日度）	120	1 951.6	329.67	411.4	2 483.9	−2.31	7.79
PVC收盘价（日度）	120	2 098.4	296.74	875.0	2 627.0	−1.69	4.76
铝现货价（日度）	120	4 712.4	886.09	932.8	6 371.6	−1.39	4.53
铝收盘价（日度）	120	4 919.6	873.88	1 910.0	6 696.0	−0.27	1.16

15.6.2 棉花期货实证分析

（1）平稳性检验（单位根检验）。

对棉花的期货收益率和现货收益率均进行了平稳性检验，发现2个变量的P值均小于0.05，拒绝原假设。平稳性检验原假设为检验序列存在单位根，因此期货收益率和现货收益率均不存在单位根，这2个变量都是平稳序列。

对这2个变量进行此项检验的原因在于，时间序列的平稳是构建OLS模型和GARCH模型的前提，若通过该检验，则代表可以用原本的数据构建模型。检验结果见表15-6。

表15-6　　平稳性检验（1）

<table>
<tr><th rowspan="2">变量</th><th rowspan="2">Test Statistic</th><th colspan="3">Interpolated Dickey-Fuller</th><th rowspan="2">P-value</th></tr>
<tr><th>1% Critical Value</th><th>5% Critical Value</th><th>10% Critical Value</th></tr>
<tr><td>棉花现货收益率</td><td>-15.836</td><td rowspan="2">-3.504</td><td rowspan="2">-2.889</td><td rowspan="2">-2.579</td><td>0.0000</td></tr>
<tr><td>棉花期货收益率</td><td>-15.214</td><td>0.0000</td></tr>
</table>

（2）用OLS模型建立回归方程。

回归方式见式（15-5）。其中，Y_t为现货收益率，X_t为期货收益率，ε_t为残差项。具体计算结果见表15-7。

表15-7　　OLS模型计算结果（1）

<table>
<tr><th>变量</th><th>Coef.</th><th>Std. Err.</th><th>t</th><th>P>|t|</th><th colspan="2">[95% Conf，Interval]</th><th>F（1，117）</th><th>Prob>F</th></tr>
<tr><td>X_t</td><td>1.218254</td><td>0.0505856</td><td>24.08</td><td>0.000</td><td>1.118072</td><td>1.318436</td><td rowspan="2">579.99</td><td rowspan="2">0.0000</td></tr>
<tr><td>_cons</td><td>0.0086759</td><td>0.0075273</td><td>1.15</td><td>0.251</td><td>-0.0062315</td><td>0.0235834</td></tr>
</table>

从表15-7中可以看出，自变量X_t的t检验和F检验均属于显著性检验。显著性检验的原假设是回归系数为0，检验得到的P值均小于0.05，因此拒绝原假设，X_t的回归系数不为0。同理，常数项并没有通过t检验，因此常数项为0。

初步构建回归方程：

$$Y_t=1.218\ X_t+\varepsilon_t$$

（3）异方差检验（怀特检验）。

异方差性指的是随机误差项具有不同的方差。异方差检验的原假设是同方差性，从表15-8中可以看出，P值小于0.05，拒绝原假设，方程不存在异方差性。

表15-8 异方差检验

Source	chi_2	df	p
Heteroskedasticity	5.21	2	0.0740
Skewness	5.85	1	0.0156
Kurtosis	1.99	1	0.1584
Total	13.04	4	0.0111

（4）ARCH效应检验。

进行ARCH效应检验能够判断该回归方程是否应改变模型。ARCH效应检验的原假设为没有ARCH效应，从表15-9中可以看出，P值小于0.05，拒绝原假设。因此，Y_t和X_t之间存在ARCH效应，需使用GARCH模型。

表15-9 ARCH检验（1）

lags（p）	chi_2	df	Prob>chi_2
1	14.380	1	0.0001

由GARCH模型得到的数据见表15-10，可以得到两个新的回归方程：

Y_t=1.249X_t+0.021

GARCH=0.198RESID（-1）^2+0.005

其中，前者为GARCH模型确定的回归方程，后者为条件方差方程。

表15-10 GARCH模型（1）

变量	Coef.	Std. Err.	z-Statistic	Prob
X_t	1.249825	0.040734	30.68257	0.0000
_cons	0.021095	0.007138	2.955337	0.0031
Variance Equation				
_cons	0.005892	0.001293	4.556051	0.0000
RESID（-1）^2	0.198049	0.079522	2.490496	0.0128
GARCH（-1）	-0.179675	0.233140	-0.770675	0.4409

（5）可靠性评估。

GARCH模型调整后的R^2值为0.8261，大于0.5，P值为0，小于0.05，因此方程的可靠性较高。

15.6.3 PVC期货实证分析

（1）平稳性检验（单位根检验）。

与棉花的期货实证分析相同：PVC的现货收益率和期货收益率均为平稳时间序列，见表15-11。

表 15-11　　平稳性检验（1）

变量	Test Statistic	Interpolated Dickey-Fuller			P-value
		1% Critical Value	5% Critical Value	10% Critical Value	
PVC现货收益率	−16.331	−3.504	−2.889	−2.579	0.0000
PVC期货收益率	−15.762				0.0000

（2）用OLS模型建立回归方程。

用式（15-5）的回归方程得到表15-2中的数据，初步建立回归方程：

$$Y_t=1.188X_t+\varepsilon_t$$

表 15-12　　OLS模型计算结果（2）

变量	Coef.	Std. Err.	t	P>|t|	[95% Conf，Interval]		F（1，117）	Prob>F
X_t	1.188687	0.0456712	26.03	0.000	1.098237	1.279136	644.71	0.0000
_cons	0.0051657	0.0074505	0.69	0.489	−0.0095897	0.0199211		

（3）异方差检验（怀特检验）。

从表15-13中可以看出，P值小于0.05，方程不存在异方差性。

表 15-13　　异方差检验（2）

Source	chi_2	df	p
Heteroskedasticity	7.70	2	0.0212
Skewness	6.21	1	0.0127
Kurtosis	2.07	1	0.1500
Total	15.99	4	0.0030

（4）ARCH效应检验。

从表15-14中可以看出，P值小于0.05，拒绝原假设。因此，Y_t和X_t之间存在ARCH效应，需使用GARCH模型。

使用ARCH模型得到的数据见表15-14。

表15-14 ARCH检验（2）

lags（p）	chi_2	df	Prob>chi_2
1	20.815	1	0.0000

由GARCH模型得到的数据见表15-15，可以得到两个新的回归方程：

$Y_t=1.231X_t+\varepsilon_t$

GARCH=0.088RESID（-1）^2+0.001

其中，前者为GARCH模型确定的回归方程，后者为条件方差方程。

表15-15 GARCH模型（2）

变量	Coef.	Std. Err.	z-Statistic	Prob
X_t	1.231633	0.047339	26.01750	0.0000
_cons	0.008110	0.007646	1.060593	0.2889
Variance Equation				
_cons	0.001463	3.243001	0.0012	0.001463
RESID（-1）^2	0.088162	2.336190	0.0195	0.088162
GARCH（-1）	0.308696	-0.137271	0.8908	0.308696

（5）可靠性评估。

OLS模型调整后的R^2值为0.8500，大于0.5，P值为0，小于0.05，因此方程的可靠性较高。

15.6.4 铝期货实证分析

（1）平稳性检验（单位根检验）。

与PVC和棉花的期货实证分析相同：铝的现货收益率和期货收益率均为平稳时间序列，见表15-16。

表15-16　　平稳性检验（3）

变量	Test Statistic	Interpolated Dickey-Fuller			P-value
		1% Critical Value	5% Critical Value	10% Critical Value	
铝现货收益率	−8.462	−3.504	−2.889	−2.579	0.0000
铝期货收益率	−6.571				0.0000

（2）用OLS模型建立回归方程。

用式（15-5）的回归方程得到表15-17中的数据，初步构建回归方程：

$$Y_t=1.013X_t+\varepsilon_t$$

表15-17　　OLS模型计算结果（3）

变量	Coef.	Std. Err.	t	P>|t|	[95% Conf，Interval]		F（1，117）	Prob>F
X_t	1.013071	0.0696844	14.54	0.000	0.8750651	1.151078	211.35	0.0000
_cons	0.0000573	0.0011274	0.05	0.960	−0.0021754	0.0022899		

（3）异方差检验（怀特检验）。

从表15-18中可以看出，P值大于0.05，方程存在异方差性。

表15-18　　　　　　　　　　异方差检验（3）

Source	chi_2	df	p
Heteroskedasticity	7.65	2	0.0218
Skewness	0.74	1	0.3891
Kurtosis	0.69	1	0.4076
Total	9.08	4	0.0592

（4）ARCH效应检验。

从表15-19中可以看出，P值小于0.05，拒绝原假设。因此，Y_t和X_t之间存在ARCH效应，需要使用GARCH模型，GARCH模型也可修正前文提到的异方差性。

表15-19　　　　　　　　　　ARCH检验（3）

lags（p）	chi_2	df	Prob>chi_2
1	6.832	1	0.0090

由GARCH模型得到的数据见表15-20，可以得到两个新的回归方程：

$Y_t=1.014X_t+\varepsilon_t$

GARCH=0.826GARCH（-1）

其中，前者为GARCH模型确定的回归方程，后者为条件方差方程。

表 15-20 GARCH 模型（3）

变量	Coef.	Std. Err.	z-Statistic	Prob
X_t	1.014455	0.062896	16.12906	0.0000
_cons	-0.000426	0.000942	-0.452263	0.6511
Variance Equation				
_cons	3.38E-06	4.73E-06	0.715100	0.4745
RESID（-1）^2	0.162428	0.092949	1.747495	0.0806
GARCH（-1）	0.826414	0.104404	7.915542	0.0000

（5）可靠性评估。

OLS 模型调整后的 R^2 值为 0.6400，大于 0.5，P 值为 0，小于 0.05，因此方程的可靠性较高。

通过上述分析可以得出不同产品对不同套期保值周期的最优套期保值比率，见表 15-21 至表 15-23。

表 15-21 铝期货套期保值比率

铝期货	日度数据	周度数据	月度数据
相关系数	1.714	1.129	1.014
调整后的 R^2	0.839	0.909	0.640
P 值	0.000	0.000	0.000
套期保值比率	0.575	0.739	0.534

表 15-22 PVC 期货套期保值比率

PVC 期货	日度数据	周度数据	月度数据
相关系数	1.698	1.222	1.231
调整后的 R^2	0.840	0.843	0.850
P 值	0.000	0.000	0.000
套期保值比率	0.530	0.771	0.765

表 15-23　　　　　　　　棉花期货套期保值比率

棉花期货	日度数据	周度数据	月度数据
相关系数	0.666	1.698	1.225
调整后的R^2	0.318	0.842	0.843
P值	0.000	0.000	0.000
套期保值比率	1.501	0.588	0.769

以上数据均通过了与各个期货的月度数据相同的检验得到的结果。从表15-21至表15-23中可以看出，除了棉花的日度数据比较小外，其他数据的R^2值均大于0.5，P值均小于0.05，因此除了棉花的日度数据外，其他数据的可靠性都相对较高，能进行接下来的套期保值绩效分析。

15.7　套期保值影响因素的分析及对策

中小板企业套期保值的收益主要是通过套期保值绩效反映出来的，因此通过套期保值绩效能够分析时间、期货收益率和现货收益率的相关程度，以及行业因素对中小板企业套期保值的影响。

15.7.1　套期保值绩效的计算

通过之前建立的OLS模型和GARCH模型可以得到不同套期保值周期、不同套期保值产品的最优套期保值比率，为了得到最佳套期保值周期，接着要进行套期保值效果的检验，即套期保值绩效检验。套期保值绩效的公式为：

$$\phi=\frac{D(S)-D(H)}{D(S)} \tag{15-8}$$

其中，D（S）为现货价格的方差，D（H）为按上文中得到的套期保值比率确定的现货和期货组合对应的收益。

D（H）的公式为：

$$D(H)=D(S)+P^2D(F)-2PCov(S,F) \tag{15-9}$$

其中，D（F）为期货价格的方差，Cov（S，F）为期货资产和现货资产的协方差。

通过上述解法可以确定表15-24至表15-26中的数据：

表15-24　　铝套期保值绩效

铝期货	D（S）	D（F）	Cov（S，F）	D（H）	φ
日度数据	785162.0612	763698.8995	696508.1529	236469.3375	69.8827%
周度数据	53751949.71	48961078.88	49420648.82	7439801.547	86.1590%
月度数据	2402672672	2155550492	2220504813	135135246.3	94.3756%

表15-25　　PVC套期保值绩效

PVC期货	D（S）	D（F）	Cov（S，F）	D（H）	φ
日度数据	108682.0951	88069.64721	84857.17291	43461.02023	60.0108%
周度数据	35891771.87	31902068.1	31731942.9	5917763.457	83.5122%
月度数据	2018912168	1794491330	1784921788	337448915.6	83.2856%

表15-26　　棉花套期保值绩效

棉花期货	D（S）	D（F）	Cov（S，F）	D（H）	φ
日度数据	2917178.7	3148293.209	1983246.431	4390236.862	-50.4959%
周度数据	144659145.3	94698345.8	108449169.4	63127667.18	56.3610%
月度数据	1087198688	1353544676	1181601081	56260897.08	94.8251%

从表15-24至表15-26中得到的所有φ值，就是套期保值绩效。其中，棉花日度数据的拟合优度过低导致数据不够准确，因此排除该数据之后继续观察发现：

第一，按整体数据来看，棉花期货的月度数据得到的套期保值绩效为最大数（94.83%），棉花期货的日度数据得到的套期保值绩效为最小值（-50.50%）。

第二，按产品分门别类观察可以发现，套期保值绩效均在60%以上的有铝和PVC，而棉花的套期保值绩效最大值和最小值的差距比较大。按照期货周期分类观察可以发现，套期保值绩效随套期保值周期的延长而提高，说明套期保值周期越长按最优套期保值比率进行套保的收益越高。

第三，对未来数据进行计算，计算PVC日度数据在原数据时间顺延10天后的套期保值比率和套期保值绩效，得到PVC期货日度数据的预测套期保值绩效为60.01%，与原数据相差不大，证明了该套期保值绩效的准确性。

15.7.2 套期保值影响因素分析

通过对套期保值绩效和套期保值比率进行对比，得到中小板企业套期保值的影响因素，具体如下：

首先，期货和现货的相关关系。不同期货周期与产品的期货收益率和现货收益率相关系数越小，套期保值绩效越大，即相关系数和套期保值绩效负相关，见表15-27。

表15-27　相关系数和套期保值绩效

产品	相关系数	套期保值绩效
铝（月度）	1.014	0.943756281
棉花（月度）	1.249	0.948251504
PVC（月度）	1.714	0.832856069
铝（周度）	1.291	0.861590108
棉花（周度）	1.707	0.563610949
PVC（周度）	1.222	0.835122003
铝（日度）	1.231	0.698827351
棉花（日度）	0.666	-0.504959865
PVC（日度）	1.698	0.600108738

其次，时间因素。从套期保值周期来看，按月进行套期保值的绩效最高。由于得到的数据体现出套期保值绩效随周期的延长而提高，因此猜测按月、按季、按年的套期保值绩效也是递增的，在按最优套期保值比率进行套期保值时，收益随着套期保值周期的延长而增加。

最后，行业因素。从产品的不同种类来看，虽然并没有明显的特征，但是大致可以看出棉花的套期保值绩效相对较小，PVC和铝的套期保值绩效相对较大。目前，我国的支柱产业是工业，而工业的发展离不开加工业，这就是PVC期货和铝期货套期保值绩效较大的根本原因。相对而言，农业已经历了百年的发展，趋于饱和状态，因此棉花的套期保值绩效相对较小。

15.7.3 中小板企业套期保值对策

企业在进行套期保值之前应该首先对本身的情况有全面的了解，并且向管理者培训相关套期保值知识。在了解了不同产品对应的最优套期保值比率及周期之后，可以开始招聘相关人员并进行培训。

然后，可以开始套期保值的试用阶段。由于企业投资方式多样，因此在进行投资时可以按照适当的比例进行资金的分配。为了防止企业亏损甚至破产，首先应选取少量资产对套期保值进行试用。如果赚取资金比例达到企业规定的标准，那么企业就可以适当地分配大量的资金来进行套期保值。

在政策方面，政府应加强对中小板企业的政策支持。中小板企业作为我国最为重要的经济来源更应该得到重视，防止在将来的重大灾情后成为受害者。这次新型冠状病毒疫情导致了大量中小板企业的破产，甚至对我国经济产生了影响。虽然及时进行止损，但依旧需要取其精华去其糟粕，对中小板企业的支持政策进行进一步的加强与完善。

通过对套期保值绩效的计算得到了套期保值绩效与相关系数负相关，随期货周期延长而提高，农产品套期保值收益较低，工业产品收益较高等结论，为中小板企业套期保值的选择和评估提供了基础。提出了中小企业套期保值相关建议，企业可以对更多不同行业期货、不同期货周期的相关系数进行考察，通过这个规律选出最为合适的周期和产品，以及完成决策之前的准备工作和套期保值之后的评估工作等。

15.8 结论

在进行本章相关研究时，作者通过百度学术、知网等途径查阅了大量的文献，通过Wind、财经网等途径收集了所需的数据资料。

本章对不同行业的企业进行套期保值进行深入的研究之后，得到了进行套期保值的最优比率和对应的最优周期：

按照产品分类可以看出，就棉花期货而言，月度数据得到的绩效是所有样本数据中最高的，因此应该以月为周期进行套期保值，最优套期保值比率为0.769。其他两个行业的期货同样都是以月为周期进行套期保值才能达到收益最大化。

按照周期分类可以看出，套期保值绩效随期货收益率和现货收益率的相关系数增大而降低，随套期保值周期延长而提高。

综上所述，本章基于中小板企业重要的市场地位和套期保值的基本实现展开了研究，分析了不同产品、不同周期进行套期保值的最优套期保值比率和对应的套期保值绩效分析，依据OLS模型、GARCH模型等统计学相关方法对样本进行了考察，并为相关研究补充了实证研究证据。由于知识有限，并未对更多不同周期或者不同产品进行研究，也未对回归模型进行更多精确的检验。在数据层面上，由于中小板企业的数据较少，结果可能不够精确，理论与实践不能相互匹配，希望以后能有更多的学者对中小板企业套期保值的投资手段进行研究，为中小板企业投资开辟更多的发展路径，分析出更为准确、新颖的结论。

第16章

中国股票市场的系统性风险研究

16.1 引言

中国股票市场成立于1989年，起初仅是作为试点而建立。在改革开放的推动下，上海证券交易所和深圳证券交易所成立，并于1995年进行了全面的整顿，从此中国股票市场进入了发展期。

股票市场是“国民经济的晴雨表”。从政治形势变化到宏观经济政策的调整再到行业板块的周期波动，甚至是投资者的心理期望，都会引起股票市场的风险变化。因此，股票市场内存在较多的风险，并且类型十分繁杂，涵盖范围极广。

根据现代投资组合理论，股票市场的风险有两大类：系统性风险和非系统性风险。本章主要介绍系统性风险。

系统性风险，又称市场风险或不可分散风险，是一种由于普遍因素的变化而引起整体市场发生股价波动的风险。也就是说，系统性风险是由宏观经济政策、政治局势、国际环境、通货膨胀等因素的变化引起的，作用于全部股票，但对不同股票的影响程度有差异。从广义上来讲，发生系统性风险时基本所有的股票都会下跌，少则跌至30%～50%，多则跌至80%～90%，鲜有例外。单个股票和大盘之间具有联动性，并且这种联动性与系统性风险的程度呈正向相关，轻则产生国家金融体系的大幅度波动，重则导致全球金融危机。系统性风险通常发生在牛市后期，即将转熊的阶段，或者出现在熊市的中级反弹结束后，因此在这种整体市场发生波动的情况下，投资者很难通过多样的、不同的投资组合将系统性风险完全分散，只能通过防范来减少损失。

近些年，我国的金融市场开放程度不断提高，因此导致了股票市场的复杂程度也在不断提高。我国股票市场的特点是证券公司发展模式较为单一、市场的投机性比较强、市场内散户较多，这意味着我国股票市场的波动性会比较大，而且股票的价格很大程度上会受市场整体变化的影响。在这种背景下，系统性风险持续累积，并处在一个较高的位置。系统性风险的爆发既会影响整个股票市场的整体稳定性，又会影响其他市场甚至是国家的实体经济。因此，分析和研究股票市场的系统性风险对于整个股票市场的稳定性乃至国民经济的健康发展至关重要。

16.2 文献综述

16.2.1 国内外文献综述

通过阅读文献发现，国内学者在研究我国股票市场的系统性风险时，分析视角多样，范围从全球股票市场到本国股票市场的行业板块再到其他市场，如股指期货市场,采用了多种模型来量化系统性风险。

在全球市场层面，熊熊、张珂和周欣（2015）采用了Adian和Brunnermeier（2008）提出的CoVaR模型分析了各国股票市场自2005年起对我国股票市场系统性风险的贡献和风险的传导规律。与VaR模型相比，CoVaR模型考虑了风险溢出效应。本书认为受地理因素和文化因素等影响，相较于欧美地区，亚洲的股票市场对我国影响较大。同时，风险从传递到显现再到消退需要时间，不具有即时性。刘海云和吕龙（2018）则使用因子多元随机波动模型（MSV）和社会网格法，以40个全球股票市场作为样本，对风险溢出价值及特征进行研究，寻找我国股票市场系统性风险与国际上其他股票市场的关联。本书认为风险溢出程度与国家开放程度、发达程度相关，发展中国家正在遭受外部的风险溢出。全基哲（2014）采用了β值系数法，样本为上证50，通过β值的变化趋势来反映系统性风险的占比，对中外股票市场进行系统性风险程度对比,得出我国股票市场系统性风险在逐年降低，但仍远高于外国成熟市场的结论。

在行业板块层面，张雨和王资燕（2021）采用了基于分位数的CoVaR模型，选取4个宏观经济变量，分析单个行业发生极端风险时对整个股票市场的系统性风险的影响，发现信息技术行业、原材料行业、电信行业的系统性风险贡献较大。李金龙（2019）通过解析CoVaR模型分析了系统性风险敞口度量，这也是较传统VaR模型相比，解析CoVaR模型的优势所在。本书研究了16家上市公司的CoVaR值，得出证券行业的系统性风险与企业规模正相关的结论。张卫东（2009）采用周收益率来计算深圳证券交易所的21个不同行业的β系数，发现采掘行业、建筑行业、金属行业、金融行业、传播行业风险较大，并通过这些行业的相关系数γ测量了行业与市场的相关程度。朱红伟（2007）通过预测β系数来衡量股票行业的系统性风险，分别使用了三种不同时变的资本资产定价模型进行比较分析。本书认为我国股票市场普遍存在时变β系数，在预测应用中，非参数模型的误差最小。杨慧（2010）运用GARCH-M模型对深圳交易市场不同行业的时变β系数进行测算，得出传播行业、建筑行业、金融保险行业等风险较大，运输仓储行业风险最小的结论。胡颖毅（2016）采用了滚动窗口式的主成分分析法分析系统性风险的动态变化，研究了我国股票市场第一、第二、第三产业中8个代表性行业的关联程度和单个行业对我国股票市场系统性风险的贡献度，得出了系统性风险总体下降，并与股票指数呈负相关关系的结论。Yipeng Ye（2017）使用CAPM模型虚拟变量测试β系数的稳定性，并对β系数的稳定性与市场、行业、市场规模之间的关系进行了研究。Yixian Liu（2016）采用CoVaR模型度量我国金融市场的动态系统性风险，将金融市场分为银行和非银行部门，通过对各部门的市值进行梳理，计算风险价值。其中，安全的非银行部门包括保险机构和多元化金融机构。Fei Wu（2019）采用了边际预期差额法（MES）和成分预期损失法（CES）得出金融行业、工业和能源行业对系统性风险贡献度最大的结论。

在个股和投资层面，肖敬红、闻岳春和刘畅（2013）根据β系数，以上海A股市场26只股票作为样本，通过计算个股回报率与市场回报率的相关系数的平均值，得出市场系统性风险和非系统风险的比例，并与发达国家市场的系统性风险占比进行对比，得出个股变动与市场变动几乎保持一致，且与发达国家的成熟市场相比，上海A股市场风险更高的结论。王红卫（2014）认为，β系数具有不稳定性和时变的特征，依据小波分析理论中的多尺度分析方法，将收益率数据分解，在不同的时间尺度上估计β系数，这样β系数的估计结果将更为准确，得出股价及其波动性会随投资组合的规模变大而趋于稳定的结论。Lev（1974）分别选取了75家电力行业公司、21家钢铁行业公司和26家石油行业公司作为样本，研究公司经营杠杆与β系数的关系，得出经营杠杆与β系数显著正相关的结论。Carl Chen（1982）建立了一个因素模型对公用事业企业的β系数和几种影响因素的相关性进行了时间序列分析，包括微观指标和宏观指标，得出国内生产总值对β系数有较大影响的结论。Bildersee（1975）对纽约证券市场中的71家制造业、零售业的公司进行了研究，提出了6个与系统性风险相关的会计变量，并建立了多元回归模型。

在其他市场层面，刘成立和王朝晖（2017）采用了VaR模型、分位数回归法和滚动窗口法对处于不同股票市场阶段的股指期货风险的预警作用进行了分析，研究发现不论处于哪种阶段，股指期货市场和股票市场风险之间都会存在格兰杰因果关系。

16.2.2 文献评述

通过整理文献发现，国内多数学者在研究我国股票市场和行业板块的系统性风险时均会选择CoVaR模型和β系数进行度量和分析。总体而言，影响我国股票市场系统性风险的因素是多样的，发达国家的股票市场和我国的行业板块，甚至其他市场都会对我国股票市场的系统性风险产生作用。系统性风险无法完全避免，但可以通过不同投资组合来降低风险。在行业研究层面，学者们普遍认为传播行业、金融行业、建筑行业对整体市场的系统性风险的贡献更高。

显然，现有文献基本上都是间接描述股票市场的系统性风险，这种分析具有一定的价值和意义，但是直接从股票市场内部分析其系统性风险更加准确，本章将试图从各个行业的系统性风险中寻找出整个市场的系统性风险。

16.3 中国股票市场系统性风险的定性分析

16.3.1 中国股票市场风险的形成

股票市场的风险来源既有内部因素又有外部因素，其中多数的系统性风险由外部因素导致，如政治风险、通货膨胀风险、汇率风险等。

我国的股票市场是在社会主义公有制经济背景下形成的，在20世纪80年代，大量的国企面临经营瓶颈，过高的资产负债率、传统的治理理念、不严谨的资产结构使得企业不断亏损、风险不断增加。在整体风险累加的背景下，国有企业开始进行改革，其中对经济特区进行的股份制改革取得了较为理想的成果。在20世纪90年代，股票市场交易所成立，巨大的投资利益刺激了越来越多的投资者加入股票市场，股份制改革也迎来了一个高峰，此时作为试点而建立的股票市场还不够成熟，出现了时间跨度较长的极端波动情况。随后，股票市场的制度建设逐渐规范，并且能够逐渐适应我国自身的发展规律。时至今日，虽然我国的股票市场较成立初期更为规范，但也存在散户多、投机性高的特点。郑长德和肖凡平（2004）认为在20世纪80年代和90年代股票市场的本质是为了解决国有企业的困境。在这一时期，一些出现业绩问题的国有企业通过上市来解决经营困境，再加上待上市公司与监管部门之间存在信息差，使得我国股票市场的整体企业质量不断下降，出现了“柠檬化”趋势。大部分投资者购买低质企业股票进行投机，加之基金的不断进入，形成了我国股票市场最初的较高的系统性风险，也为后续发展中的高系统性风险埋下了伏笔。

16.3.2 中国股票市场系统性风险的成因

（1）宏观经济指标及政策。

宏观经济是指国民的经济总体及其经济活动和运行状态。比如，国家的总供给与总需求、国家的经济总值及增长速度、国家经济中主要组成部分与比例、物价水平等。

国内生产总值（GDP）和股票市场均可以反映一个国家整体的经济状况，二者之间势必会有一定的关联。当国内生产总值增长时，上市公司及各类产业的总体利润和效益水平都会随之提高，同时股票价格的上涨也会带来股息的增加。但是，过快的增长又会导致通货膨胀，此时政府就会介入，采取一些宏观调控政策；反之，当国内生产总值下降时，表明市场环境低迷，也会对股票市场产生负面影响。根据中国人民银行调查统计司的公开数据，2015—2020年上证指数和国内生产总值的变化关系如图16-1所示。

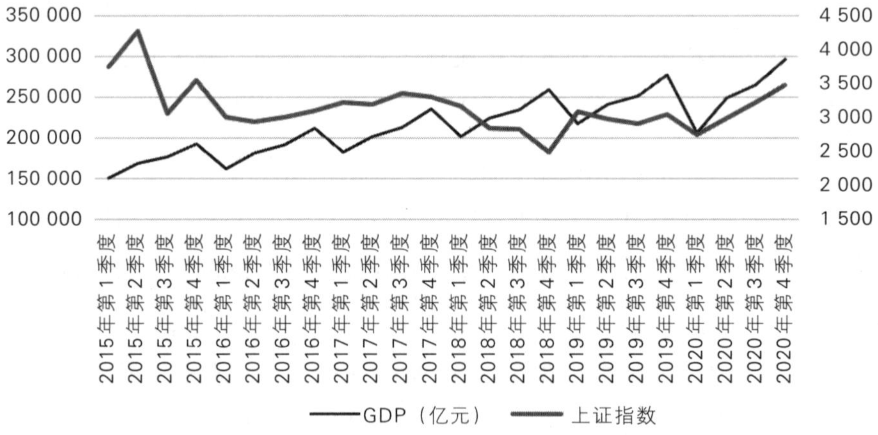

图16-1　上证指数和国内生产总值的变化关系

从图16-1中可以看出，在部分时段上证指数和国内生产总值的变化趋势是一致的，如2015年下半年、2016年、2019年下半年、2020年，但也有部分时段二者的变化趋势是完全相反的，如2018年、2019年上半年。通货膨胀对股票市场的作用既有正向的作用也有负向的作用。在通货膨胀初期，部分商品价格会出现一定程度的上涨，这会刺激生产和消费，增加企业的净利润，从而促使股票价格上涨。但长期的、恶性的通货膨胀会使得利率上涨、生产成本增加，投资者和消费者的消费意愿大幅度下降，影响经济，从而促使股价下跌。

在宏观经济指标中，货币政策这一因素也不可忽视。中央银行会控制市场中流动的货币总量。当大量资金流入市场时，会促进企业的发展，从而增加企业的业绩使得利润上涨，因而股价也会适当提升。当部分资金流入股票市场时，随着流通货币总量的增加，整体市值也会有所增长；反之，当中央银行回收部分货币时，随着流通货币总量的减少，整体市值也会有所下跌。根据中国人民银行调查统计司的公开数据，2015—2020年上证指数和货币供应量的变化关系如图16-2所示。

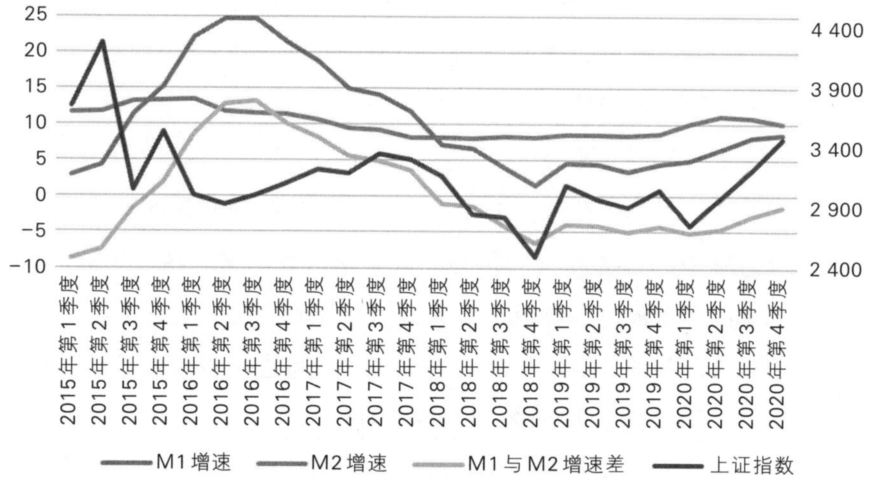

图16-2　上证指数和货币供应量的变化关系

从图16-2中可以看出，货币供应量的数据与上证指数呈现一定的相关性，其中M1与M2增速差相关性最显著，M1与M2增速差与上证指数的变化趋势部分一致，如2015年下半年、2017年、2018年、2019年。

股息贴现模型以适当的贴现率将股票未来派发的股息折算为现值，以评估股票的价值。其基本函数公式如下：

$$V = \frac{D_1}{(1+y)} + \frac{D_2}{(1+y)^2} + \frac{D_3}{(1+y)^3} + \cdots = \sum_{t=1}^{\infty}\frac{D_t}{(1+y)^t} \qquad (16-1)$$

式（16-1）中的V表示股票的内在价值，D_t表示股票第t期预计支付的股息和红利，y表示贴现率。股票的内在价值是股价变化的根本原因。在宏观经济指标中，利率波动会导致货币供应量发生改变，而货币供应量的改变又会导致股票市场的需求发生改变，供需变化会直接影响股票价格。对投资者而言，当利率上调时，股票的内在价值就会减少，投资者购买股票的需求就会降低，对银行存款的需求就会增加，从而导致股价下降；对企业而言，当利率上调时，就会增加企业的借贷成本，企业获得资金的难度随之上升，为了保证和维持经营运转，企业会缩小生产规模，从而导致利润降低、股价下降；相反，当利率下调时，股价会上涨。但也不乏出现特殊情况，如在极端牛市或者熊市行情下，股票市场对利率调整就不敏感。

（2）遭受外部的风险溢出。

我国股票市场的风险来源非常广泛，在全球范围内我国属于贸易大国，这就意味着与外界频繁的贸易往来会增大我国遭受风险的可能性，全球市场上的股票波动可能通过贸易渠道传导到我国的股票市场，再加上近年来越来越多的企业在境外市场上市，这也进一步增大了我国股票市场遭受发达国家股票市场溢出风险的可能性。

参照刘海云和吕龙（2018）的理论，根据金融开放程度与经济发展状况，将全球各国股票市场分为3类经济体，即开放的发达国家、开放的发展中国家、封闭的发展中国家。依据这种分类方法，我国股票市场属于封闭的发展中国家。

因为相比于发达国家，发展中国家具有更高的股票回报率，所以发展中国家一直是国际资本的重要目的地。由于市场起步相对较晚、交易制度尚不健全，发展中国家金融市场的风险水平也更高。在风险溢出方面，发达国家的风险溢出水平远高于发展中国家，且这种溢出水平与开放程度呈正相关关系，因此在风险溢出方面，相比于发达国家，发展中国家更容易遭受外部风险，且外部风险与封闭程度呈负相关关系。

在2008年金融危机时，全球股票市场出现了风险溢出的高峰，根据刘海云和吕龙（2018）的研究，我国股票市场对七国集团的平均风险溢出水平为1.86。我国股票市场在遭受外部市场的风险溢出时具有区域性，亚洲的金融市场对我国股票市场影响更大，因为亚洲市场在信息的传导与影响上更为快捷。

（3）投资者结构。

我国股票市场一直以来具有散户多、投机性高的特点，图16-3、图16-4分别展示了A股投资者结构和A股投资者持股结构。

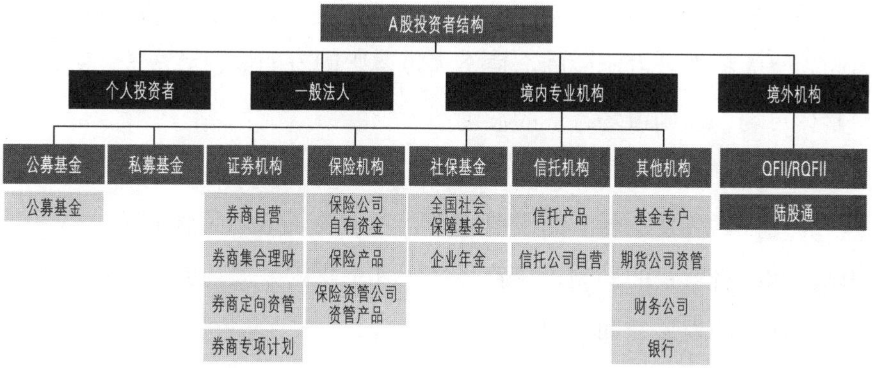

图16-3　A股投资者结构

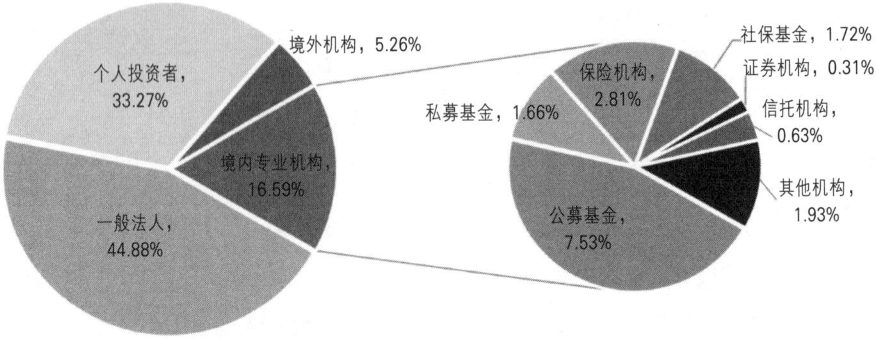

图16-4　A股投资者持股结构

截至2021年第1季度，在流通市值口径下，A股投资者机构测算得到：一般法人持股占比最高，为44.88%；个人投资者次之，为33.27%；外资持股占比为5.26%；境内专业机构持股占比为16.59%。

对股票市场的投资者而言，专业机构投资者具有更充足的市场信息资源，具备更强的数据处理能力，而个人投资者既不具备过硬的专业知识，又不具备丰富的信息，他们会因信息不对称而造成依赖行为，即过度依赖政策消息或由政策消息衍生出的炒作信息，部分投资者还会盲目相信一些“股票市场专家”，跟随他们进行交易，导致投资出现亏损。因此，个人投资者占比较高会使个人投资者固有的问题被放大，进而影响整体市场，加剧市场行情的波动。

（4）制度不完善。

相比于西方发达国家的股票市场，我国股票市场明显不够成熟，受到国情和经济背景的影响，尽管经过了几十年的发展与完善，但仍然有进一步优化的发展空间。

一方面，相比于美国股票市场对上市公司退市要求的高效管理，我国股票市场的退市制度则显得相对宽松，存在的问题是“上市容易退市难”。针对这一问题，我国政府采取了以下措施：1994年，初步搭建了退市标准，但由于股票市场建立初期的定位是解决国有企业的困境，因此退市制度并没有产生实质性的作用；2001年退市制度启动，对连续3年亏损的上市公司的后续去向制定了标准；2006年，配合证券法修订，明确规定了终止上市条件；2012年，制定面值退市标准；2014年，健全主动退市制度，明确实施重大违法强制退市制度；2018年，完善重大违法强制退市制度；2021年，出台了退市新规，旨在加强对资本市场的监管，保护投资者合法权益，促进市场健康发展。

另一方面，我国股票市场的T+1交易制度也在一定程度上限制了市场的流动性。T+1交易制度是基于我国股票市场的特点而建立的，本意是防止过度投机，从而更好地保护投资者的利益。但它也产生了一定的副作用，如减少了市场的流动性，投资者无法根据市场的实时变化进行仓位调整，对投资者规避休市期的风险造成阻碍等。

16.4　β系数的计算与分析

16.4.1　β系数法原理概述

β系数（beta coefficient）属于一种风险指数，用来评估证券市场系统性风险。它起源于资本资产定价模型（CAPM），是由美国学者William Sharpe、John Lintner、Jack Treynor和Jan Mossin于1964年在资产组合理论和资本市场理论的基础上发展起来的，它的真实含义就是特定资产（或资产组合）的系统风险度量。根据资本资产定价模型，其具体公式如下：

$$R_\alpha = R_f + \beta_\alpha(R_m - R_f) \tag{16-2}$$

在CAPM模型中，β系数是反映证券市场对市场组合变动程度的指标，也是衡量单个资产风险的适当标准，反映了单个投资对象对整个股票市场的表现情况。一般由资产和市场组合的收益率线性关系来确定，通过这种线性关系反映市场风险，但β系数的大小并不绝对代表证券价格波动的大小。即使β系数等于0也不代表证券市场无风险，而有可能是证券价格波动与市场价格波动无关，但如果证券市场没有任何风险，那么β系数值就一定为0。也就是说，β系数为0是证券市场无风险的必要条件。

根据投资理论，整体证券市场的β系数本身为1。某单个资产的β系数等于1，表示风险收益率与市场组合平均风险收益率呈同比例变化，风险情况与市场组合风险情况一致；β系数大于1，表示风险收益率高于市场组合平均风险收益率，风险情况大于市场组合风险情况；β系数小于1，表示风险收益率小于市场组合平均风险收益率，风险情况小于市场组合风险情况。

本章将采用目前最为普遍的回归法进行β系数的计算。回归法使用股票的投资回报率和整体市场的指数回报率进行回归估计，得到β系数值。

16.4.2 样本的选取及说明

本章的研究时段选取2015年1月5日至2020年12月31日共1 455个自然交易日，采用申银万国编制的行业指数作为我国行业股票价格指数，采用沪深300指数作为我国股票市场价格指数来计算β系数。

申银万国系列指数以流通股本加权，成分股选取范围为沪深证券交易所上市公司的A股股票。申银万国行业分类主要以上市公司最近2年的主营业务收入和主营业务利润的构成为依据来决定公司属于哪个行业，当主营业务收入和主营业务利润比例不一致时，以利润指标为准，分类更接近实际交易市场。该指数将行业分为基础化工业、钢铁业、有色金属业、轻工制造业、房地产业、银行业、非银金融业等28类，由于采掘业缺少2018年至2020年的公开数据，因此本章只对其他27个行业进行研究。

沪深300指数是在进一步借鉴国际指数编制技术的基础上形成的成果，剔除了暂停上市股票、ST股票以及经营状况异常或财务报告严重亏损的股票和股价波动较大、市场表现明显受到操纵的股票，选取规模大、流动性好、最具代表性的300只股票，以综合反映沪深A股市场的整体表现，具有表征市场股票价格波动情况的价格揭示功能。

我们在计算β系数时，采用日收益率来计算，用本日收盘价减去上一日收盘价得到收盘价差值，再用得到的差值除以上一日的收盘价得到行业的日收益率。27个行业指数，1 455个自然交易日，共计39 285个收盘价数据。利用Excel表格，以季度为单位，计算27个行业在研究时段内24个季度的季度β系数，最终得到648个β系数的季度数据。同理，可得β系数的年度数据。

16.4.3 数据处理

根据网上的公开数据，对27个行业进行2015—2020年的日收益率计算，随后进行回归分析，分别得到27个行业在该研究时段内在置信度为的条件下以季度为单位和以年度为单位的β系数。其中，以季度为单位的β系数将用于后续的回归分析。

对2015—2020年27个行业每年的β系数求平均值，得到整体市场β系数在该研究时段内的变化，折线图如图16-5所示。

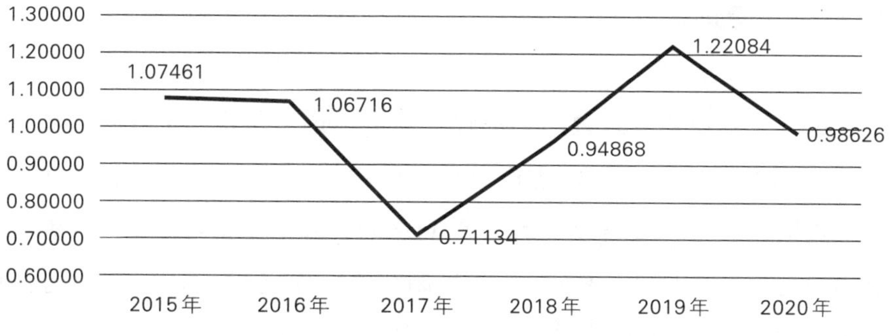

图16-5　2015—2020年股票市场β系数的均值变化

16.4.4 计算结果分析

（1）行业系统性风险。

在2017年，行业的β系数普遍偏低，仅有3个行业的β系数大于1；

在2019年，行业的β系数普遍偏高，仅有3个行业的β系数小于1。其中，非银金融业在研究时段内每年的β系数均大于1.2，处在较高位置，系统性风险较大；银行业在研究时段内每年的β系数均小于0.9，处在较低位置，系统性风险较小。

（2）中国股票市场系统性风险趋势。

从图16-5中可以看出，2015—2020年股票市场β系数平均值呈现一定波动。其中，2019年股票市场β系数平均值达到最高，为1.22048，2017年股票市场β系数平均值最低，为0.71134。2015—2017年β系数平均值呈现下降趋势，随后在2018年有所上升，在2019年达到最高位后转而下降。综上所述，2015年的股灾和2020年的新型冠状病毒疫情均对我国股票市场系统性风险造成了较大的影响。

16.5 中国股票市场系统性风险的影响因素分析

基于27个行业风险系数的数据，将从M2、CPI、GDP和R四个角度，实证检验我国股票市场系统性风险的影响因素。

16.5.1 变量选取与分析

（1）变量选取。

选取行业季度β系数作为被解释变量；选取货币与准货币（M2）、消费者指数（CPI）、国内生产总值（GDP）与利率（R）作为解释变量；选取政府债务与财政收入比率（Deta）、外汇储备同比增速（Wh）、进出口总值同比增速（Exp）作为控制变量，建立OLS模型来分析我国股票市场系统性风险的影响因素。实证研究的3类变量及其说明见表16-1。

表 16-1　　变量选取说明

变量类型	变量指标	变量代码
被解释变量	行业季度β系数	β
解释变量	货币与准货币	M2
	消费者指数	CPI
	国内生产总值	GDP
	利率	R
控制变量	政府债务与财政收入比率	Deta
	外汇储备同比增速	Wh
	进出口总值同比增速	Exp

（2）模型设定。

实证研究主要考察我国股票市场系统性风险的影响，因此设定模型如下：

$$\beta_{it} = \beta_0 + \beta_1 M2_{it} + \beta_2 CPI_{it} + \beta_3 GDP_{it} + \beta_4 R_{it} + \beta_x \sum Control_{it} + \varepsilon_{it} \tag{16-3}$$

其中，B_{it}表示第i个行业t年的行业风险系数，$M2_{it}$、CPI_{it}、GDP_{it}和R_{it}分别表示在第i个行业t年的货币与准货币、消费者指数、国内生产总值和利率，β_x表示被解释变量对各控制变量的反应系数，ε_{it}表示随机干扰项。

（3）描述性统计。

通过Excel和Stata软件对样本数据进行描述性统计，见表16-2。

表 16-2　　描述性统计

变量	样本数	平均数	标准差	最小值	最大值
β	648	0.971	0.242	0.277	1.954
M2	648	10.22	1.723	8.00	13.40
CPI	648	102.20	0.848	101.20	104.90
GDP	648	11.83	0.199	11.38	12.17
R	648	1.622	0.828	0.251	4.066
Wh	648	-3.493	5.606	-13.87	4.444
Deta	648	0.833	0.219	0.581	1.454
Exp	648	2.587	9.018	-13.80	18.20

表16-2展示了2015—2020年24个季度中我国股票市场27个行业的β系数以及各项宏观数据情况，可以得出以下结论：

在27个行业的风险系数中，最大值为1.954，最小值为0.277，最大值与最小值差距较大，说明近几年行业间存在异质性问题，行业发展各不相同。货币与准货币、消费者指数、国内生产总值与利率作为解释变量，平均值分别为10.22、102.20、11.83和1.622，标准差分别为1.723、0.848、0.199和0.828，说明近几年我国股票市场在宏观经济层面波动平稳。外汇储备同比增速、政府债务与财政收入比率、进出口总值同比增速作为控制变量，最大值分别为4.444、1.454和18.20，最小值分别为-13.87、0.581和-13.80，标准差为5.606、0.219和9.018，说明近几年我国在债务、进出口贸易方面存在较大波动，而外汇波动较为平稳。

（4）相关性分析。

本章包含1个被解释变量、4个解释变量和3个控制变量。为了避免变量之间可能存在多重共线性问题，保证实证结果的准确性和科学性，首先通过计算各个变量之间的Pearson相关系数，判断各变量之间的关系。由表16-3可知解释变量M2、CPI、R均与β系数存在显著相关关系，且显著性在1%以上，说明可进行回归分析。

表16-3　　　　相关性分析

变量	β	M2	CPI	GDP	R	Wh	Deta	Exp
β								
M2	0.192***							
CPI	0.110***	-0.105***						
GDP	-0.0210	-0.584***	0.591***					
R	-0.115***	0.675***	-0.290***	-0.582***				
Wh	-0.290***	-0.810***	0.356***	0.695***	-0.399***			
Deta	-0.091**	-0.207***	0.364***	0.780***	-0.130***	0.457***		
Exp	-0.067*	-0.413***	0.0140	0.413***	-0.190***	0.467***	0.246***	

16.5.2 回归分析

本章通过建立OLS模型来分析中国股票市场系统性风险的影响，具体实证结果见表16-4。

表16-4　　全样本回归

变量	(1)	(2)	(3)	(4)	(5)
	β	β	β	β	β
M2	-0.022^{*}				0.010
	(0.009)				(0.014)
CPI		0.078^{***}			0.040^{**}
		(0.012)			(0.015)
GDP			0.766^{***}		0.362^{*}
			(0.097)		(0.170)
R				-0.082^{***}	-0.047^{*}
				(0.012)	(0.022)
Wh	-0.021^{***}	-0.019^{***}	-0.026^{***}	-0.020^{***}	-0.023^{***}
	(0.003)	(0.002)	(0.003)	(0.002)	(0.004)
Exp	0.002	0.004^{**}	0.001	0.002^{*}	0.002^{*}
	(0.001)	(0.001)	(0.001)	(0.001)	(0.001)
Deta	0.090^{*}	−0.026	-0.350^{***}	0.074	−0.182
	(0.043)	(0.042)	(0.065)	(0.041)	(0.098)
_cons	1.042^{***}	-7.089^{***}	-7.889^{***}	0.965^{***}	-7.312^{***}
	(0.078)	(1.253)	(1.113)	(0.039)	(1.734)
N	648.000	648.000	648.000	648.000	648.000
r2	0.100	0.151	0.187	0.157	0.201
r2_a	0.094	0.146	0.182	0.152	0.193
F	15.247	21.958	24.670	23.300	16.664

注：括号内的数据为稳健性误差，*、**、***分别表示在1%、5%、10%的水平上显著。

通过OLS模型分析货币与准货币、消费者指数、国内生产总值与利率对我国股票市场系统性风险的影响，从回归结果来看4个模型的整体拟合优度相对来说是比较好的，被解释变量由解释变量来解释，具体得出以下结论：

（1）货币与准货币会对股票市场系统性风险产生负向影响。

在模型（1）中，货币与准货币的β系数为-0.022，货币与准货币的增加会使股票市场系统性风险降低。

（2）消费者指数会对股票市场系统性风险产生正向影响。

在模型（2）中，消费者指数的β系数为0.078，消费者指数的提高会使股票市场系统性风险上升。

（3）国内生产总值会对股票市场系统性风险产生正向影响。

在模型（3）中，国内生产总值的β系数为0.766，国内生产总值的增加会使股票市场系统性风险上升。

（4）利率会对股票市场系统性风险产生负向影响。

在模型（4）中，利率的β系数为-0.082，利率的提高会使股票市场系统性风险降低。

16.5.3 稳定性检验

为了验证回归性结果的稳定性，我们决定采用缩小样本法，剔除2019年和2020年的数据，再对变量进行回归分析，验证回归结果是否具有差异性。其中，模型（6）对应模型（1），模型（7）对应模型（2），模型（8）对应模型（3），模型（9）对应模型（4），模型（10）对应模型（5），见表16-5。

表16-5 稳健性检验

变量	(6)	(7)	(8)	(9)	(10)
	β	β	β	β	β
M2	-0.107***				-0.029
	(0.019)				(0.024)
CPI		0.270***			0.074
		(0.033)			(0.038)

续表

变量	(6)	(7)	(8)	(9)	(10)
	β	β	β	β	β
GDP			1.144***		0.082
			(0.155)		(0.246)
R				-0.193***	-0.134***
				(0.023)	(0.030)
Wh	-0.049***	-0.021***	-0.027***	-0.022***	-0.030***
	(0.006)	(0.002)	(0.003)	(0.002)	(0.006)
Exp	0.001	0.005***	-0.003	-0.002	-0.002
	(0.002)	(0.001)	(0.002)	(0.001)	(0.002)
Deta	-0.291**	-0.219**	-0.922***	-0.543***	-0.568***
	(0.096)	(0.076)	(0.144)	(0.095)	(0.148)
_cons	2.048***	-26.415***	-11.895***	1.621***	-6.727
	(0.228)	(3.348)	(1.733)	(0.105)	(4.575)
N	432.000	432.000	432.000	432.000	432.000
r2	0.257	0.302	0.299	0.336	0.349
r2_a	0.250	0.296	0.292	0.330	0.338
F	24.271	31.315	29.577	33.363	20.698

注：括号内的数据为稳健性误差，*、**、***分别表示在1%、5%、10%的水平上显著。

通过对缩小的样本进行稳定性检验，得出在模型（6）中货币与准货币的β系数为-0.107，对应模型（1）中货币与准货币的β系数为-0.022；在模型（7）中消费者指数的β系数为0.270，对应模型（2）中消费者指数的β系数为0.078；在模型（8）中国内生产总值的β系数为1.144，对应模型（3）中国内生产总值的β系数为0.766。在模型（9）中利率的β系数为-0.193，对应模型（4）中利率的β系数为

-0.082。在模型（10）中所有变量回归结果和模型（5）中变量系数一一对应。5个模型的β系数符号均未发生变化且数值差异不大，从控制变量的回归结果来看，表明拟合程度进一步提高了。综上所述，可知模型（1）至模型（5）的回归结果是稳定的。

16.6 结论与讨论

通过本章的研究，我们可以得出以下结论：

（1）系统性风险的影响因素较为多元化，包括宏观经济、政策调整、周边地区和发达国家股票市场风险溢出效应、个人投资者在投资者结构中的占比和市场制度等影响因素。

（2）从全行业来看，2015年和2019年的系统性风险偏高，说明2015年的股灾和2020年的新型冠状病毒疫情均对我国股票市场的系统性风险造成了一定的影响。

（3）通过OLS模型进行分析，在宏观经济指标中，货币与准货币（M2）、利率（R）与我国股票市场系统性风险呈负相关，消费者指数（CPI）、国内生产总值（GDP）与我国股票市场系统性风险呈正相关。其中，国内生产总值与我国股票市场系统性风险的相关性最大，β系数为0.766。

国内生产总值对我国股票市场系统性风险的影响是肯定的。一般认为，国内生产总值的增加能够降低股票市场系统性风险。国内生产总值的变化（无论增加还是减少）会影响投资者对我国经济增长的看法，而股票市场上的企业大多是经济增长的主力军，因此国内生产总值的变化必然影响股票市场系统性风险。

第17章

中小投资者投资中国股票市场问题研究

17.1 研究背景及意义

17.1.1 研究背景

在经济的不断发展过程中，我国股票市场发展迅速，短短几十年就已形成了很大的规模。据统计，在1990年沪、深证券交易所刚建立的时候，总共有13家上市公司，价值为10.7亿元人民币，然而在2017年A股总市值就超过了80万亿元人民币，如图17-1所示。我国股票市场有着飞速的发展历程，并且展现出了巨大的潜力。

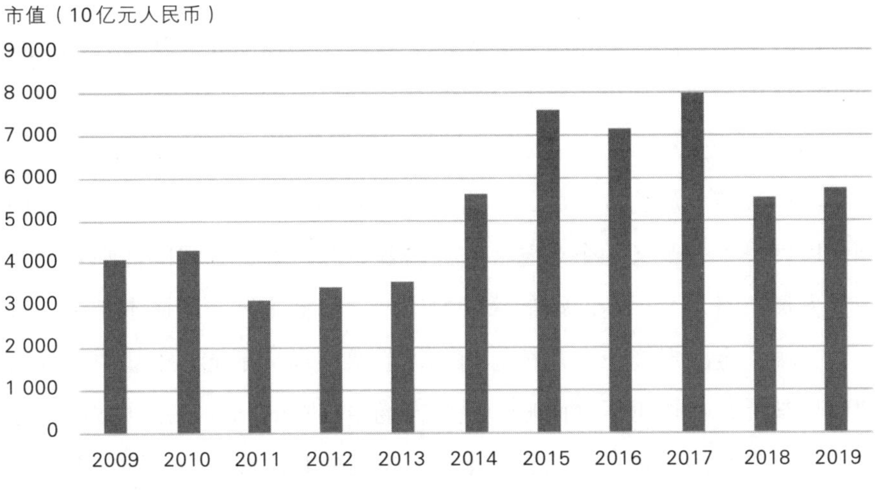

资料来源：深交所市场统计年鉴（2019）。

图17-1　中国股票市场市值

但是我国的股票市场也存在许多问题，如“政策市”、“消息市”、股指波动频繁和投机氛围浓厚。这些问题和我国市场本身的约束与缺陷是密切相关的。中小投资者作为股票市场的重要参与者，深受这些问题的困扰。随着人民生活水平的日益提高，中小投资者手里的闲散资金越来越多，在满足日常消费外，还进行储蓄、投资等。在投资股票市场的过程中，中小投资者扮演着重要的角色，他们的资金是全社会闲散资金的重要来源，不仅如此，还影响着资源的优化配置和股票市场的进一步发展。因此，中小投资者在投资股票市场时遇到的问题，能够反映我国股票市场中切实存在的问题。本书从中小投资者的角度出发，找到我国股票市场中存在的问题，并对其提出建议，使股票市场对中小投资者的利益进行更深层次的保护，以打通股票市场，使社会上的闲散资金充分流动起来，有利于促进经济社会的进一步繁荣发展。

17.1.2 研究意义

股份公司想要在较短时间内完成资本累积，就必然通过股票市场。在我国股票市场中，中小投资者拥有的社会闲散资金是上市公司极其重要的资金来源，因此中小投资者在股票市场中的身份是无法替代的，在历史的发展长河中作出了巨大的贡献。

（1）理论意义。

我国改革开放的过程中，不断有新的问题产生，中国共产党领导中国人民解决了一个又一个难题。在经济建设的过程中，我国面临着如何提高发展质量，而不是一味追求发展速度，降低生产交易成本等重大难题。其中，金融市场扮演着核心角色，股票市场又是金融市场中尤为重要的一部分，其作用不言而喻，股票市场中存在的问题正是属于经济建设中不可忽视的问题，因此从这个角度来研究我国股票市场的问题，对我国经济社会的发展有着深远的意义。

（2）现实意义。

随着人民物质生活水平的日益提高，很多居民在满足日常开销外，还有很多富余的资金，股票市场的作用便是把这些富余的资金集中起来，并转化为有效投资。股票市场的核心功能便是资源的优化配置，当股票市场发挥好这个核心功能时，各方参与者可以在股票市场中参与资源优化配置。其中，参与者们对股票市场的信心是极其重要的，没有他们的信心股票市场难以实现长期稳定的可持续发展局面。因此，无论是融资者还是管理者，保证和保持股票市场资金的使用效率，就成为股票市场能否持续发展的关键因素。只有在股票市场可持续发展的条件下，才能保证国民经济持续健康发展所需的建设资金。

17.2 文献综述

17.2.1 中小投资者投资的现状和问题

奈特在《风险、不确定性与利润》一书中对投资作出了自己的判断，他把投资分为确定性、不确定性和风险性投资。确定性是指无疑且真实无误。风险是指知道未来哪些事件可能会发生，也知道这些事件发生的概率，但不知道具体哪个事件会发生。人们对这些事件发生概率的判断几乎很少涉及科学的方法，很多时候都是以自己对过去事件总结出的经验来判断概率，也可以说是主观臆测。不确定性是指知道哪些事件会发生，但不清楚事件发生的概率。这个时候如果将主观臆测得出的概率加进去，即人为地赋予每种状态的发生概率，那么风险与不确定性的界限便不清晰。这里可以发现一个明显的问题，奈特给出的风险定义强调的是事件的不确定性，而这种不确定性是向好的方向还是向坏的方向发展，就无从证实了（陈征，2006）。

考特尼等(1997)对不确定性有不同的划分，并对在相应情况下如何进行选择也做了说明。他们认为不确定性可分为4个层次：清晰明确的前景、拥有几种可能的前景、具有一定变化范围的前景和不明确的前景。在不同的层次上，投资者的反应水平都是不同的，因此对策略的选择也不同。我国股票市场的不确定性可划归为不明确的前景这个层次。对于这个层次下的股票市场，如何去面对它，不同的投资者的看法和行动是不同的。对中小投资者来说，他们是市场的适应者，处于劣势地位，如果他们想在股票市场上获利，则应该有自己的战略选择。对机构投资者来说，他们拥有更多的信息和资源，面对不明确的前景，他们判断形势的依据会更多。

戴晓风等（2003）和一些资深学者都认为，我国股票市场是一个弱势有效的资本市场，很多人获得的信息不同。由于投资者的自身素质不同，对不同的信息作出的反应也不尽相同，可将投资者区分为信息交易者（理性投资者）和噪声交易者（非理性投资者）。周宗安等（2004）认为，市场投资者基于噪声的交易活动称为噪声交易，散户便是典型的噪声交易者。高雷等（2005）认为，在股票投资方面，中小投资者拥有的专业知识不足，在基本面和技术指标上的分析能力尤为缺乏，所以难以形成自己的观点和投资方法，遇到所谓的专家时，往往容易被这些专家的说法引导，自己的命运和血汗钱就交给别人了。另外，个人投资者不会分散投资，频繁地变换手中的股票，倾向于短期投机，追涨杀跌是很多散户的作风，给股票市场带来大量噪声。

史艳娜等（2016）指出的问题仍与数年前的研究者所指相似：专业知识不足、资金规模不大、投资认知不足,投资意志缺失，很多人把投资股票被视为一种赌博，不愿意专注于应该投入精力研究的领域，如政策和股票的基本面，并且以纯粹的投机心理投资股票，这不仅加剧了市场泡沫，也使投资者的利益受损。

17.2.2 我国股票市场的现状和问题

我国是社会主义国家中第一个开设股票市场的国家。1990年，我国经过无数思考和反复试验，开设了上海证券交易所和深圳证券交易所。很多企业在上市后，资金规模变得非常大，发展前景一片光明，但是在鲜艳的外表下也存在不少问题。

（1）缺少对中小投资者的利益保护机制。

在制度的建设上，我国的资本市场仍存在不少问题。首先，偏重融资，对投资者的关注度相对较低，尤其是对中小投资者的权益保护重视不够，形成了融资者强、投资者弱的失衡格局（刘显平等，2019）。其次，有些上市公司披露虚假信息，或者有的从业人员根据内幕信息买卖股票，进行恶意炒作，这些行为并不是极个别现象，这就使得不少中小投资者的利益被侵害（马明，2017）。例如，上市公司与庄家联手操纵股价，中小投资者损失惨重；大股东侵占上市公司利益，损害中小投资者利益（王筱依，2016）。龚太寿等（2015年）还提出了上市公司有重大遗漏或隐瞒信息等行为。

（2）政府干预力度过大。

通过资源配置的手段，股票市场能够促进经济发展，在资本市场中占据一定地位，所以在一定程度上，股票市场一直由政府监管。政府通过政策规定，对股票市场进行监管，使股票市场向着有利于推动资本市场的方向发展（申晴等，2020）。王丹（2018）认为，股票价格的暴涨暴跌并不是自然而然发生的，而是因政府的过度行政干预造成的。

（3）市场过度投机。

股票二级市场的主要作用是为资源优化配置和企业筹集资金提供方便（李胜楠等，2015）。张欢欢（2015年）指出我国股票市场的过度投机表现在：市盈率虚高、换手率过高、市净率偏高、股票指数波动幅度太大等。其中，换手率是股票交易数量和发行数量的比值，反映了股票在一段时间内交易的频率。通过换手率可以看出股票市场的活跃程度，也是判断股票市场的投机现象是否过度的关键指标。

（4）信息不对称。

我国股票市场信息不对称主要表现为：一是上市公司与政府之间的信息不对称；二是上市公司与投资者之间的信息不对称；三是发行者与投资者之间的信息不对称；四是机构投资者与个人投资者的信息不对称。其中，上市公司和中小投资者之间存在信息不对称，上市公司拥有详细准确的基本面信息，对委托人的投资拥有100%的控制权。而对大多数中小投资者来说，他们所获得的基本面信息，如企业经营状况，只来源于公开发布的信息，这些信息与企业决策者手中的原始信息相比，往往是延迟的，且存在一定的虚假性（李大鹏，2020）。究其原因，主要体现在以下方面：一是财务舞弊；二是信息披露不积极，部分企业有选择地对外披露，实际信息没有及时、全面地发布（林泽慰等，2019）。

17.2.3 对国内外研究文献的简评

（1）国内外研究的可取之处。

当前我国对股票市场问题的研究已经进入了一个新的时代，有越来越多的学者和专家对中小投资者自身的问题和股票市场的问题进行了深入的研究，由浅入深，由表及里，并且与时俱进，这为本章的研究提供了很好的参考和借鉴。

（2）国内外研究的不足之处。

虽然国内外的研究相对充分，但是很多仅仅停留在理论层面，有实证分析的文献少之又少，没有把问题反映在实际的经济指标中，说服力有限。

17.3 相关概念界定及理论基础

17.3.1 中小投资者的概念

目前，中小投资者在我国是一个概括的政策性概念，在不同的情境下对中小投资者的界定不完全相同。

本书参考杨炘等（2004）的研究成果，并结合实证分析所选上市公司的具体情况，将中小投资者限定为在上市公司持股比例低于0.05%的中小股权投资者。目前，关于中小投资者的概念有不同的称谓：与机构投资者相比，中小投资者等同于个人投资者；与上市公司内部投资者相比，上市公司的内部投资者是指股份较少、分布较为分散的外部投资者；与国有上市公司相比，中小投资者被定义为流通股股东。毫无疑问，这些概念是重叠的。本书查阅了许多文献，发现这些文献几乎没有对中小投资者的范围进行界定，但对中小投资者的界定默认为一致的是，中小投资者是投资股票市场参与者中弱势的一方，他们感性高于理性。这些文献绝大多数都是在未明确定义中小投资者范围的情况下，对相关问题展开研究的。

17.3.2 中小投资者的特点

在我国证券市场中，中小投资者数量最多。保护中小投资者的利益，不仅关系到广大人民群众的切身利益，而且关系到股票市场乃至经济建设等重要层面。中小投资者的特点是：人数多、专业素质和知识储备不够、个人的资金规模小、总体资金规模大、面对风险的承受能力弱、对相关的法律法规不熟悉、维权意识较弱。

17.3.3 股票市场的概念

股票市场是已经发行的股票转让、买卖和流通的场所，包括交易所市场和场外交易市场。股票市场的作用有：一是股票流通和转让的基本场所；二是能够激起投资者投资股票的欲望，同时为一级市场发行股票提供保证。

17.3.4 股票市场的投资主体

（1）机构投资者。

机构投资者是指利用自有资金或者从分散的公众手中筹集的资金专门进行有价证券投资活动的法人机构。这类投资者一般具有投资资金量大、收集和分析信息能力强等特点。由于这些投资活动对市场的影响较大，使得机构投资者比较注重资产的安全性，能够充分分散投资风险。按照机构投资者的主体性质不同，可分为企业法人、金融机构、政府及其他机构等。

（2）中小投资者。

中小投资者是股票市场的主要投资者，具有显著的分散性和流动性特点。虽然中小投资者的个体资金规模小，投资能力有限，但是人数众多，总体规模十分庞大，他们对股票市场的发展有着极其重要且直接的影响。此外，中小投资者对股票市场还有着间接影响，他们可以产生较强的羊群效应，造成很大的社会影响，从而影响整体市场氛围。

17.3.5 股票市场的特点

（1）我国的股票市场是世界上唯一以公有制经济和国有公司为主的证券市场。尽管民营企业越来越多，但是公有制公司的股票还是占多数。

（2）在股票市场上，虽然有相当多的企业有着可观的收益，但是确实有不少企业的效益低下，不愿分红，或者分不出红，所以投资者们往往寄希望于股票价格的上涨，靠价差来获益。

（3）股票交易的佣金和成本并不高，投资者们不用为佣金发愁。

（4）我国的股票市场是一个新兴市场，目前制度还不完善，监管还不到位。

（5）对于股票市场，国家调控能力很强，政府可以在很大程度上进行干预，这是其他国家不能比的。

17.3.6 股票市场的功能

随着经济的发展，人们的物质生活水平日益提高，同时产生了大量的过剩资本累积。这时交易所的作用和功能无可替代，而股票市场作为交易所的主要组成部分，具有以下功能：

（1）筹集资金、分散风险。

在出现股票市场之前，居民分享经济发展的成果只能通过存款、持有国债的方式，股票市场的出现，不仅成为调配资源推进经济发展的“发动机”，还为社会提供了公平的、与经济增长相适配的财富增长机制。现在人民生活水平日益提高，除日常所需开销外，还有很多富余的资金。同时，上市公司需要资金来扩大经营规模和再生产，而随着股票的发行，资本从投资者手中流入上市公司，这就实现了社会闲散资金的聚集和集中，客观上起到了促进社会储蓄向投资转化的作用。股票市场为国家经济建设发展服务，扩大了生产建设规模，推动了经济的发展，并达到“利用内资不借内债”的效果，如果能够吸引国外资金，也可以达到“用外资而不借外债”的效果。

关于风险分散，从企业的角度来看，众多的投资者投资于企业，企业的经营风险便分散给了众多的投资者，实现了风险分散。从投资者的角度来看，每个投资者都可以建立投资组合来分散风险，并且可以根据个人的风险偏好程度，买卖不同风险程度的股票，从而转移风险，保证自身的利益。

（2）保证股票价格的合理性。

股票的交易价格是通过股票供求双方的状况最终确定的，不需要专门定价，市场中供求双方的状况就是一只无形的手。股票市场中投资者的买卖活动由其本身和券商之间的相互联系，构成了一个多方紧密相连的系统化模式，使得交易迅速、价格统一，能为供求双方的资金迅速找到出路。在股票市场中，买卖双方的竞争非常激烈，很容易获得比私人交易更合理、更公平的均衡价格。保证股票价格的合理性是保护双方利益的重要条件。

（3）促进资源的优化配置。

股票市场的根本职能是优化资源配置，以提高经济运行效率。虽然企业完成了上市，但企业的价值和发展前景却不得而知。企业价值的大小需要经过时间的考验，由市场给出答案。在股票市场中，各方参与者不断博弈，企业的价值便在博弈中渐渐体现出来，具有投资价值的上市公司得到参与者的认可。股票市场承载着众多的经济信息，是宏观经济的晴雨表，并能使有效信息保留下来且得到应用。

如果企业经营状况良好，有不错的发展前景，那么在股票市场中就会得到更高的估值。随着企业的不断发展，规模的不断扩大，其市值也会不断提升。股票市场对该企业的期望越高，表明企业越被认可，这也更加激励企业进一步发展，投资者也会得到更多收益，形成双赢的局面和良性的发展。

17.3.7　有效资本市场理论

（1）有效资本市场的概念。

有效资本市场是指市场上的价格能够反映市场的信息，这里的信息一定是及时且完全的。也就是说，全部信息都必须及时反映在价格上，这样的市场就成为有效市场。有效资本市场假说理论是围绕强制信息披露展开的，如果资本市场是完全有效的，那么政府对上市公司要求强制信息披露便是多余的。有效资本市场假说理论将市场分为强式有效市场、半强式有效市场和弱式有效市场。

（2）有效资本市场的三种形式。

一是强式有效市场。如果某一资本市场上的证券价格充分地反映了所有的信息，包括公开的和内幕的信息，那么该资本市场就达到了"强式有效"。

二是半强式有效市场。如果某一资本市场上的证券价格充分地反映了所有的公开可用的信息，包括企业公布的财务报表和历史价格信息，那么该资本市场就达到了"半强式有效"。

三是弱式有效市场。如果某一资本市场上的证券价格充分地反映了历史价格信息，那么该资本市场就达到了"弱式有效"，或者满足了"弱式效率"。

17.3.8　市场不确定性分层投资理论

（1）市场不确定性的分层。

根据休·考特尼（Hugh Courtney）、简·柯克兰（Jane Kirkland）和帕特里克·维克里（Patrick Vickery）的不确定性管理理论，市场不确定性从实践的角度来看是不同的。不同的不确定性代表不同的风险，从而产生不同的收益和趋势。对不确定性进行分层，可以判断不同的不确定性，从而对具体问题进行分析判断，有利于处理不确定性信息，有利于作出正确的决策。图17-2展示了具体的市场不确定性分层，即第一层次为明确的前景，第二层次为有几种可能的前景，第三层次为有一定范围的前景，第四层次为不明确的前景。

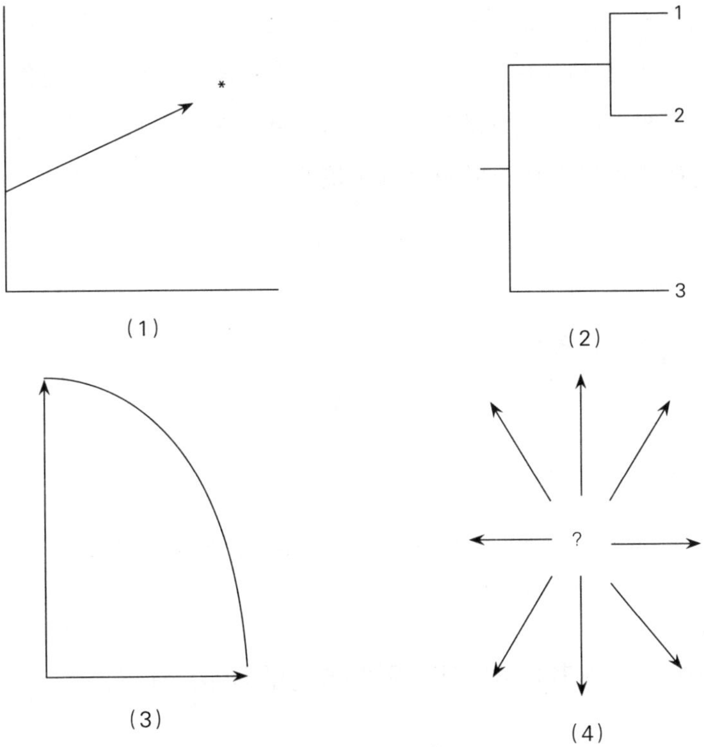

图 17-2　市场不确定性分层情况

（2）市场不确定性分层下的投资策略。

在对市场不确定性分层后，下一步便是具体问题具体分析，从而作出具体的决策，以便更好地规避风险。我们在这里引用战略态度这个概念，以便更好地说明具体的投资策略，战略态度主要是表现目前的状态、目前的目标以及未来的状态、未来的目标。总体来说，战略态度分为领导者的态度、适配器的态度和保持实力。图 17-3 为市场不确定性分层下的战略态度选择示意图。关于领导者的态度，是将未来的变化控制在自己的统筹规划范围内，面对不确定性项目对应的策略就是控制不确定性项目的发展方向，面对相对确定性项目则是在第一层次上进行改造和发展。关于适配器的态度，它是将项目当前和未来的状态看作已知的。当面对不确定性低的项目时，选择合适的时机和对手进行投资就可以了；当面对不确定性高的项目时，可以根据项目的发展变化作出反应。最后一种战略态度是保存实力，即始终在观察形势，可以等到不确定性转为确定性后再作出反应、制定策略。

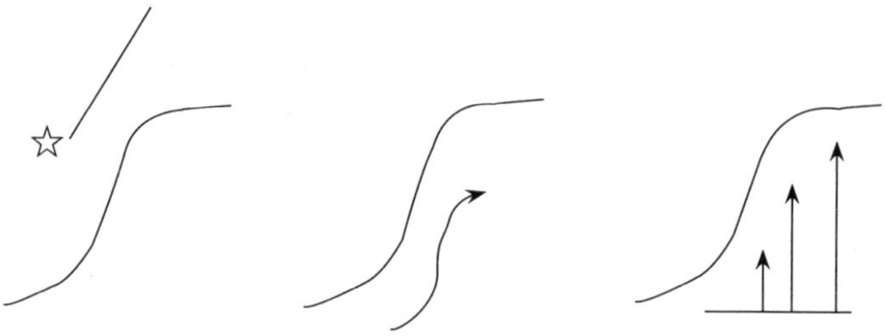

图 17-3　市场不确定性分层下的战略态度选择示意图

17.4　中小投资者投资我国股票市场的现状及问题

我国股票市场经历了多年的发展，取得了令人瞩目的成就。这样的成就和投资者有着千丝万缕的关系，特别是中小投资者。

17.4.1　中小投资者投资总量分析

（1）账户总量分析。

我国股票市场账户总量增长迅速，如图 17-4 所示。2000 年，股票市场的账户总数仅为 5 904.64 万户。截至 2010 年 3 月,股票市场的账户总数已达到了 14 244.76 万户。截至 2019 年，股票市场的账户总数已达到了 15 975.24 万户。这表明中小投资者是我国股票市场的中流砥柱。

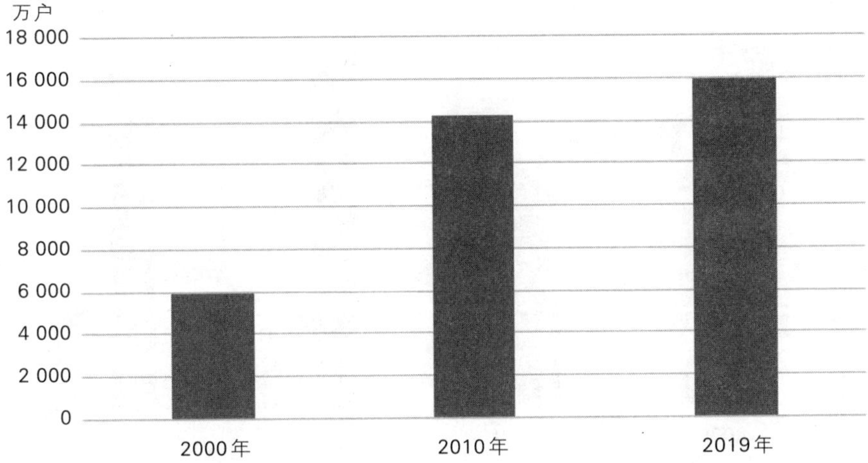

资料来源：中国证券登记结算有限公司的2000年、2010年和2019年年报。

图17-4　我国股票市场账户总数

（2）资金总量分析。

长期以来，我国资本市场投资者的显著特点是个人投资者占多数，即个人投资者占开户总数的99%以上，个人投资者持有的市值也相对较高，明显高于其他成熟资本市场。近几年，随着资本市场改革的全面深化和对外开放程度的不断扩大，A股市场投资者的股权结构也发生了重大变化，机构投资者持股市值占流通市值的比重逐年提高。

在2008年以前，个人投资者（以中小投资者为主）持股市值占比一直高于机构投资者（包括私募基金、社保基金、QFII、保险公司、企业年金、证券公司、一般机构在内的各类机构投资者），直到2008年年末，机构投资者的持股比例才首次超过中小投资者，如图17-5所示。

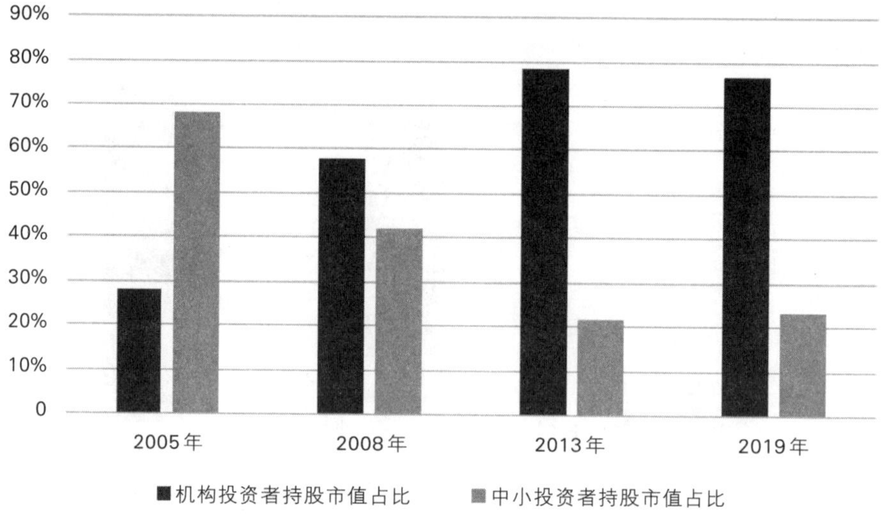

资料来源：中国证券登记结算有限公司的2005年、2008年、2013年和2019年年报。

图17-5 机构投资者和中小投资者持股市值对比图

在我国股票市场的快速发展过程中，中小投资者发挥着重要的作用，没有中小投资者的热情参与，股票市场是无法形成这样的局面的。

17.4.2 中小投资者入市动机

投资股票市场的收益组成：一是利用股价的利差进行获利；二是利用股票分红获得收益。深圳证券交易所公布的一份关于我国股票市场上个人投资者状况的调查报告（如图17-6所示）显示：78.6%的个人投资者入市是为了获取股票交易差价，只有11.7%的个人投资者入市是为了获取股票分红收益。可见，中小投资者更注重短期收益，主要以投机为主。

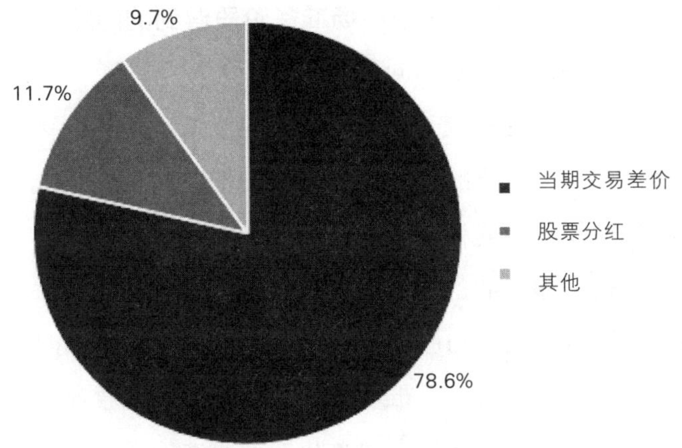

图 17-6　个人投资者入市动机结构图

17.4.3　中小投资者投资情况分析

截至2019年12月31日，我国股票投资者数量为15 975.24万人，较上年同期增长9.04%。其中，自然人投资者占99.76%。根据2019年的调查数据，在投资者中，新手上路的占15.3%；有投资基本认知的占38.6%，占比最高；对投资理解较深的占46.1%。与2018年相比，2019年新手上路的占比下降了约13个百分点，有投资基础知识的占比下降了约8个百分点，对投资理解较深的占比上升了约9个百分点，如图17-7所示。

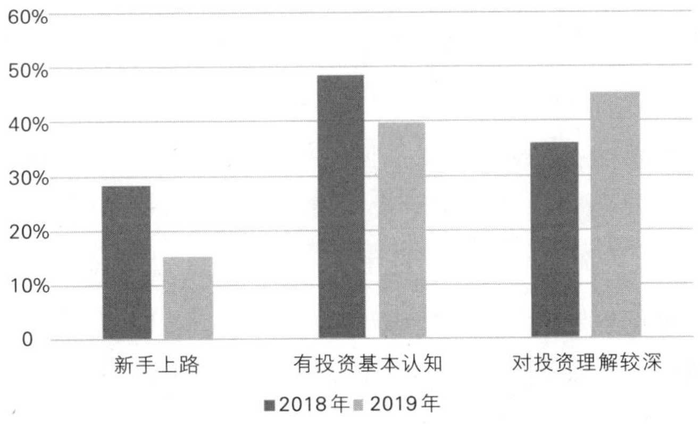

图 17-7　自然人投资者的证券知识水平

17.4.4 中小投资者在投资股票市场准备阶段遇到的问题

（1）资金准备过程遇到的问题。

大部分中小投资者的资金规模很小，且大部分投资者都是成年人，成年人在日常生活中用钱的地方很多，可支配的剩余资金较少，所以在投资资金准备过程中会遇到不少问题。

（2）股票投资知识准备过程遇到的问题。

当中小投资者初次参与股票市场时，很多问题都弄不明白，所以需要学习一些股票知识，对股票市场的交易规则、基本原理、操作方法和技巧，以及对整个股票市场的来龙去脉都需要进行掌握。大部分中小投资者在股票投资的知识准备方面极其不足，因此想要获利更是难上加难。

17.4.5 中小投资者投资对股票市场信息的分析

中小投资者对股票市场信息的分析存在以下问题：

（1）信息渠道少。

中小投资者了解信息的渠道有个人渠道（如朋友、邻居、同事等）和公共渠道（如报纸、电视、互联网等）。但是，这些渠道能够获得的信息非常有限，而那些可信度高的官方渠道却屈指可数。所以，相对于机构投资者，中小投资者能够获得信息的渠道少之又少。

（2）信息本身是否可信。

中小投资者获取信息的速度远不如机构投资者快，很多信息在公布的时候，股票的变动已经完成，这就变成了人尽皆知的信息，而投资需要一定的前瞻性，所以这些公开信息对中小投资者来说并没有实质性的帮助。除了这些信息外，中小投资者还会面对一些所谓的“利好”和“利空”消息，而中小投资者的敏感程度和对信息的处理能力均不强，对于消息是否可信更是无法作出判断。市场上一些投机者往往会利用这一点，放出一些假消息来迷惑中小投资者，有的中小投资者因为错误的判断，损失惨重。

通过展现历史和现在的数据，将二者进行对比，可以清楚地看到中小投资者投资我国股票市场的现状，那就是中小投资者对上市公司的持股比例逐年下降，但仍有十分重要的作用。中小投资者在投资时同样面临很多风险。这些都是理论层面的研究，下面是本章极其重要且具有十足说服力、能够表明中小投资者投资我国股票市场现状的部分，通过这一部分我们就可以发现本章所要研究的问题。

17.5　中小投资者投资我国股票市场问题的实证分析

17.5.1　指标选取

我们从中小投资者投资的角度来研究我国股票市场存在的问题。其中，中小投资者投资的现状表现在很多方面，如股票交易量、持股时间、持股比例等，但由于有些数据的收集十分困难且不一定准确，因此为了数据的严谨性和准确性，我们选择以中小投资者在上市公司的持股比例为指标，来体现中小投资者的投资现状。

影响中小投资者在上市公司的持股比例的因素多种多样，我们仅就一些主要的、可量化的因素进行分析，这些因素有股票交易价格、公司净资产、公司净利润、换手率、大盘均衡指数、消费者物价指数。

（1）股票交易价格。

股票交易价格是股票的持有者和购买者在股票交易市场中买卖股票时形成的股票成交价格，目的是完成股票交易，实现股票所有权的转移。与其他商品的价格一样，股票的价格也是由内在的价值和外在的供求关系决定的。股价是中小投资者在选股时一个很重要的参考指标。对于股价太高的股票，中小投资者由于受自身实力的限制难以进行投资。

（2）公司净资产。

公司净资产是指资产净值(net assets)，即股东权益，在会计上是指公司资产值减去负债，即公司偿还所有负债后股东应占的资产价值。公司净资产不仅同重要的盈利指标——净资产收益率有关，而且同上市公司的股本扩张有很大的联系。净资产收益率是指企业的税后利润除以企业的净资产额，简称净盈率，该值越高表明企业运用资产的能力越强，产品的市场占有率越高，成长性越强。另外，公司净资产的总值越大，企业自身分红配股或公积金转增配股的倾向与被要求股本扩张的程度越高，因为这一部分的资金与成本大部分都来自公司的股东权益，即净资产。

（3）公司净利润。

公司净利润是指在利润总额中按规定缴纳了所得税后公司的利润留成，一般也称为税后利润或净收入，是企业在某一会计期间缴纳所得税后的净经营成果。净利润越多，企业的经营效益就越好；反之，净利润越少，企业的经营效益就越差，它是衡量一个企业经营效益的主要指标。净利润同上市公司的成长性指标，如每股盈利、市盈率、净资产收益率、主营业务利润增长等都有很强的联系。利用这一指标可对上市公司所处行业的景气状况、公司在行业中的地位及业务增长、项目投产运营状况等作出判断。

（4）换手率。

换手率，也称周转率，是指在一定时间内市场中股票转手买卖的频率，是反映股票流通性强弱的指标之一，也是表明股票交易密集度的指标。

在我国，股票分为可在二级市场流通的社会公众股和不可在二级市场流通的国家股和法人股，一般只对可流通部分的股票计算换手率，以便真实、准确地反映出股票的流通性。换手率作为主要技术分析要素——成交量的指标，能够在一定程度上表明量与价的关系。

（5）大盘均衡指数。

大盘均衡指数也就是传统意义上的股票指数，只不过是通过市场的运行所计算出的一段时间内的均衡价格指数。股票指数的作用有：一是利用指数趋势进行决策；二是利用行业指数进行决策；三是利用股票指数的联动性进行决策。一些金融服务机构利用其业务知识和熟悉市场的优势，编制出股票价格指数，并公开发布，以此作为市场价格变动的指标。很多人根据股票市场整体的波动趋势来作为投资入股的判断指标。这也同趋势理论有关。趋势为价格波动的方向，个股在股票市场中并不是单立的。对于整体的预期也就是含有对于个体的预期，必然会存在一些关联，即一荣俱荣，一损俱损。股票市场上运行的个股也常常“顺势”而为。可见，大盘均衡指数是表示外部整体市场信息的一个可供参考的重要指标。

（6）消费者物价指数。

消费者物价指数（CPI）是反映与居民生活有关的商品及劳务价格统计出来的物价变动指标，也是作为观察通货膨胀水平的重要指标。一般而言，当CPI的增幅超过3%时,表明已经进入通货膨胀期；当指标继续恶化，CPI的增幅超过5%时,表明此时已经严重通货膨胀；当CPI上升至一个临界位置时，常常伴随着物价上涨和通货膨胀，通货膨胀将对某一些行业的股票收益率带来较大的影响。

17.5.2 模型建立

结合我国股票市场上中小投资者投资的现状以及相关指标，并考虑统计量的优化性质，我们可以大胆地对以往的数据进行动态模拟，建立适当的中小投资者在上市公司的持股比例模型，使之能够体现中小投资者的投资现状，从而反映我国股票市场存在的问题。从实际情况出发，由于每家上市公司的具体情况不同，不同投资者对待其态度也不同，我们选取个股中的中小投资者的持股比例波动来完成模型更具有现实意义。因此，我们可以建立多元回归模型：

$$\ln Y = C + \beta_1 \ln X_1 + \beta_2 \ln X_2 + \beta_3 \ln X_3 + \beta_4 \ln X_4 + \beta_5 \ln X_5 + \beta_6 \ln X_6$$

其中，Y为中小投资者在个股上市公司的持股比例，X_1为股票交易价格，X_2为上市公司当期的净资产指标，X_3为上市公司当期的净利润指标，X_4为当期该股票交易的换手率指标，X_5为证券市场大盘当期的均衡指数指标，X_6为当期的CPI指数指标。我们知道，上市公司的净资产不断增长也就是企业不断壮大的过程，也是分红扩股的一个重要前提，当期的净利润可以表现出公司的盈利水平以及所处市场结构的位置，“量涨价升，量在价之前”“选股不如选时”都充分说明了股价和成交量与大盘走势之间的重要关系。另外，还要考虑到通货膨胀的重要指标——CPI的重要指引作用对股票市场的影响。中小投资者在上市公司的持股比例的波动与市场中的很多信息有关，即与股价、净资产、净利润、大盘均衡指数、换手率、CPI这些指标有一定的关联度。这个假设是建立在股票实际情况的基础上的，选取这6个重要的交易指标有很强的说服力。

17.5.3　典型中小投资者投资股票的选择

在国内众多的上市公司中，每家公司都有很大差异，在综合考虑后，我们决定选取中体产业（股票代码：600158）的数据。中体产业是一家文化传媒公司，成长性良好，盈利能力增长稳定，是中小投资者首选的蓝筹股代表之一，并且从发展周期来看，文化传媒类的股票本身没有明显的独立行业周期，也没有独立的产业周期。中体产业于1998年3月在A股上市，时间点正处于我国股票发展的重要时期，上市至今，它经历过证券市场完整的“牛市”和“熊市”交替，具有一定的代表性。

17.5.4　时间区间选择

本次选取了中体产业2010年第1季度到2019年第4季度的40组数据，以每个季度作为一个区间，因为中小投资者在上市公司的持股比例在自然月内难以发生较大变化，而上市公司每个季度的报告都会披露持仓比例的信息。此外，每个季度的相关指标信息的更新程度具有一定的说明性。

17.5.5　数据的整合

本章所用的中小投资者在上市公司的持股比例数据来自国内某家大型证券公司提供的中小投资者股票交易记录。公司当期的净资产和净利润数据均来自中体产业股份有限公司每一期的季度报、半年报、年报，受到会计公司的审核以及中国证监会的监督，真实可靠。换手率、大盘均衡指数和股票均衡交易价格指标数据均来自中国证券交易所的基础数据，并进行均衡计算所得。CPI指标的数据根据国家统计局的数据整理而得。为了表现价格的连续性，股票交易价格是采用不除权的方式统计的，换手率是当期每个交易日的换手率相加所得，当期的大盘均衡指数则是通过大盘当期的指数加权平均所得。

17.5.6 原始整合数据

原始整合数据，见表17-1。

表17-1　　原始整合数据

日期	Y（%）	X_1（元）	X_2（亿元）	X_3（亿元）	X_4（%）	X_5	X_6
2010Q1	93.47	64.96	13.59	0.07	9.23	3 225.17	102.20
2010Q2	91.67	56.91	14.91	1.37	3.94	2 849.57	102.93
2010Q3	94.10	56.24	14.50	1.64	4.27	2 713.07	103.47
2010Q4	92.92	53.79	14.90	2.04	3.49	3 055.75	104.70
2011Q1	94.41	45.83	14.73	0.28	2.15	2 998.09	105.08
2011Q2	93.24	42.89	14.72	0.55	1.54	2 973.29	105.74
2011Q3	94.59	37.20	14.93	0.76	1.47	2 731.85	106.22
2011Q4	91.48	44.82	15.67	1.50	8.60	2 478.01	104.60
2012Q1	91.96	38.68	15.38	0.08	4.22	2 454.22	103.77
2012Q2	90.72	44.21	15.34	0.38	4.16	2 454.43	102.87
2012Q3	92.11	37.51	15.66	0.40	2.12	2 219.41	101.90
2012Q4	92.75	33.53	16.30	1.02	2.60	2 186.35	102.07
2013Q1	94.84	35.91	16.64	0.36	2.42	2 432.72	102.44
2013Q2	93.93	36.05	16.77	0.45	3.25	2 307.35	102.38
2013Q3	94.61	39.75	17.34	1.03	5.21	2 182.64	102.76

续表

日期	Y（%）	X_1（元）	X_2（亿元）	X_3（亿元）	X_4（%）	X_5	X_6
2013Q4	90.31	52.30	18.28	1.89	4.94	2 271.17	102.91
2014Q1	92.32	53.71	17.52	0.01	5.28	2 147.49	102.27
2014Q2	93.41	65.34	17.51	0.54	9.17	2 145.77	102.20
2014Q3	87.88	71.20	17.70	0.68	8.19	2 306.93	101.97
2014Q4	72.61	102.25	18.04	1.08	9.90	2 766.27	101.52
2015Q1	81.48	130.14	18.11	0.07	7.05	3 498.86	101.19
2015Q2	76.95	193.00	17.56	0.03	6.93	4 697.36	101.38
2015Q3	70.64	138.21	17.92	0.39	10.88	3 708.42	101.73
2015Q4	73.19	145.38	18.22	0.71	8.55	3 659.20	101.46
2016Q1	71.65	112.15	18.00	0.19	6.16	3 040.50	102.13
2016Q2	73.53	118.00	17.95	0.01	4.62	3 065.44	102.08
2016Q3	79.73	110.63	18.04	0.08	3.62	3 177.02	101.68
2016Q4	83.76	129.93	18.56	0.61	5.42	3 299.95	102.14
2017Q1	86.77	138.01	18.38	0.19	3.21	3 350.73	101.42
2017Q2	85.11	100.99	18.85	0.00	2.41	3 297.68	101.39
2017Q3	89.58	91.26	19.04	0.19	2.12	3 446.38	101.60
2017Q4	89.30	77.65	19.23	0.46	1.61	3 513.33	101.80
2018Q1	88.83	74.57	19.04	0.18	3.37	3 496.22	102.17
2018Q2	87.95	68.55	19.28	0.26	2.75	3 229.85	101.83
2018Q3	88.20	60.43	19.25	0.40	1.96	2 896.46	102.30
2018Q4	87.10	52.76	19.76	0.91	1.82	2 726.02	102.20
2019Q1	87.91	64.16	19.70	0.09	3.63	2 924.92	101.83
2019Q2	86.61	73.29	19.45	0.19	2.98	3 152.96	102.63
2019Q3	88.91	65.44	19.39	0.18	1.54	3 062.05	102.87
2019Q4	88.16	62.73	20.32	1.15	1.08	3 087.42	104.27

17.5.7 图形比较

利用EViews软件，输入各组数据标本，进行统计绘图，可得模型各组数据的标本散点状态，如图17-8所示。通过图形比较，我们可以粗略地发现，中小投资者在上市公司持股比例的散点图同各个指标的散点图的形态或趋势都有相似的地方，而同股票价格的180度反转形态最为相近。为了防止结果不具有代表性，这里选取了另外3家上市公司的数据，并同样以散点图的形式展现出来，相应的比例分析过程如下：

中体产业：

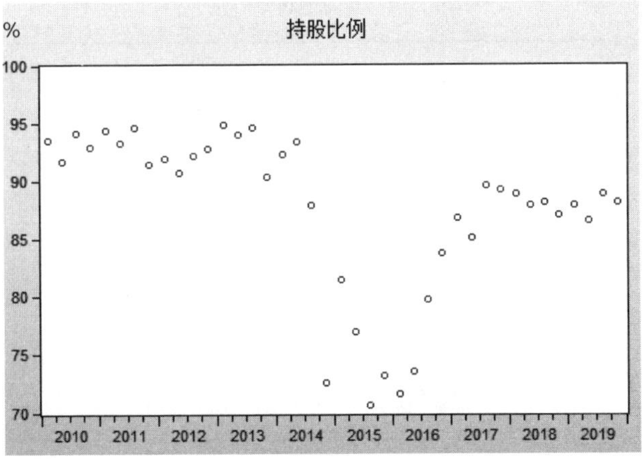

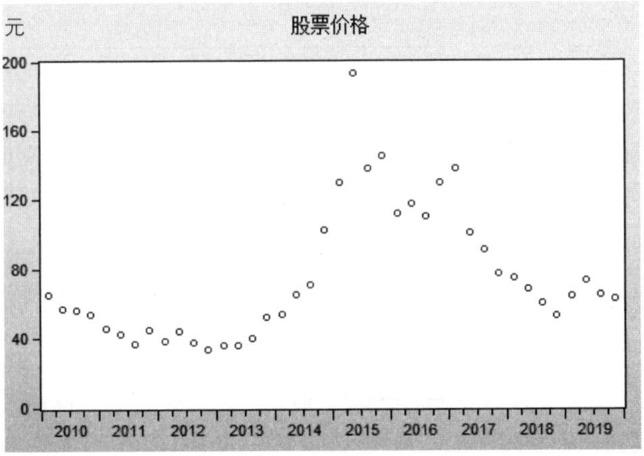

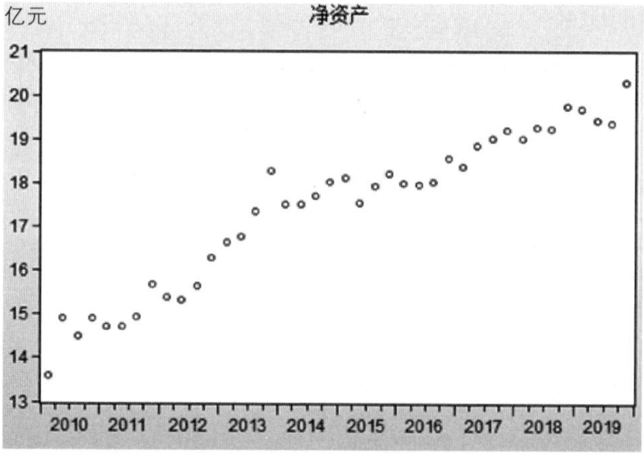
亿元
净资产
21
20
19
18
17
16
15
14
13
2010 2011 2012 2013 2014 2015 2016 2017 2018 2019

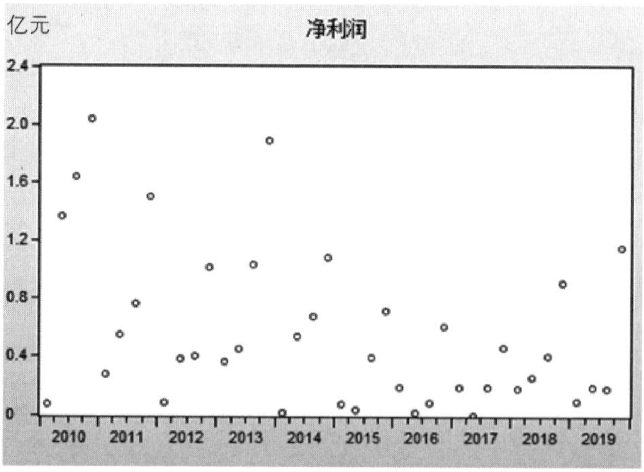
亿元
净利润
2.4
2.0
1.6
1.2
0.8
0.4
0
2010 2011 2012 2013 2014 2015 2016 2017 2018 2019

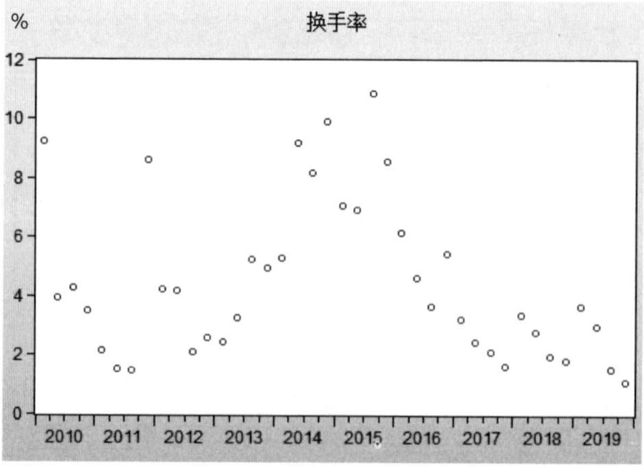
%
换手率
12
10
8
6
4
2
0
2010 2011 2012 2013 2014 2015 2016 2017 2018 2019

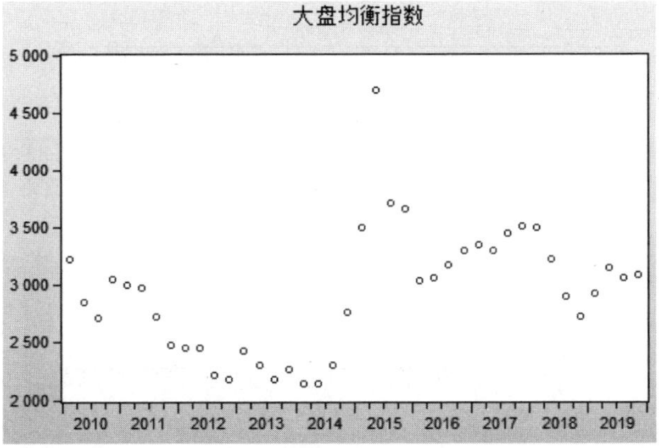
大盘均衡指数
5 000
4 500
4 000
3 500
3 000
2 500
2 000
2010
2011
2012
2013
2014
2015
2016
2017
2018
2019

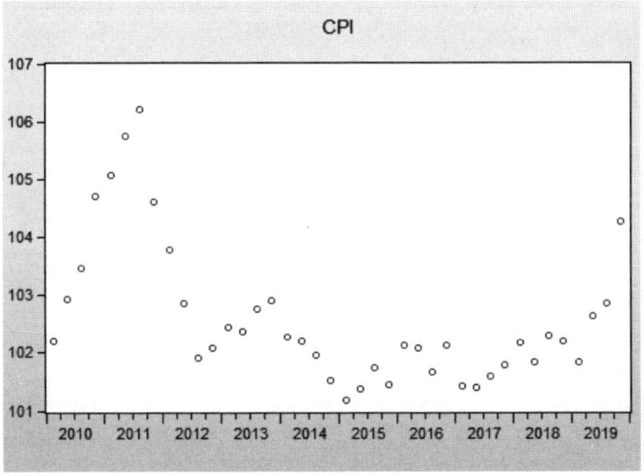
CPI
107
106
105
104
103
102
101
2010
2011
2012
2013
2014
2015
2016
2017
2018
2019

交通银行：

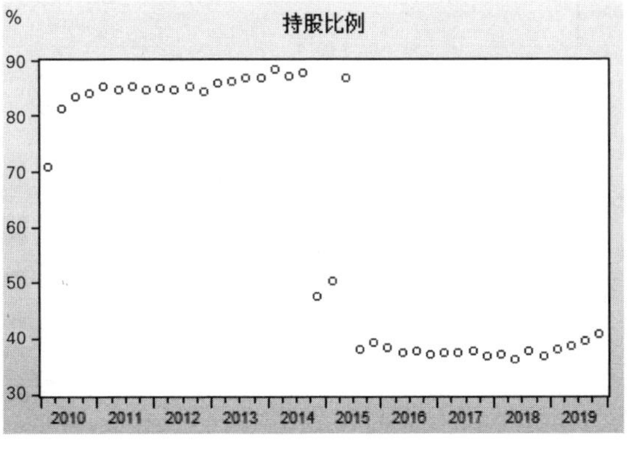
%
持股比例
90
80
70
60
50
40
30
2010
2011
2012
2013
2014
2015
2016
2017
2018
2019

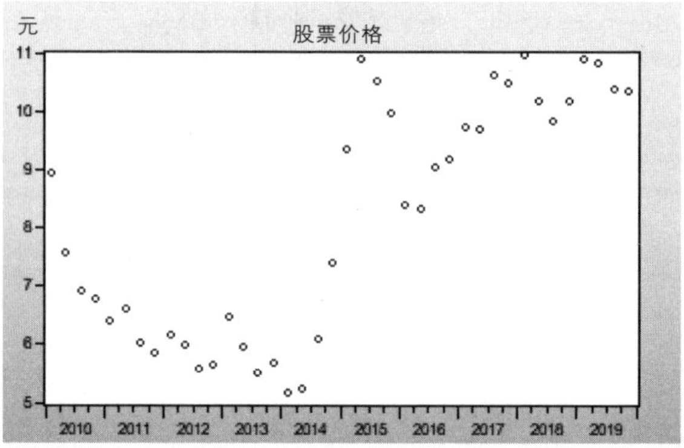
元
股票价格
11
10
9
8
7
6
5
2010
2011
2012
2013
2014
2015
2016
2017
2018
2019

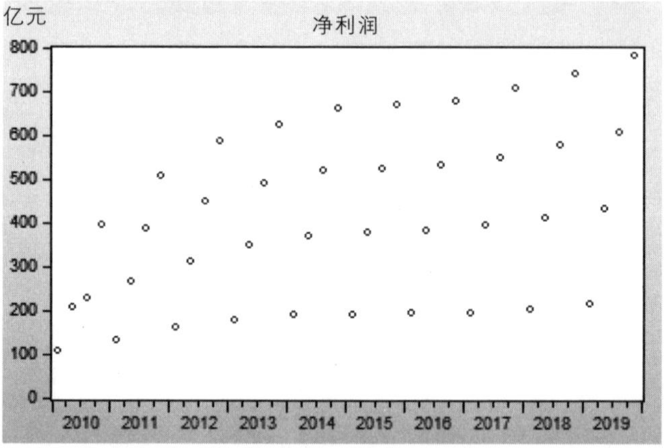
亿元
净利润
800
700
600
500
400
300
200
100
0
2010
2011
2012
2013
2014
2015
2016
2017
2018
2019

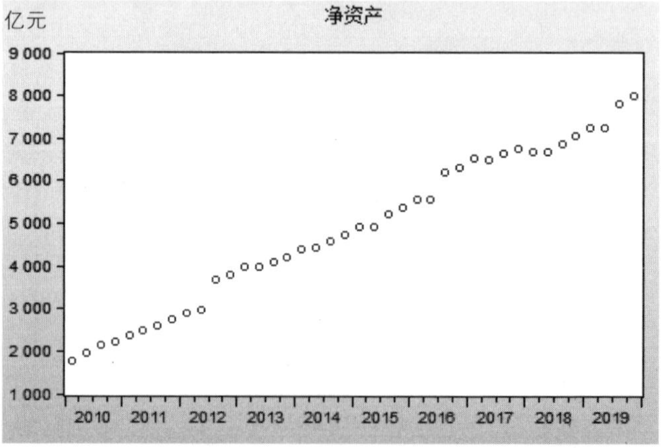
亿元
净资产
9 000
8 000
7 000
6 000
5 000
4 000
3 000
2 000
1 000
2010
2011
2012
2013
2014
2015
2016
2017
2018
2019

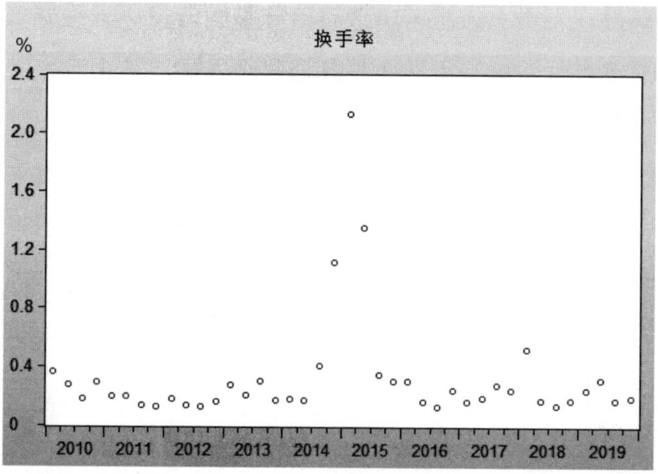
换手率
%
2.4
2.0
1.6
1.2
0.8
0.4
0
2010
2011
2012
2013
2014
2015
2016
2017
2018
2019

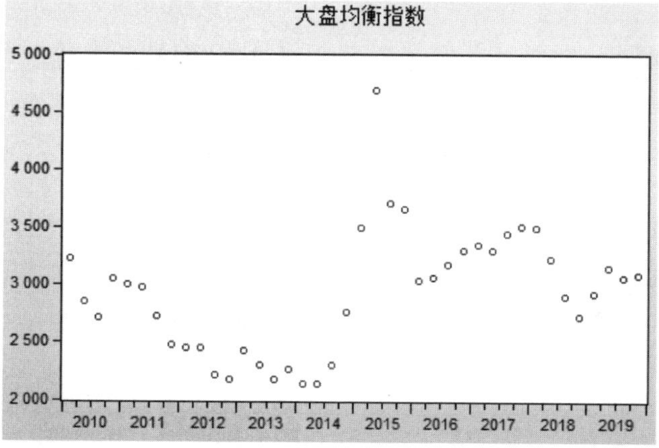
大盘均衡指数
5 000
4 500
4 000
3 500
3 000
2 500
2 000
2010
2011
2012
2013
2014
2015
2016
2017
2018
2019

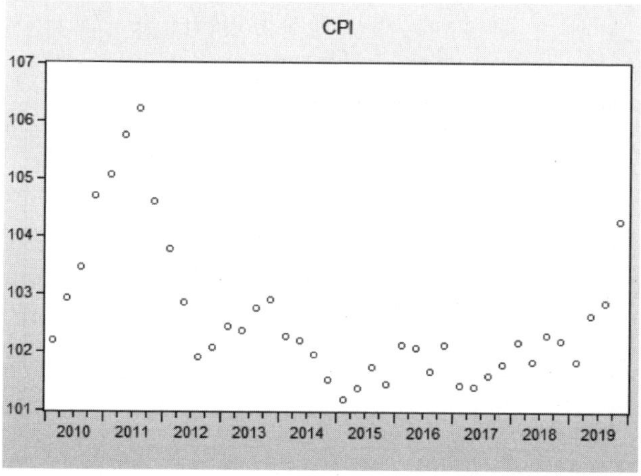
CPI
107
106
105
104
103
102
101
2010
2011
2012
2013
2014
2015
2016
2017
2018
2019

建设银行：

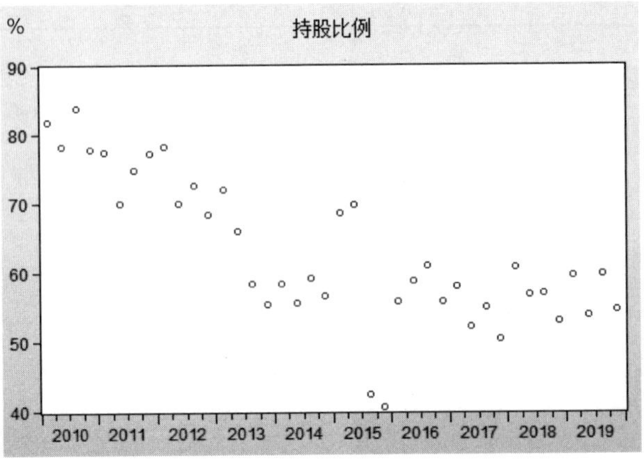
%
持股比例
90
80
70
60
50
40
2010
2011
2012
2013
2014
2015
2016
2017
2018
2019

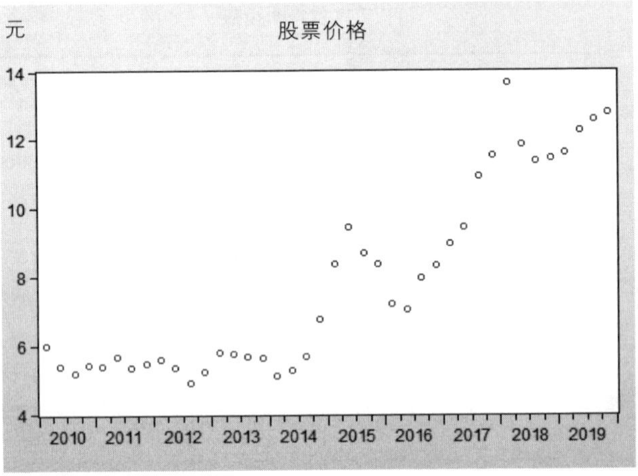
元
股票价格
14
12
10
8
6
4
2010
2011
2012
2013
2014
2015
2016
2017
2018
2019

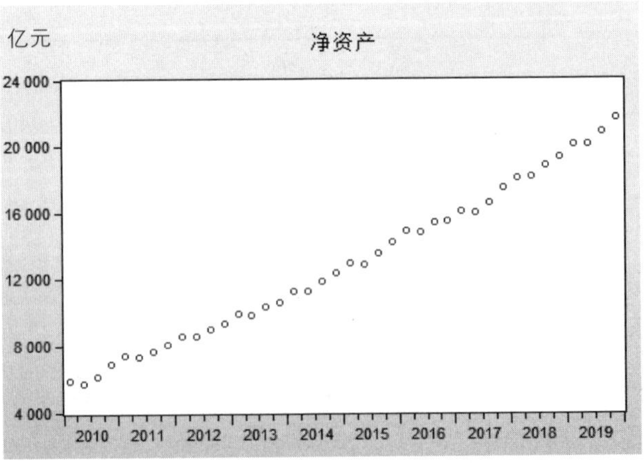
亿元
净资产
24 000
20 000
16 000
12 000
8 000
4 000
2010
2011
2012
2013
2014
2015
2016
2017
2018
2019

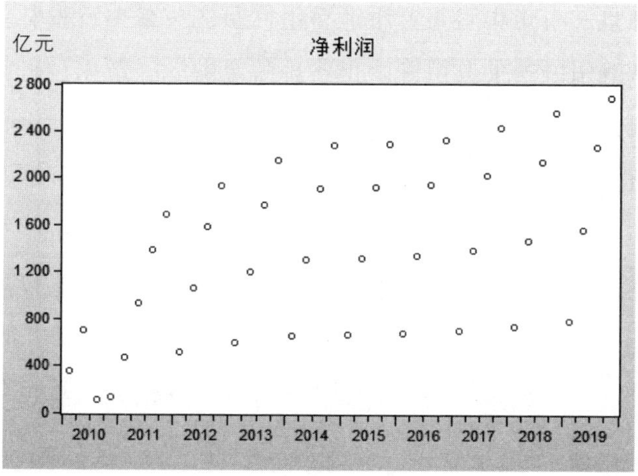
亿元
净利润
2 800
2 400
2 000
1 600
1 200
800
400
0
2010
2011
2012
2013
2014
2015
2016
2017
2018
2019

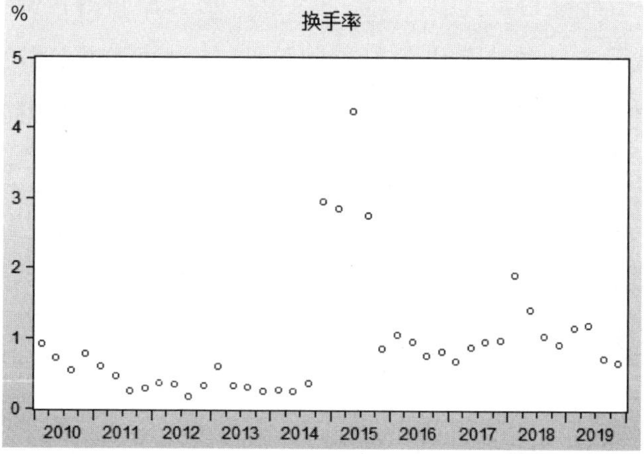
%
换手率
5
4
3
2
1
0
2010
2011
2012
2013
2014
2015
2016
2017
2018
2019

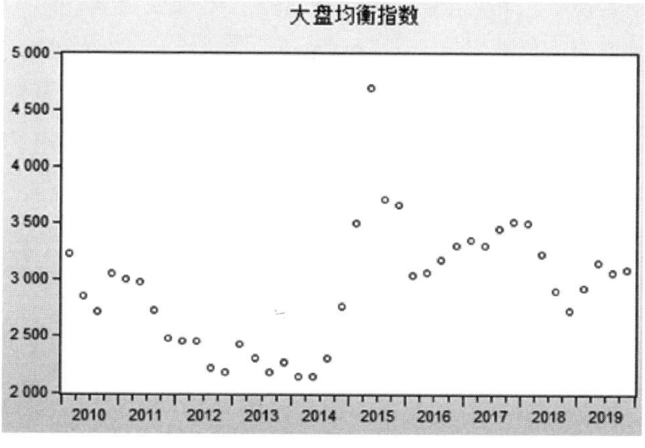
大盘均衡指数
5 000
4 500
4 000
3 500
3 000
2 500
2 000
2010
2011
2012
2013
2014
2015
2016
2017
2018
2019

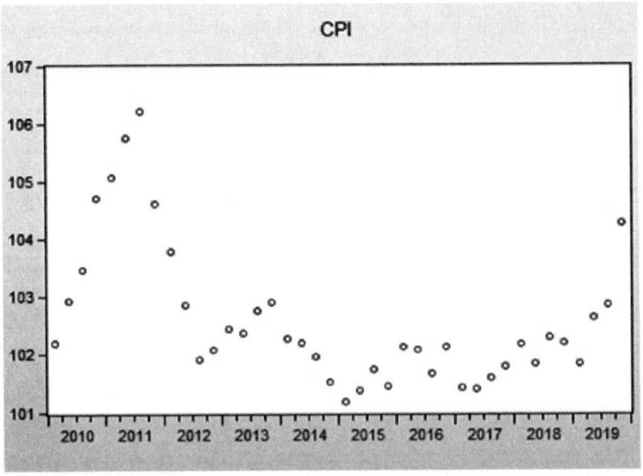
CPI
107
106
105
104
103
102
101
2010
2011
2012
2013
2014
2015
2016
2017
2018
2019

沙河股份：

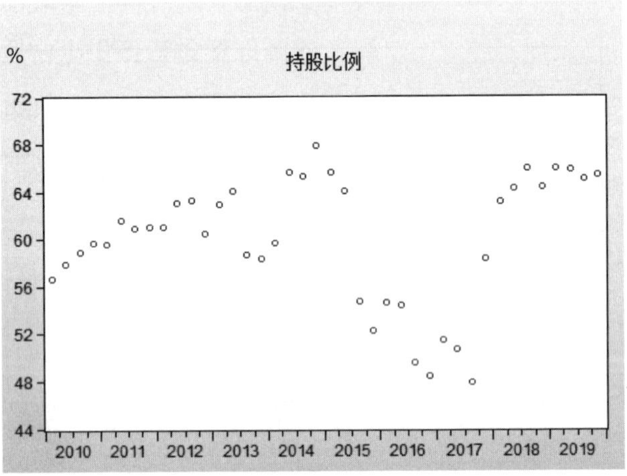
%
持股比例
72
68
64
60
56
52
48
44
2010
2011
2012
2013
2014
2015
2016
2017
2018
2019

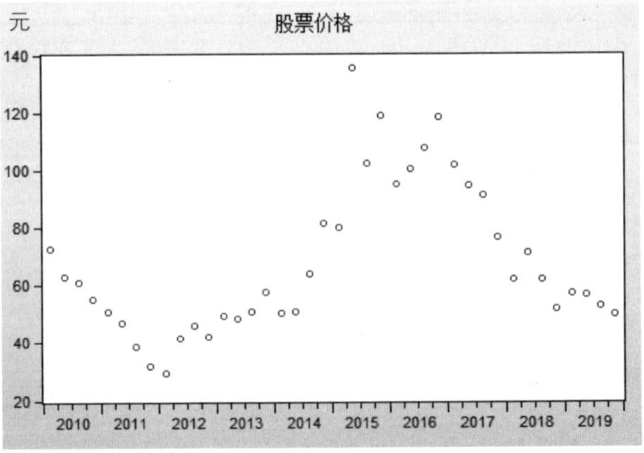
元
股票价格
140
120
100
80
60
40
20
2010
2011
2012
2013
2014
2015
2016
2017
2018
2019

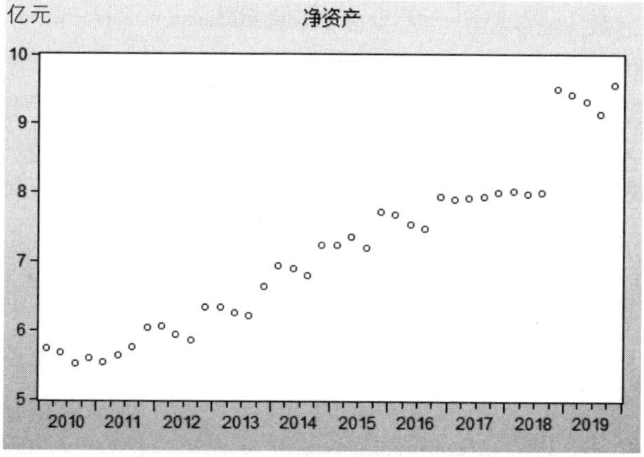
亿元
净资产
10
9
8
7
6
5
2010 2011 2012 2013 2014 2015 2016 2017 2018 2019

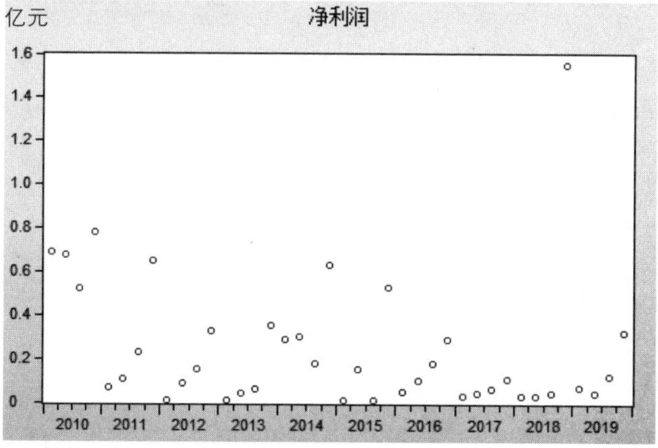
亿元
净利润
1.6
1.4
1.2
1.0
0.8
0.6
0.4
0.2
0
2010 2011 2012 2013 2014 2015 2016 2017 2018 2019

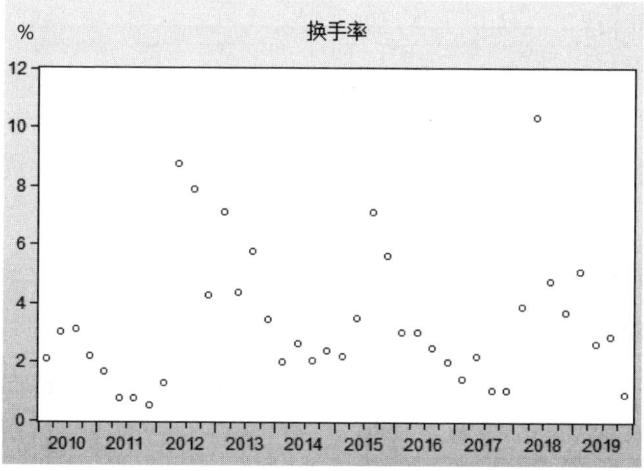
%
换手率
12
10
8
6
4
2
0
2010 2011 2012 2013 2014 2015 2016 2017 2018 2019

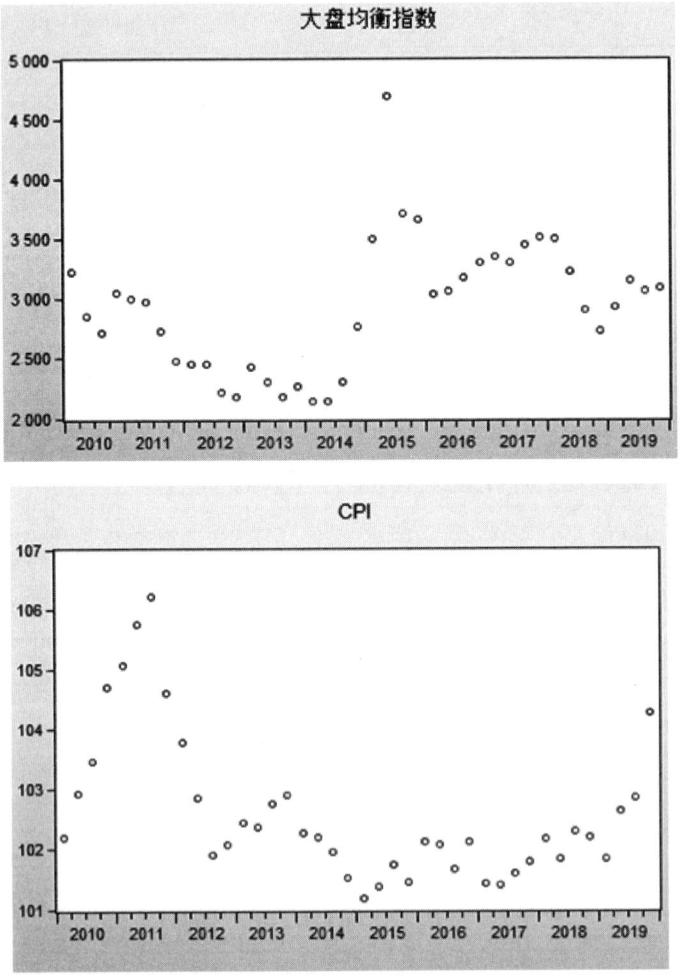

图17-8　模拟各组数据标本散点比较图

数据来源：wind数据库。

17.5.8　经济学检验

通过EViews软件的模型回归与检验（检验结果因数据过于繁复，此处省略），我们得出结论，中小投资者在上市公司的持股比例同股票交易价格呈负相关关系，股票交易价格越高，中小投资者在上市公司的持股比例越低。价格很高的股票，中小投资者由于投资力量的有限，确实难以大量持有。前面的经济学推论都是符合现实基础与经济规律的。

17.6 实证分析结果

中小投资者在上市公司的持股比例是衡量中小投资者投资企业的总体状况指标之一，为了说明我国股票市场存在的问题，我们从中小投资者投资的角度出发，从而发现问题。在这个过程中，通过分析中小投资者在上市公司的持股比例同股票交易价格、公司净资产、公司净利润、换手率、大盘均衡指数以及CPI之间的关系，将这些指标和中小投资者在上市公司的持股比例进行模拟回归，可以得到以下结论：

（1）中小投资者在上市公司的持股比例与股价呈负相关关系。但这并不能说明股价低的股票中小投资者的持股比例一定高，因为中小投资者在投资时还存在一定的博彩性投资偏好（廖理等，2016）。在现实中，投资者由于受到个人原因的影响，在投资时会存在一定的行为偏好，如本地偏好、价格偏好和小盘股偏好等。中小投资者在单次参与成本足够低时，才愿意参加，加上中小投资者的资金有限，价格太高的股票他们买不起，所以持股比例就会相对较低，并且持股比例和价格受很多因素的影响。

（2）未能得到中小投资者在上市公司的持股比例与公司的净资产有关的结论。从会计的专业角度来说，投资企业持股比例变动后，受资企业所有者权益享有的份额也会发生相应的变动，所以需要对股权投资账面价值进行调整（冯炳纯，2017）。也就是说，公司净资产会进行调整，但中小投资者在上市公司的持股比例的变化比较稳定，因此很难以看出二者之间的变化关系。

（3）未能得到中小投资者在上市公司的持股比例与公司的净利润有关的结论。也就是说，中小投资者在投资股票市场时并不偏好净利润高的上市公司，这反映了我国股票市场的现状。

首先，目前规定只要在股权登记日之前或当天持有股票，不管是大股东还是散户都能得到分红，但不是每家上市公司都能分红，即使分红，也没有固定的比例。因此，很多中小投资者只能希望于通过股价的变动来盈利，股票市场变成了“赌市”（贺绍奇，2015）。这里就显示出我国市场机制的问题——对中小投资者的利益保护是欠缺的。

其次，上市公司和中小投资者之间存在信息不对称的问题。通常来说，上市公司拥有详细准确的经营状况、信用等级、实际盈利能力等数据信息，并且对委托人的投资拥有百分之百的支配权，但对中小投资者来说，他们所获得的企业发展状况或经营状况的信息仅来源于企业公开发布的信息，这些信息与企业决策者手中所掌握的原始信息相比往往存在一定的虚假性和延时性。其原因主要体现在以下方面：一是财务造假；二是信息披露非主动性，部分企业对外进行选择性披露信息，没有将实际信息及时全面地公布。

因此，当利好或利空消息发布时，股票已经发生变化，中小投资者已经落后了。

（4）未能得到中小投资者在上市公司的持股比例与换手率有关的结论，这与廖理等（2016）的结论相悖。高换手率是我国股票市场的显著特征之一。这里之所以没有看到二者之间的关系，是因为中小投资者在高换手率且有着高投机特质的股票中的持股比例较高、持股比例变动比较频繁。但我们研究的股票不属于高投机特质的股票，所以看不到中小投资者在上市公司的持股比例与换手率之间的关系。

同时，不难发现我国股票市场的投机问题。某股票的换手率较高，意味着投资者持有该股票的周期较短，体现出短期投机的问题。

（5）未能得到中小投资者在上市公司的持股比例与大盘均衡指数有关的结论。大盘均衡指数反映了股票市场的总体变化，更多的是反映对价格变化的影响而并非对价格高低的影响，所以大盘均衡指数与中小投资者在上市公司的持股比例没有直接联系。

（6）未能得到中小投资者在上市公司的持股比例与CPI有关的结论。CPI是宏观经济指标，在长期中对持股比例影响不大，原因在于股票市场自身会慢慢消化这类宏观经济信息的影响，CPI指数对投资者投资股票市场的资金量直接影响不大。

主要参考文献

[1] ABDULSALEH A M，WORTHINGTON A C. Small and medium - sized enterprises financing：a review of the literature [J]. International Journal of Business and Management，2013，8 (4)：36-54.

[2] BECK T，DEMIRGÜÇ-KUNT A，LEVINE R.SMEs，growth，and poverty：cross-country evidence [J]. Journal of Economic Growth，2005，10 (3)：199-229.

[3] BESTER H. The role of collateral in credit markets with imperfect information [J]. European Economic Review，1987，31 (4)：887-899.

[4] BILDERSEE J.The association between a market-determined measure of risk and alternative measures of risk [J]. The Accounting Review，1975 (9)：101-109.

[5] BRIDOUX F.A resource-based approach to performance and competition：an overview of the connections between resources and competition [J]. International Journal of Business and Management Invention，2004，3 (7)：5-12.

[6] CAMPBELL J M，PARK J.Extending the resource-based view：effects of strategic orientation toward community on small business performance [J]. Journal of Retailing and Consumer Services，2016 (34)：302-308.

[7] CZARNIEWSKI S. Small and medium-sized enterprises in the context of innovation and entrepreneurship in the economy [J]. Polish Journal of Management Studies，2016，13 (1)：30-39.

[8] DENG K，DING Z，WANG Y . Peasant youth experiences of CEOs，risk aversion and corporate performance [J]. Rationality and Society，2020，32 (3)：278-312.

[9] GOMM M L. Supply chain finance：applying finance theory to supply chain management to enhance finance in supply chains [J]. International Journal of Logistics：Research and Applications，2010，13 (2)：133-142.

[10] HANG M，GEYER-KLINGEBERG J，RATHGEBER A W，et al. Interaction effects of corporate hedging activities for a multi-risk exposure：evidence from a quasi-natural experiment [J]. Review of Quantitative Finance and Accounting，2020 (6)：143-147.

[11] SPENCE M. Job market signaling [J]. The Quarterly Journal of Economics, 1973, 87 (3): 355-374.
[12] STEIJVERS T, VOORDECKERS W, VANHOOF K. Collateral relationship lending and family firms [J]. Small Business Economics, 2010 (34): 243-259.
[13] SU, YUELIANG. Simulation of game model for supply chain finance credit risk based on multi-agent [J]. Open Journal of Social Sciences, 2015, 3 (1): 31-36.
[14] UPADHYAY A D, BHARGAVA R, FAIRCLOTH S, et al. Inside directors, risk aversion, and firm performance [J]. Review of Financial Economics, 2017 (32): 64-74.
[15] WUTTKE, DAVID, BLOME, et al . Managing the innovation adoption of supply chain finance: empirical evidence from six European case studies [J]. Journal of Business Logistics, 2013, 34 (2): 148-166.
[16] XU, WANG. Ownership structure and corporate governance in Chinese stock companies [J]. China Economic Review, 1999 (10): 122-130.
[17] YIPENG YE. The stability of beta coefficient in China's stock market [J]. Journal of Service Science and Management, 2017 (10): 177-187.
[18] ZHIPENG Y, SHENGHONG L. Hedge ratio on Markov regime-switching diagonal Bekk - Garch model [J]. Finance Research Letters, 2017 (6): 49-55.
[19] ZHONG Y. Analysis of financial problems faced by small business enterprises [J]. Scottish Journal of Arts, Social Sciences and Scientific Studies, 2014, 20 (2): 89-94.
[20] 白重恩，刘俏，陆洲，等. 中国上市公司治理结构的实证研究 [J]. 经济研究，2005 (2).
[21] 陈德萍，陈永圣. 股权集中度、股权制衡度与公司绩效关系研究——2007—2009年中小企业板块的实证检验 [J]. 会计研究，2011 (1).
[22] 陈东芹，李云飞. 基于信号传递博弈下的中小企业融资信用担保机制分析 [J]. 科技、经济、市场，2017 (5): 87-89.
[23] 冯炳纯. 持股比例变动下成本法编制合并报表的相关研究 [J]. 中国总会计师，2017 (12): 106-107.
[24] 范培华，吴昀桥. 信号传递理论研究述评和未来展望 [J]. 上海管理科学，2016 (6): 69-74.
[25] 高明华，杨静. 中国上市公司治理绩效的影响因素分析 [J]. 国际金融研究，2002 (11).
[26] 高雷，任慧玉. 基于小波分析的我国股票市场趋势探测 [J]. 统计与决策，

2005（16）：15-16.
[27] 韩国高．政策不确定性对企业投资的影响：理论与实证研究［J］．经济管理，2014，36（12）：62-71.
[28] 胡颖毅．中国股票市场系统性风险动态研究［J］．云南财经大学学报，2016，32（5）：102-111.
[29] 胡妍．股权集中度、股权制衡度对中小微企业经营绩效的影响——基于新三板市场的实证研究［J］．湖南省社会主义学院学报，2016（2）：68；72-74.
[30] 黄少安，张帅，谢志平．企业风险识别机制：抵押品信号传递模型［J］．财经问题研究，2015（7）：107-113.
[31] 李大鹏．我国股票市场信息不对称问题研究［J］．农家参谋，2020（7）：186.
[32] 李金龙．中国证券行业的系统性风险度量与比较研究——基于解析CoVaR方法［J］．广西质量监督导报，2021（4）：202-203.
[33] 李胜楠，吴泥锦，曾格凯茜，等．环境不确定性、高管权力与过度投资［J］．财贸研究，2015，26（4）：111-121.
[34] 李延双，庄新田，王健，等．极端行情下中国股市社团结构及系统性风险分析［J］．东北大学学报（自然科学版），2020，41（10）：1500-1508.
[35] 李志辉，王近．中国股票市场操纵对市场效率的影响研究［J］．南开经济研究，2018（2）：56-71.
[36] 廖理，梁昱，张伟强．谁在中国股票市场中“博彩”？——基于个人投资者交易数据的实证研究［J］．清华大学学报（自然科学版），2016，56（6）：677-684.
[37] 林枚．中小企业人力资源外包动因及风险规避策略［J］．企业活力，2007（5）：50-51.
[38] 林泽慰，于晓晖，谭子博，等．我国股票市场信息不对称问题探析［J］．产业创新研究，2019（7）：41-43.
[39] 刘成立，王朝晖．股指期货在预警股票市场系统性风险中的作用研究［J］．宏观经济研究，2017（6）：32-43；167.
[40] 刘运国，高亚男．我国上市公司股权制衡与公司业绩关系研究［J］．中山大学学报（社会科学版），2007（4）.
[41] 刘淑莲，朱明园，李济含．股权集中度与公司业绩——来自国有企业分类的经验证据［J］．东北财经大学学报，2016（6）：43-51.
[42] 刘显平，唐绍欣．中国股票市场的特征、问题及发展建议［J］．中国经济报告，2019（6）：108-117.
[43] 龚太寿，彭卫民．中小投资者利益保护问题探讨［J］．价值工程，2015，34（35）：15-16.

[44] 罗正英. 中小企业的企业家风险厌恶、财富集中度与融资结构研究 [J]. 上海经济研究，2006 (9): 91-97.
[45] 马超群，刘钰，姚铮，等. 股指期货最小风险套期保值比率计算方法及实证研究 [J]. 系统工程，2008 (9): 80-84.
[46] 倪洪燕，王勇. 股票投资中的系统性风险β系数研究——基于中美两国股票市场价格数据 [J]. 财务与金融，2018 (5): 17-21.
[47] 彭韵. 国内外最优套期保值比率模型主要成果综述 [J]. 中国证券期货，2011 (4): 32-33.
[48] 强琴琴. 中小企业财务风险及其规避 [J]. 合作经济与科技，2016 (1): 152-153.
[49] 邱淑芬. 试论中小企业财务风险的防范与控制 [J]. 中国乡镇企业会计，2015 (1): 74-75.
[50] 全基哲. 中国股市系统性风险程度与影响因素研究 [D]. 乌鲁木齐: 新疆财经大学，2014.
[51] 宋华，卢强，喻开. 供应链金融与银行借贷影响中小企业融资绩效的对比研究 [J]. 管理学报，2017，14 (6): 897-907.
[52] 宋华，杨璇，喻开. 信息不对称下中小企业如何获得融资绩效——基于供应链金融的实证分析 [J]. 中国流通经济，2017，31 (9): 89-99.
[53] 申晴. 中国资本市场存在问题及对策 [J]. 中国市场，2020 (2): 40-41.
[54] 史艳娜，王晨，孙璐. 扬州市中小股民投资现状调查 [J]. 金融经济，2016 (22): 127-130.
[55] 孙永祥，黄祖辉. 上市公司的股权结构与绩效 [J]. 经济研究，1999 (12): 23-30.
[56] 谭建. 基于信号传递模型的中小企业融资探讨 [J]. 统计与决策，2018 (1): 186-188.
[57] 王丹. 现阶段我国股票市场存在的问题及对策分析 [J]. 时代农机，2018，45 (9): 91-92.
[58] 王红卫. 中国股市β系数的多尺度特性分析 [J]. 价值工程，2014，33 (14): 19-22.
[59] 王筱依. 我国证券市场中小投资者的利益保护问题分析 [J]. 中国管理信息化，2016，19 (21): 133-134.
[60] 吴桥. 中国股票市场发展存在的问题及对策分析 [J]. 营销界，2020 (34): 46-47.
[61] 向朝进，谢明. 我国上市公司绩效与公司治理结构关系的实证分析 [J]. 管理世界，2003 (5).
[62] 肖敬红，闻岳春，刘畅. A股市场系统性风险研究 [J]. 西部金融，2013 (3): 17-22.

[63] 熊熊，张珂，周欣. 国际市场对我国股票市场系统性风险的影响分析［J］. 证券市场导报，2015（1）：54-58.
[64] 符彩霞，考特尼. 不确定条件下的战略［J］. IT经理世界，2000（20）：1-19.
[65] 徐菱芳，陈国宏. 基于信号传递博弈的产业集群中小企业融资分析［J］. 中国管理科学，2012，20（4）：74-78.
[66] 徐丽萍，辛宇，陈工孟. 股权集中度和股权制衡及其对公司经营绩效的影响［J］. 经济研究，2006（1）.
[67] 杨炘，王小征，滕召学. 中国股市个人与机构投资者的羊群效应［J］. 清华大学学报（自然科学版），2004（12）：1610-1614.
[68] 杨慧. 用时变β系数度量深市各行业系统风险［J］. 企业家天地（理论版），2010（9）：100.
[69] 杨双会，郑智楷. CAPM模型在A股市场适用性的实证检验［J］. 金融理论与教学，2021（6）：39-44.
[70] 姚王信，夏娟，孙婷婷. 供应链金融视角下科技型中小企业融资约束及其缓解研究［J］. 科技进步与对策，2017，34（4）：105-110.
[71] 赵景文，于增彪. 股权制衡与公司经营业绩［J］. 会计研究，2005（12）.
[72] 张欢欢. 中国股市过度投机问题及原因分析［J］. 经贸实践，2015（11）：285.
[73] 张魁伟，许可. 中小企业专利质押融资的风险规避研究［J］. 财政研究，2014（11）：27-30.
[74] 张卫东. 用β系数来度量深交所上市公司行业风险［J］. 企业家天地（理论版），2009（5）：223.
[75] 张玉婵. 科技型中小企业供应链金融风险规避研究［J］. 天津经济，2019（8）：31-35.
[76] 张雨，王资燕. 我国股票市场系统性风险度量的实证分析［J］. 科技创新与生产力，2021（5）：11-12；17.
[77] 周宗安，庞如春，李坤. 证券投资学［M］. 广州：中山大学出版社，2004：49.
[78] 朱德胜，周晓珮. 股权制衡、高管持股与企业创新效率［J］. 南开管理评论，2016，19（3）：136-144.
[79] 朱武祥，宋勇. 股权结构与企业价值——对家电行业上市公司的实证分析［J］. 经济研究，2001（12）.
[80] 朱红伟. 中国股票市场系统性风险预测模型的比较研究［D］. 杭州：浙江工商大学，2007.